REISE-SPRACHFÜHRER

KROATISCH

Mit vertonten Beispielsätzen zum Anhören

PONS GmbH
Stuttgart

PONS Reise-Sprachführer
Kroatisch

Bearbeitet von: Martina Levačić, Anette Dralle

PONS verpflichtet sich, den Zugriff auf das Download-Angebot, das zu diesem Buch gehört, mindestens bis Ende 2017 kostenlos zu gewährleisten. Einen Anspruch der Nutzung, der darüber hinausgeht, gibt es nicht. Weitere Informationen entnehmen Sie bitte unseren AGBs.

1. Auflage 2015 (1,02 - 2015)

www.pons.de
E-Mail: info@pons.de

Projektleitung: Gabriela Neumann
Redaktion: Barbara Pflüger, Stuttgart
Umschlaggestaltung: Anne Helbich, Stuttgart
Umschlagfotos: Thinkstock/Jason Vosper; Thinkstock/Fuse
Logoentwurf: Erwin Poell, Heidelberg
Satz: Datagroup int. SRL, Timisoara
Logoüberarbeitung: Sabine Redlin, Ludwigsburg
Druck: L.E.G.O. S.p.A., Lavis (TN)
Printed in Italy

ISBN 978-3-12-518145-8

Liebe Leserin, lieber Leser,

Sie reisen nach Kroatien und Sie freuen sich darauf, in das Land einzutauchen, die Menschen kennenzulernen und die Kultur zu erleben? Mit dem Reise-Sprachführer von PONS haben Sie hierfür immer die richtigen Worte parat.

Ob Sie Konzertkarten besorgen möchten oder eine Reifenpanne haben: In **zehn thematischen Kapiteln** finden Sie den passenden Satz für jede Situation. Und wenn es schnell gehen muss, schlagen Sie einfach im **ausführlichen Wörterbuch** nach.

Sind die nötigsten Dinge geregelt, kann der Genuss beginnen. Schlemmen Sie sich einfach durch das Land – in der integrierten **Speisekarte** finden Sie dafür garantiert die passenden Worte. So erleben Sie das Land noch intensiver.

Als kleines Extra für Sie: Laden Sie die passenden **Sounds** zu den wichtigsten Wörtern und Sätzen von www.pons.de/reise-sprachfuehrer-kroatisch herunter und trainieren Sie damit Ihre Aussprache.

Ganz egal wie individuell Sie Ihre Reise gestalten: Der Reise-Sprachführer von PONS bietet Ihnen alles, was Sie brauchen, um auch jenseits der Touristenpfade Kroatien zu entdecken.

Eine schöne Reise wünscht Ihnen

Ihre

PONS Redaktion

Inhalt

Wie spricht man das aus?

Bloß keine Berührungsängste! Die Aussprache des Kroatischen lernen Sie schnell. Damit Sie jedes Wort und jeden Satz richtig aussprechen, zeigen wir Ihnen in der folgenden Übersicht, welche Besonderheiten Sie dabei beachten sollten.

a	[a]	wie in **a**lle	kada [ˈkada]
e	[ɛ]	wie in B**ä**cker, h**e**ll	epọha [ɛˈpɔxa]
i	[i]	wie in M**i**nute	ime [ˈimɛ]
o	[ɔ]	wie in **o**ffen	ọcat [ˈɔtsat]
u	[u]	wie in B**u**tter	ụlica [ˈulitsa]
j	[j]	wie in **j**eder	jạgoda [ˈjagɔda]
c	[ts]	wie in **C**äsar, **C**entrum	centar [ˈtsɛntar]
c	[tʃ]	wie in **Tsch**eche, deu**tsch**	Čeh [tʃɛx], čaj [tʃai]
ć	[tç]	etwa wie in Hü**tch**en	kuća [ˈkutça], noć [nɔtç]
dž	[dʒ]	etwa wie in In**ge**nieur, wie das engl. j in **J**ohn	džungla [ˈdʒungla] dzạ̈mija [ˈdʒamija]
đ	[dj]	[d] mit weichem [j]-Nachschlag	đak [djak] lađa [ˈladja]
h	[x]	wie in a**ch**, no**ch**	duhan [ˈduxan] hlad [xlad]
lj	[ʎ]	etwa wie in Fami**li**e, wie das ital. gl in fi**gl**o	ljubav [ˈʎubav] polje [ˈpɔʎɛ]
nj	[ɲ]	etwa wie in Ko**gn**ak, wie das span. ñ in se**ñ**or	konjak [ˈkɔɲak] banja [ˈbaɲa]
r	[r]	Zungen-r	roba [ˈrɔba]
s	[s]	wie in rei**ß**en, la**ss**en	kosa [ˈkɔsa], pas [pas]
š	[ʃ]	wie in **sch**ön, Ti**sch**	flaša [ˈflaʃa], škola [ˈʃkɔla]
v	[v]	wie in **W**asser, **V**ioline	vino [ˈvinɔ], vic [vits]
z	[z]	wie in le**s**en, rei**s**en	Roza [ˈrɔza], vọziti [ˈvɔziti]
ž	[ʒ]	wie in Gara**ge**, Lo**ge**	žurnal [ˈʒurnal]

Besonderheiten

- Alle Vokale sind offen und müssen in jeder Stellung deutlich ausgesprochen werden.
- Bei Vokalverbindungen ist jeder einzelne Vokal hörbar: reuma = re-u-ma.
- Das silbenbildende r muss ebenfalls deutlich ausgesprochen werden: v**r**ba, K**r**k.
- Die Konsonanten haben immer die gleiche Aussprache: led - Eis (d, nicht t), bog - Gott (g, nicht k).

Hinweise zur Betonung

Zweisilbige Wörter werden immer auf der ersten Silbe betont. Bei drei- und mehrsilbigen Wörtern kann jede Silbe, außer der letzten, betont werden. Deshalb wird bei diesen im Reisewörterbuch die Betonung angegeben:
govọriti - sprechen, jạbuka - Apfel.
Die Vokale können, ob betont oder unbetont, lang oder kurz sein. Bei richtiger Betonung sind Verstöße gegen Länge oder Kürze für die normale Verständigung nicht hinderlich.

HINWEISE ZUM WÖRTERBUCHTEIL UND ZU DEN WORTLISTEN

I Männliche Substantive enden auf Konsonant.
II Weibliche Substantive enden auf **-a**.
III Sächliche Substantive enden auf **-o** oder **-e**.

Nur bei Abweichungen von dieser Regel (jesen *f* Herbst, listọnŏsa *m* Briefträger, mịsao *f* Gedanke) wird das Geschlecht angegeben.

Dieser Reise-Sprachführer ist in der kroatischen Sprache und in der ijekawischen Aussprache verfasst worden.

Können Sie mir das buchstabieren?

In manchen Situationen, z. B. am Telefon, hilft meist nur das Buchstabieren. Damit es dabei zu keinen Missverständnissen kommt, anbei für Sie das Alphabet mit der richtigen Aussprache.

Buchstabe		Lautwert	Buchstabe		Lautwert
A	a	[a]	L	l	[l]
B	b	[b]	Lj	lj	[ʎ]
C	c	[ts]	M	m	[m]
Č	č	[tʃ]	N	n	[n]
Ć	ć	[tç]	Nj	nj	[ɲ]
D	d	[d]	O	o	[ɔ]
Dž	dž	[dʒ]	P	p	[p]
Đ	đ	[dj]	R	r	[r]
E	e	[ɛ]	S	s	[s]
F	f	[f]	Š	š	[ʃ]
G	g	[g]	T	t	[t]
H	h	[x]	U	u	[u]
I	i	[i]	V	v	[v]
J	j	[j]	Z	z	[z]
K	k	[k]	Ž	ž	[ʒ]

„Was bedeutet ...?“

Mit dieser Liste finden Sie sich im PONS Reise-Sprachführer Kroatisch schnell zurecht.

acc	Akkusativ, 4. Fall	ạkuzativ, 4. padež
adj	Adjektiv, Eigenschaftswort	ạdjektiv, pridjev
adv	Adverb, Umstandswort	adverb, prilog
conj	Konjunktion, Bindewort	konjụnkcija, veznik
dat	Dativ, 3. Fall	dativ, 3. padež
el	Elektrizität	elektricịtet
etw	etwas	nešto
f	Femininum, weiblich	fẹminin, ženski rod
gen	Genitiv, 2. Fall	gẹnitiv, 2. padež
ins	Instrumental, 7. Fall	ịnstrumental, 7. padež
jdm	jemandem	nẹkomu
jdn	jemanden	nẹkoga
loc	Lokativ, 6. Fall	lọkativ, 6. padež
m	Maskulinum, männlich	mạskulin, muški rod
med	Medizin	medicịna
n	Neutrum, sächlich	nẹutrum, srednji rod
pers prn	Personalpronomen	lična zạmjenica
pl	Plural, Mehrzahl	plural, mnọžina
poss prn	Possessivpronomen	pọsvojna zạmjenica
prn	Pronomen, Fürwort	pronọmen, zạmjenica
prp	Präposition, Verhältniswort	prepozịcija, prijẹdlog
rel	kirchlich, geistlich	cṛkveni, dụhovni
s.	sich	se
sb	serbisch	srpski
sing	Singular, Einzahl	sịngular, jednịna
tele	Telefon, Telegraf	telẹfon, telẹgraf
ugs	umgangssprachlich	rạzgovorni jezik
verb	Verb, Tätigkeitswort	verbum, glagol

Das Allernotwendigste

Morgen um 16.00 Uhr an der Bar.

Manche Verabredungen beschränken sich auf das Notwendigste. Dennoch können schon kleinste sprachliche Missverständnisse großes persönliches Unverständnis nach sich ziehen.

Für den leichten Einstieg: Hier finden Sie die nützlichsten Wörter und Ausdrücke auf einen Blick.

DIE BASICS

Ja.
Da.

Nein.
Ne.

Bitte.
Molim.

Danke!
Hvala!

Vielen Dank!
Hvala lijẹpa!

Danke, gleichfalls!
Hvala, također!

Bitte!/Gern geschehen!
Molim lijẹpo./Vrlo rado.

Nichts zu danken!
Nema na čemu!

Wie bitte?
Molim?

Selbstverständlich!
Jasno!

Einverstanden!
Prịstajem!

Okay!
Okẹ!

In Ordnung!
U redu!

Entschuldigung!/Verzeihung!
Oprọstite!/Pardon!

Einen Augenblick, bitte!
Trenụtak, molim!

Das reicht jetzt!
Dosta!

Hilfe!
Ụ pomooć!

Ich hätte gern …
Htio (Htjela *f*) bih …

Gibt es …?
Ima li …?

WER? WIE? WAS?

Wer?
Tko?

Was?
Što?

Welcher?/Welche?/Welches?
Koji?/Koja?/Koje?

Wem?
Komu?

Wen?
Koga?

Wo?
Gdje?

Wo ist …?/Wo sind …?
Gdje je …?/Gdje su …?

Warum?/Wozu?
Zašto?

Weshalb?
Zbog čega?

Wie?
Kako?

Wie viel?
Kǫliko?

Wie lange?
Kǫliko dugo?

Wann?
Kada?

Um wie viel Uhr?
U kǫliko sati?

ZAHLEN – MASSE – GEWICHTE

0
nula, nịštica

1
jedan *m*; jedna *f*; jedno *n*

2
dva; dvije *f*

3
tri

4
čẹtiri

5
pet

6
šest

7
sedam

8
osam

9
devet

10
deset

11
jedạnaest

12
dvạnaest

13
trịnaest

14
četṛnaest

15
pẹtnaest

16
šẹsnaest

17
sedạmnaest

18
osạmnaest

19
devẹtnaest

20
dvạdeset

21
dvạdeset i jedan

22
dvạdeset i dva

23
dvạdeset i tri

24
dvạdeset i čẹtiri

25
dvạdeset i pet

26
dvạdeset i šest

27
dvạdeset i sedam

28
dvạdeset i osam

29
dvạdeset i devet

30
trịdeset

31
trịdeset i jedan

32
trịdeset i dva

40
četrdẹset

50
pedẹset

60
šezdẹset

70
sedamdẹset

80
osamdẹset

90
devedẹset

100
sto, stọtina

101
sto jedan

200
dvjesto, dvjesta

300
tristo, trista

1000
tịsuća

2 000
dvije tịsuće

10 000
deset tịsuća

100 000
sto tịsuća

1 000 000
milịjun

1.
prvi, -a, -o

2.
drugi, -a, -o

3.
treći, -a, -o

4.
čẹtvrti, -a, -o

5.
peti, -a, -o

6.
šesti, -a, -o

7.
sedmi, -a, -o

8.
osmi, -a, -o

9.
dẹveti, -a, -o

10.
dẹseti, -a, -o

1/2
polọvina

1/3
trẹćina

1/4
četvṛtina

3/4
tri četvṛtine

3,5 %
tri cijẹla pet posto

27 °C
dvạdesetsedam stụpnjeva

–5 °C
minus pet stụpnjeva

1999
tisuću dẹvetsto devedẹset devet

2015
dvije tịsuće pẹtnaeste gọdine

2016
dvije tịsuće šẹsnaeste gọdine

Millimeter
mịlimetar

Zentimeter
cẹntimetar

Meter
metar

Kilometer
kịlometar

Quadratmeter
čẹtvorni metar

Liter
litar, litra

Gramm
gram

Pfund
pola kilograma

Kilogramm
kịlogram

ZEITANGABEN

Uhrzeit und Tageszeiten

Wie viel Uhr ist es bitte?
Molim Vas kọliko je sati?

Es ist (genau/ungefähr) ...
Točno/otprịlike ...

- *3 Uhr.*
  tri sata.
- *5 nach 3.*
  tri i pet.
- *3 Uhr 10.*
  tri sata i deset.
- *Viertel nach 3.*
  tri i četvrt.
- *halb 4.*
  tri i pol (*ugs* pola čẹtiri).
- *Viertel vor 4.*
  četvrt do čẹtiri.
- *5 vor 4.*
  pet do čẹtiri.
- *12 Uhr Mittag/Mitternacht.*
  dvanaest u podne/ponoć.

Um wie viel Uhr?/Wann?
U kọliko sati?/Kada?

Um 1 Uhr.
U jedan sat.

Um 2 Uhr.
U dva sata.

Gegen 4 Uhr.
Oko čẹtiri sata.

In einer Stunde.
Za jedan sat.

In zwei Stunden.
Za dva sata.

Nicht vor 9 Uhr morgens.
Ne prije devet sati ụjutro.

Nach 8 Uhr abends.
Pọslije osam sati nạvečer.

Zwischen 3 und 4.
Ịzmeđu tri i čẹtiri.

Wie lange?
Kọliko dugo?

Zwei Stunden (lang).
Dva sata.

Von 10 bis 11.
Od deset do jedạnaest.

Bis 5 Uhr.
Do pet sati.

Seit wann?
Ọtkad(a)?

Seit 8 Uhr morgens.
Od osam sati ụjutro.

Seit einer halben Stunde.
Već pola sata.

Seit acht Tagen.
Već osam dana.

ab und zu	pọnekad
abends	nạvečer
am Sonntag	u nẹdjelju
am Wochenende	preko vikẹnda
bald	ụskoro
diese Woche	ovog tjedna
früh	rano
früher	rạnije

gegen Mittag .... oko podne
gestern .... jučer
heute .... danas
heute Morgen/
heute Abend .... jutros/večẹras
in 14 Tagen .... za četṛnaest dana
in einer Woche .... za tjedan dana
innerhalb einer Woche .... u tijeku tjedna
jeden Tag .... svakog dana
jetzt .... sada
kürzlich .... nẹdavno
letzten Montag .... prošlog ponẹdjeljka
manchmal .... pọnekad
mittags .... u podne
morgen .... sutra
morgen früh/
morgen Abend .... sutra ụjutro/nạvečer
morgens .... ụjutro
nachmittags .... pọpodne
nächstes Jahr .... ịduće gọdine
nachts .... noću
spät .... kasno
später .... kasnije
stündlich .... svakog sata
täglich .... dnevno
tagsüber .... po danu
übermorgen .... prẹkosutra
um diese Zeit .... u ovo vrijẹme
vor zehn Minuten .... prije deset minụta
vorgestern .... prẹkjučer
vormittags .... dopodne
am Vormittag .... prije podne

RUND UMS JAHR

Wochentage

Montag .... ponẹdjeljak
Dienstag .... ụtorak
Mittwoch .... srijẹda
Donnerstag .... četvṛtak
Freitag .... petak
Samstag .... sụbota
Sonntag .... nẹdjelja

Monate

Januar	sịječanj
Februar	vẹljača
März	ọžujak
April	travanj
Mai	svibanj
Juni	lipanj
Juli	srpanj
August	kọlovoz
September	rujan
Oktober	lịstopad
November	stụdeni
Dezember	prọsinac

Jahreszeiten

der Frühling	prọljeće
der Sommer	ljeto
der Herbst	jesen *f*
der Winter	zima

Feiertage

Neujahr
Nova gọdina *

Dreikönigstag
Sveta tri kralja *

Fastnachtsdienstag
Pọkladni ụtorak

Aschermittwoch
Pepẹlnica

Karfreitag
Vẹliki petak

Ostern
Uskrs *

Ostermontag
Ụskrsni ponẹdjeljak *

1. Mai
Prvi svibanj *

Christi Himmelfahrt
Spąsovo

Pfingsten
Dųhovi *m pl*

Pfingstmontag
Dųhovski ponędjeljak

Fronleichnam
Tjęlovo *

22. Juni Antifaschistentag
Dan pobjede nad fašizmom *

25. Juni Tag der Unabhängigkeitserklärung
Dan državnosti *

5. August Nationalfeiertag
Dan domovinske zahvalnosti *

Maria Himmelfahrt (15. August)
Vęlika Gospa *

8. Oktober Unabhängigkeitstag
Dan neovisnosti *

Allerheiligen (1. November)
Svisveti

Heiliger Abend
Badnjak

Weihnachten
Božić

1. Weihnachtsfeiertag
Prvi dan Bǫžića *

2. Weihnachtsfeiertag
Drugi dan Bǫžića *

Silvesterabend
Silvestrovo

** Gesetzliche Feiertage in Kroatien*

Datum

Können Sie mir bitte sagen, welches Datum wir heute haben?
Molim Vas, mǫžete li mi reći, koji je danas datum?

Heute ist der 4. August.
Danas je četvrti kǫlovoz.

Reiseplanung

Hotel oder Ferienwohnung?

Eine Reise zu planen ist eine organisatorische Meisterleistung. Wenn Ihnen ein Sprachführer zur Seite steht, schmälert das keineswegs Ihre Leistung: es vereinfacht sie.

Keine Zeit, in der Fremdsprache auf die Schnelle Mails zu formulieren? Mit diesen fertigen Texten können Sie sichergehen, dass die Buchung klappt.

HOTELBUCHUNG PER E-MAIL

Sehr geehrte Damen und Herren,

vom 24. bis 26. Juni hätte ich gern für zwei Nächte ein Einzel-/ Doppel-/Zweibettzimmer.

Bitte teilen Sie mir mit, ob Sie ein Zimmer frei haben und was es pro Nacht, einschließlich Frühstück, kostet.

Mit freundlichen Grüßen

Poštovani,

želim rezervirati jednokrevetnu sobu/dvokrevetnu sobu s ležajem za dvije osobe za razdoblje od 24 do 26 lipnja.

Molim Vas da me obavijestite o tome imate li slobodnu sobu i kolika bi bila cijena za noćenje s doručkom.

S poštovanjem,

Dear Sir or Madam,

I would like to book a single/double/twin-bedded room for 2 nights on the 24th and 25th June.

Please let me know if you have any vacancies and the cost per night plus breakfast.

Yours faithfully,

AUTOVERMIETUNG PER E-MAIL

Sehr geehrte Damen und Herren,

für die Zeit vom 20. – 25. Juli möchte ich gern ab Flughafen XXX einen Kleinwagen/einen Mittelklassewagen/eine Luxuslimousine/ einen Kleinbus mieten. Mein Rückflug geht ab YYY und deshalb möchte ich das Auto dort zurückgeben. Bitte teilen Sie mir Ihre Tarife mit und welche Unterlagen ich benötige.

Mit freundlichen Grüßen

Poštovani,

želim unajmiti automobil/automobil srednje klase/minibus iz zračne luke XXX u razdoblju od 20.-25. srpnja. S obzirom da iz zračne luke YYY imam povratni let namjeravam u njoj vratiti vozilo. Molim Vas da mi pošaljete cjenik i popis potrebne dokumentacije.

S poštovanjem,

Dear Sir/Madam,

I would like to hire a small/mid-range/luxury saloon car/minibus from July 20 - 25 from XXX Airport. I depart from YYY Airport so wish to leave the car there. Please inform me of your rates and what documents I shall require.

Yours faithfully,

ALLGEMEINE FRAGEN

Hotel – Pension – Privatzimmer

Ich suche ein Hotel, jedoch nicht zu teuer – etwas in der mittleren Preislage.
Tražim hotel, koji nije preskup – nešto ọtprilike srednje cijene.

Ich suche ein Hotel mit Hallenbad/Golfplatz/Tennisplätzen.
Tražim hotel s bazenom/igralištem za golf/tenis ịgralištem.

Können Sie mir ein schönes Fremdenzimmer mit Frühstück empfehlen?
Mọžete li mi preporučiti lijep prịvatni smještaj s dọručkom?

Können Sie mir ein kinderfreundliches Hotel empfehlen?
Mọžete li mi preporụčiti họtel koji je prịkladan za djẹcu?

Könnten Sie mir bitte Informationen senden, welche Hotels in ... für Behinderte geeignet sind?
Molim Vas, mọžete li mi poslạti informạcije, koji su họteli u ... pogọdni za ịnvạlidne osobe?

Könnten Sie mir bitte sagen, welche Campingplätze behindertengerechte Einrichtungen haben?
Molim Vas, možete li mi reći koji su kạmpovi pọgodni za ịnvalidne osobe?

Sind dort Hunde erlaubt?
Je li dọzvoljeno dọvesti psa?

Ist es möglich, ein weiteres Bett in einem der Zimmer aufzustellen?
Je li mọguće stạviti dọdatni krevet u sobu?

Wie viel kostet das pro Woche?
Kọlika je cijena za tjedan dana?

Ferienhäuser/Ferienwohnungen

Ich suche eine Ferienwohnung oder einen Bungalow.
Tražim ạpartman ili bungalov.

Können Sie mir einen kinderfreundlichen Ferienbauernhof empfehlen?
Mọžete li mi preporučiti mjesto za odmor na selu koje je pọdobno i za djecu?

Gibt es ...?
Ima li ...?

- ***ein Kinderbett***
  djẹčiji krẹvetac
- ***einen Hochstuhl***
  djẹčija stọlica
- ***einen Fernseher***
  televịzor
- ***ein Telefon***
  telefọn
- ***eine Waschmaschine***
  pẹrilica za rublje
- ***eine Spülmaschine***
  pẹrilica za posuđe
- ***eine Mikrowelle***
  mịkrovalna peć

Sind die Stromkosten im Preis eingeschlossen?
Je li ụtrošak struje ụključen u cijẹnu?

Werden Bettwäsche und Handtücher gestellt?
Stoje li nam posteljịna i ručnici na raspolaganju?

Wie viel muss ich anzahlen und wann ist die Anzahlung fällig?
Kọliko moram ụplatiti i do kada je rok ụplate?

Wo und wann kann ich die Schlüssel abholen?
Gdje i kada mogu ụzeti kljụčeve?

Camping

Gibt es hier auch einen Campingplatz?
Ima li ovdje također kamp?

Im Gespräch

Ich finde Sie sehr sympathisch.

Es gibt Sätze, bei denen es sich absolut lohnt, sie zu verstehen. Und noch viel mehr, sie aktiv einzusetzen.

Vom Grüßen und Küssen

Gute Freunde geben sich zur Begrüßung Küsschen links und rechts (auf keinen Fall drei Mal!). Drei Küsschen wären die serbische Variante der Begrüßung. Deshalb lieber nicht.
Ansonsten können Sie mit einem nicht zu festen Händeschütteln nichts falsch machen!
Und noch etwas: Umarmungen, wie in Deutschland oft üblich, wirken in Kroatien eher befremdend und zu distanzlos.

Begrüßen

Guten Morgen!
Dobro jutro!

Guten Tag!
Dobar dan!

Guten Abend!
Dobra večer!

Hallo!/Grüß dich!
Bok!/Bog!

Wie geht es Ihnen?
Kako ste?

Wie geht's?
Kako je?

Danke. Und Ihnen/dir?
Hvala. A Vi/ti?

Sich vorstellen

Wie ist Ihr Name, bitte?
Kako Vam je ime, molim Vas?

Wie heißt du?
Kako se zoveš?

Ich heiße ...
Zovem se ...

Darf ich bekannt machen? Das ist ...
Dopustite da Vas upoznam. Ovo je ...

- ***Frau X.***
  gospođa X.
- ***Herr X.***
  gospodin X.
- ***mein (Ehe-)Mann./meine (Ehe-)Frau.***
  moj (suprug)/muž/moja (supruga)/žena.
- ***mein Partner./meine Partnerin.***
  moj partner/moja partnerica.
- ***mein Sohn./meine Tochter.***
  moj sin./moja kći.
- ***mein Freund./meine Freundin.***
  moj prijatelj./moja prijateljica.

Darf ich Ihnen/dir meine Visitenkarte geben?
Želite/š li moju vizitkartu?

Willkommen

Unter Gastfreundschaft verstehen die Kroaten nicht nur Freundlichkeit und Hilfsbereitschaft, sondern auch die gebührende Distanz und den Respekt Fremden gegenüber. Während sie unter sich schnell beim „Du" landen, werden sie ihre Gäste immer und überall ausnahmslos siezen. Auf ein angebotenes „Du" gehen die Kroaten aber meist mit Freude und ohne Umschweife ein.
Etwas Vorsicht ist jedoch im Umgang mit älteren Menschen geboten, denen solch ein Angebot evtl. Unbehagen bereiten könnte. Frauen werden mit **gospođa**, Männer mit **gospodin** und dem Vornamen angesprochen. Dadurch wird Vertrautheit und gleichzeitig Respekt zum Ausdruck gebracht.

Verabschieden

Auf Wiedersehen!
Do viđenja!

Bis bald!
Do skorog viđenja!

Bis später!
Do kasnije!

Bis morgen!
Do sutra!

Bis bald!
Do skorog viđẹnja!

Gute Nacht!
Laku noć!

Tschüss!
Bok! Zbọgom! Adịo!

Gute Reise!
Sretan put!

Es war schön, Sie/dich kennen zu lernen.
Drạgo mi je bilo Vas/te upọznati.

HÖFLICHKEIT

Bitte

Bitte.
Molim.

Ja, bitte.
Da, molim.

Nein, danke!
Ne, hvala!

Gestatten Sie?
Dọpustite?

Entschuldigen Sie bitte die Störung.
Oprọstite što Vam smetam.

Entschuldigen Sie bitte, dürfte ich Sie etwas fragen?
Oprọstite molim Vas, mogu li Vas nešto pịtati?

Können Sie mir bitte helfen?
Molim Vas, mọžete li mi pọmoći?

Darf/Dürfte ich Sie um einen Gefallen bitten?
Smijem li Vas zamoliti za jednu uslugu?

Können Sie mir bitte sagen, ...
Molim Vas možete li mi reći, ...

Können Sie mir bitte ... empfehlen?
Molim Vas mọžete li mi preporụčiti ... ?

Dank

Vielen/Tausend Dank, Sie haben mir sehr geholfen.
Puno Vam hvala, stvarno ste mi pomogli.

Das war sehr lieb von Ihnen.
To je bilo jako ljubazno od Vas.

Danke!
Hvala!

Danke, sehr gern!
Hvala, vrlo rado!

Das ist nett, danke!
To je ljụbazno, hvala!

Bitte sehr!/Gern geschehen!
Molim lijępo!/Vrlo rado!

Entschuldigung

Entschuldigung!
Oprọstite!/Pardon!

Das tut mir sehr leid!
To mi je strašno žao!

Tut mir leid, dass ich zu spät komme.
Žạo mi je što kạsnim!

Es war nicht so gemeint.
Nisam to tako mịslio (mịslila *f*).

Keine Ursache!/Macht nichts!
Nema na čemu!/Nema veze!

Das ist leider nicht möglich.
To nạ žalost nije mọguće.

Wünsche

Herzlichen Glückwunsch!
Sṛdačno čęstitam!

Alles Gute zum Geburtstag!
Sve nạjbolje za rọđendan!

Viel Glück!
Mnogo sreće!

Viel Erfolg!
Mnogo ụspjeha!

Ich drücke Ihnen die Daumen.
Držim Vam fige. *ugs*

Gesundheit! *(nach Niesen)*
Na zdravlje!

Gute Besserung!
Dobar oporavak!

MITEINANDER REDEN

Angaben zur Person

Wie alt sind Sie/bist du?
Kọliko ịmate/imaš gọdina?

Ich bin 39.
Imam trịdesetdevet gọdina.

Was machen Sie/machst du beruflich?
Što ste/si po zanịmanju?

Ich bin ...
Ja sam ...

- ***Lehrer.***
  ụčitelj.
- ***Rentner/in.***
  umirovljẹnik/-nica, penziọner/ka.
- ***arbeitslos.***
  nezaposlen/nezaposlena.
- ***Freiberufler.***
  samostalni djelatnik.

Ich arbeite bei ...
Radim kod ...

Ich gehe noch zur Schule.
Idem još u školu.

Ich bin Student/in.
Ja sam student/ica.

Herkunft und Aufenthalt

Sind Sie/Bist du von hier?
Jẹste/jẹsi li ọdavde?

Woher kommen Sie/kommst du?
Ọdakle ste/si?

Ich komme aus ...
Ja sam iz ...

- ***Deutschland.***
  Njẹmačke.
- ***der Schweiz.***
  Švịcarske.
- ***Österreich.***
  Aụstrije.

Sind Sie/Bist du schon lange in ...?
Jeste li/Jesi li već dugo u ...?

Ich bin seit ... hier.
Ovdje sam od ...

Wie lange bleiben Sie/bleibst du?
Dọkada ọstajete/ọstaješ?

Sind Sie/Bist du zum ersten Mal hier?
Jeste/Jesi li ovdje prvi put?

Gefällt es Ihnen?
Dọpada li Vam se?

Hier ist meine ...
Ọvo je mọja ...

Wie ist Ihre/deine ...
Kọja/i je vaš(a)/tvoj(a) ...

- ***Adresse?***
  adrẹsa?
- ***E-Mail-Adresse?***
  e-mail adrẹsa?
- ***Telefonnummer?***
  broj telefọna?
- ***Handynummer?***
  broj mọbitela?

Sind Sie/Bist du auf Facebook?
Jeste/jesi li na Facebooku-u?
Jeste/jesi li na fejsu? *ugs*

Umgangssprache

Teile Kroatiens waren durch die Jahrhunderte den Einflüssen der Osmanen, der K.U.K.-Monarchie sowie der italienischen Herrschaft ausgesetzt. So wurden viele Begriffe aus dem Deutschen, dem Italienischen und dem Türkischen in die Sprache assimiliert und in modifizierter Form in die Umgangssprache übernommen. Die verschiedenen Dialekte, die auch heute noch regional aktiv gesprochen werden, unterscheiden sich ebenfalls in der Wortbildung voneinander. Zum Beispiel:

Was machst du?
heißt im Zagorje: **Kaj delaš?**
in Slawonien: **Što radiš?**
in Dalmatien: **Ća delaš?**

Kind, komm, trink die Milch!
heißt im Zagorje: **Dečec hodi spit mleko!**
in Slavonien: **Dijete dođi popit mlijeko!**
in Dalmatien: **Dite dođi popit mliko!**

Verständigungsschwierigkeiten

Wie bitte?
Molim?

Ich verstehe Sie nicht.
Ne razụmijem Vas.

Könnten Sie das bitte wiederholen?
Molim Vas, možete li pọnoviti?

Könnten Sie bitte etwas langsamer sprechen?
Molim Vas, možete li malo lạganije gọvoriti?

Ja, ich verstehe.
Da, razụmijem.

Sprechen Sie/Sprichst du ...
Gọvorite li/Gọvoriš li ...

- ***Kroatisch?***
  hrvatski?
- ***Deutsch?***
  njẹmački?
- ***Englisch?***
  ẹngleski?

Ich spreche nur wenig ...
Gọvorim samo malo ...

Könnten Sie es mir bitte aufschreiben?
Molim Vas, možete li mi to napisati?

SMALLTALK

Achtung Fettnäpfchen

Aufgrund der jüngsten Geschichte sind politische Themen nicht das Richtige für einen Smalltalk. Sie könnten sehr leicht in ein Fettnäpfchen treten! Als *Jugoslawen* wollen Kroaten nicht mehr bezeichnet werden. Doch ihre eigene regionale Zugehörigkeit innerhalb Kroatiens ist kein Tabuthema. Vor allem in Form von Witzen und überzogenen Geschichten grenzen sich die unterschiedlichen „Regionalbewohner" gegeneinander ab.
Gut zu wissen: Bei den sportbegeisterten Kroaten können Sie mit dem Thema Sport immer punkten!

Komplimente

Wie schön!
Kako lijepo!

Das ist wunderbar!
To je krasno!

Das ist sehr nett von Ihnen/dir!
To je strašno ljụbazno od Vas/tebe!

Ich finde Sie sehr sympathisch/nett.
Vrlo ste mi simpatični/dragi.

Das Essen hat super geschmeckt!
Jẹlo je bịlo ọdlično.

Es ist wirklich traumhaft hier!
Ovdje je stvarno prẹkrasno!

Das sieht gut aus!
To dobro ịzgleda!

angenehm	ụgodno
ausgezeichnet	ọdlično
beeindruckend	divno
freundlich	prijazno
gemütlich	*(Ort)* ụdobno
herrlich	krasno
hübsch	ljupko
lecker	ukusno
liebenswürdig	ljụbazno
schön	lijepo

Familie

Sind Sie verheiratet?
Jeste li ọženjeni? *(Mann)*

Jeste li ụdati? *(Frau)*

Haben Sie Kinder?
Imate li djece?

Ja, aber sie sind schon erwachsen.
Da, ali su oni već odrasli.

Wie alt sind Ihre Kinder?
Koliko godina imaju Vaša djeca?

Meine Tochter ist 8 (Jahre alt) und mein Sohn ist 5 (Jahre alt).
Moja kći ima osam godina a moj sin pet.

Freizeit

Haben Sie/Hast du ein Hobby?
Imate/imaš li hobi?

Was machen Sie/Was machst du in der Freizeit?
Što rạdite/rạdiš u slọbodno vrijẹme?

Mögen Sie/Magst du ...?
Vọlite/vọliš li ...?

Hören Sie/Hörst du gerne Musik?
Vọlite/vọliš li slụšati glązbu?

Ich lese sehr gern.
Rado čitam.

Ich arbeite gern im Garten.
Volim raditi u vrtu.

Ich male ein wenig.
Pọmalo slikam.

Ich sammle Antiquitäten/Briefmarken.
Skupljam antikvitete/poštanske marke.

Ich jogge/schwimme/fahre Rad.
Trčim/plivam/vozim bicikl.

Ich spiele einmal die Woche Tennis/Volleyball.
Igram jednom tjedno tenis/odbojku.

Ich gehe regelmäßig ins Fitnesscenter.
Redovno idem u fitnescentar.

Treiben Sie Sport?
Bąvite li se športom?

Ich spiele ...
Ja igram ...

Ich bin ein Fan von ...
Navijam za ...

Ich gehe gern ...
Idem rado ...

Ich interessiere mich für ...
Ząnimam se za ...

Ich bin bei ... aktiv.
Aktiv/an/na *f* sam u ...

kochen .... kụhati
malen .... slịkati
musizieren .... svịrati
reisen .... pụtovati
Sprachen lernen .... učiti strane jezike
töpfern .... lọnčariti
zeichnen .... crtati

Wetter

Was für ein herrliches/schreckliches Wetter!
Kakvo divno/užasno vrijęme!

Was sagt der Wetterbericht?
Kąkva je vręmenska prognǫza?

Wie viel Grad haben wir?
Kǫliko stųpnjeva ima?

Religion und kulturelle Besonderheiten

Welchem Glauben gehören Sie/gehörst du an?
Kǫje ste/si vjęre?

Ich bin ...
Ja sam ...

- ***Buddhist/in.***
  budịst/budịstkinja.
- ***Christ/in.***
  kr̥šćanin/kr̥šćanka.
- ***Katholik/in.***
  kątolik/kątolkinja.
- ***Protestant/in.***
  protęstant/protęstantica.
- ***Jude/Jüdin.***
  Žịdov/Žịdovka.
- ***Muslim/Muslima.***
  muslimąn/muslimąnka.

Ich bin nicht religiös.
Nịsam ręligiozan/ręligiozna.

Entschuldigung, ich wollte Ihnen/dir nicht zu nahe treten.
Oprǫstite/oprǫsti, nịsam Vas/te htio/htjęla uvrijęditi.

Das ist gegen meine Religion.
To je prǫtiv mǫje vjęre.

Ich esse kein/e ... Das ist gegen meinen Glauben.
Ne jędem ... To je prǫtiv mǫje vjęre.

MEINUNGEN UND GEFÜHLE

Zustimmen und Kommentieren

Gut.
Dobro.

Richtig.
Tọčno.

Einverstanden!/Abgemacht!
Slažem se!/Dogovoreno!

Geht in Ordnung!
U rędu! (To će bịti u rędu!)

Okay!
Okej!

Genau!
Točno!

Ach!
Ah!

Ach, so!
A tako

Wirklich?
Stvarno?

Interessant!
Zanịmljivo!

Wie schön!
Kako lijepo!

Ich verstehe.
Razụmijem.

So ist es eben.
Tako je to.

Ganz Ihrer Meinung.
U pọtpunosti se slažem s Vama.

Das stimmt.
To je točno.

Das finde ich (sehr) gut.
Mislim, da je to (vrlo) dobro.

Gern.
Rado.

Ablehnen

Ich habe keine Zeit.
Nemam vremena.

Dazu habe ich keine Lust.
Nemam volje za to.

Damit bin ich nicht einverstanden.
S time se ne slažem.

Das kommt gar nicht in Frage!
To ne dọlazi u obzir!

Auf gar keinen Fall!
Ni u kom slụčaju!

Ohne mich!
Bez mene!

Vorlieben

Das gefällt mir (nicht).
To mi se (ne) sviđa.

Ich möchte lieber …
Rạdije bih …

Am liebsten wäre mir …
Nạjradije bih …

Darüber würde ich gerne mehr erfahren.
O tome bih rado nešto više sazna/o/la *f*.

Nichtwissen ausdrücken

Das weiß ich nicht.
To ne znam.

Keine Ahnung.
Nemam pojma.

Unentschlossenheit

Das ist mir egal.
Svejẹdno mi je.

Ich weiß noch nicht.
Još ne znam.

Vielleicht.
Možda.

Wahrscheinlich.
Vjerojạtno.

Freude – Begeisterung

Großartig!
Veličạnstveno!

Prima!
Ọdlično!

Toll!
Izvanrẹdno!

Super!
Super!

Zufriedenheit

Ich bin voll und ganz zufrieden.
Pọtpuno sam zadovoljan/zadovoljna *f*.

Ich kann mich nicht beklagen.
Ne mogu se pọžaliti.

Das hat hervorragend geklappt.
To je ọdlično uspjelo.

Langeweile

Wie langweilig!
Baš dọsadno!

... ist total öde.
... tọtalno je bez veze.

Erstaunen – Überraschung

Ach so!
A tako!

Wirklich?
Stvarno?

Das ist ja nicht zu fassen!
To si ne mogu zamislit!

Unglaublich!
Nevjerojątno!

Erleichterung

Ein Glück, dass …!
Sreća, što…!

Gott sei Dank!
Hvala bogu!

Endlich!
Kǫnačno!

Gelassenheit

Nur keine Panik/Aufregung!
Bez pąnike/uzbuđęnja!

Machen Sie sich keine Sorgen.
Bųdite bez brige.

Ärger

Das ärgert mich!
To me ljuti!

Verflixt!
Prǫkleto!

Jetzt reicht's!
Sad je dosta!

… geht mir auf die Nerven.
… me nęrvira./… mi ide na živce.

Eine Unverschämtheit ist das!/So eine Frechheit!
To je bezǫbrazno!/Kakva drskost!

Das darf doch wohl nicht wahr sein!
To nije mǫguće!

Zurechtweisung

Was fällt Ihnen ein!
Što Vam pada na pamet!

Kommen Sie mir bloß nicht zu nahe!
Ne prịlazite mi bliže!

Das kommt gar nicht in Frage.
To ne dọlazi u obzir.

Bedauern – Enttäuschung

Oh je!
Jao!

Es tut mir leid.
Žao mi je.

Es tut mir richtig leid für …
Stvarno mi je žao za …

Schade!
Šteta!

SICH VERABREDEN

Pünktlichkeit

… sollten Sie bei Verabredungen mit Kroaten nicht ganz so genau nehmen. Mindestens das akademische Viertel zählt nicht als Verspätung.

Haben Sie/Hast du morgen Abend schon etwas vor?
Ịmate/Imaš li već neki plan zạ sutra?

Wollen wir zusammen hingehen?
Họćemo li poći tamo zạjedno?

Wollen wir heute Abend etwas gemeinsam unternehmen?
Họćemo li večẹras zạjedno ịzaći?

Darf ich Sie/dich morgen Abend zum Essen einladen?
Mogu li Vas/te pọzvati na ručak/vẹčeru?

Wann treffen wir uns?
Kada ćemo se naći?

Treffen wir uns heute Abend?
Họćemo li se nạći večeṛas?

Treffen wir uns um 9 Uhr vor .../im ...
Nạđimo se u devet sati pred .../u ...

Ich hole Sie/dich ab.
Doći ću po Vas/tebe.

Kann ich Sie/dich wieder sehen?
Mogu li Vas/te opet vịdjeti?

Das war wirklich ein netter Abend.
Bila je stvarno lijepa večer.

FLIRTEN

Du hast wunderschöne Augen.
Imaš prekrạsne oči.

Mir gefällt, wie du lachst.
Sviđa mi se tvoj osmjeh.

Ich mag dich.
Drag/a *f* si mi.

Ich finde dich ganz toll!
Divan/divna *f* si!

Ich liebe dich!
Volim te!

Hast du einen festen Freund/eine feste Freundin?
Imaš li dečka/djevojku?

Lebst du mit jemandem zusammen?
Živiš li s nekim?

Bist du verheiratet?
Jesi li udata? *f*
Jesi li oženjen? *m*

- ***Ich lebe mit jemandem zusammen.***
  Žịvim s nẹkim.
- ***Ich bin geschieden.***
  Razveden/a sam.
- ***Wir leben getrennt.***
  Živimo odvojeno.

Kommst du mit zu mir?
Hoćeš li poći sa mnom k meni?

Wo kann ich welche kaufen?
Gdje mogu kupit?

Nein, das geht mir zu schnell!
Ne, to mi je prebrzo!

Wir können kuscheln.
Možemo se maziti.

Bitte geh jetzt!
Molim te sad ọdlazi!

Lassen Sie mich bitte in Ruhe!
Molim Vas, pụstite me na miru!

Hören Sie sofort damit auf!
Prẹstanite odmah s time!

Unterwegs

Gibt es hier eine Elektrotankstelle?

Wer eine Reise tut, hat nicht nur viel zu erzählen, sondern erst mal viele Fragen.

Verbindung garantiert

Mit dem Bus können Sie bequem und relativ preiswert nach Kroatien fahren. Das Busliniennetz ist sehr gut ausgebaut und verbindet alle Teile des Landes.
Mit der Bahn erreichen Sie Kroatien über die slowenische Hauptstadt Ljubljana. Aus Ljubljana fahren die Züge entweder nach Zagreb oder nach Rijeka und Pula. In Rijeka haben Sie die Möglichkeit, über Ogulin, Gọspić und Knin nach Šịbenik oder Split zu gelangen.
Fahrkarten für den öffentlichen Nahverkehr kann man an Zeitungsständen bzw. Kiosken kaufen. Sie sind im Verkehrsmittel zu entwerten.

FRAGEN NACH DEM WEG

Ortsangaben

links .... lijẹvo
rechts .... desno
geradeaus .... ravno
vor .... ispred
hinter .... iza

neben	kraj, zu
gegenüber	nạsuprot
hier	ovdje
dort	tamo
nah	blizu
weit	dalẹko
nach	iza, u
Ampel	sẹmafor
Straße	ụlica, cesta
Straßenecke	na uglu ụlice
Kreuzung	krịžanje
Kurve	zavoj

Wo geht es lang?

Entschuldigen Sie bitte, wie komme ich nach …?
Oprọstite molim Vas, kuda se ide u …?

Immer geradeaus bis …
Samo ravno do …

Dann bei der Ampel links/rechts abbiegen.
Onda kod sẹmafora skrẹnite lijẹvo/desno.

Folgen Sie den Schildern.
Slijẹdite pụtokaze.

Ist das weit von hier?
Je li dạleko ọdavde?

Es ist ganz in der Nähe.
Vrlo je blizu.

Bitte, ist das die Straße nach …?
Molim Vas, je li ovo cesta za … ?

Bitte, wo ist …?
Molim Vas, gdje je …?

Tut mir leid, das weiß ich nicht.
Žalim, to ne znam.

Ich bin nicht von hier.
Nisam odavde.

Gehen Sie geradeaus/nach links/nach rechts.
Pọđite ravno/lijẹvo/desno.

Erste/Zweite Straße links/rechts.
Prva/Druga ụlica lijẹvo/desno.

Überqueren Sie …
Pređite preko …

- ***die Brücke.***
  mosta.
- ***den Platz.***
  trga.
- ***die Straße.***
  ụlice.

Sie nehmen am besten den Bus Nr. …
Najbolje ụzmite autobus broj …

EINREISEN

Ihren Pass, bitte!
Molim Vašu putọvnicu!

Haben Sie ein Visum?
Ịmate li vizu?

Kann ich das Visum hier bekommen?
Mogu li ovdje dọbiti vizu?

Haben Sie etwas zu verzollen?
Ịmate li nešto za prijạviti?

Öffnen Sie bitte den Kofferraum/diesen Koffer!
Molim Vas, otvorite pṛtljažnik/ovaj kovčeg!

Muss ich das verzollen?
Moram li za ovo plạtiti cạrinu?

Personalien

Familienname	prẹzime
Familienstand	bračno stanje
– ledig	*(Mann)* neọženjen; *(Frau)* nẹudata
– verheiratet	*(Mann)* ọženjen; *(Frau)* ụdata
– verwitwet	*(Mann)* udọvac; *(Frau)* udọvica
Geburtsdatum	datum rođẹnja
Geburtsname	djẹvojačko prẹzime
Geburtsort	mjesto rođẹnja
Personalien	ọsobni pọdaci
Staatsangehörigkeit	dṛžavljanstvo
Vorname	ime
Wohnort	prebịvalište

Grenzverkehr

Seit dem EU-Beitritt Kroatiens 2013 gelten grundsätzlich die Bestimmungen der EU. Alleinreisende Minderjährige sollten eine formlose Einverständniserklärung der Sorgeberechtigten mitführen.
Seit Kroatien EU-Mitglied ist, gibt es keine Zollkontrollen mehr innerhalb der EU-Grenzen. Doch Sie könnten jederzeit im Landesinneren in eine Kontrolle geraten, was Sie an der Aufschrift: **Stop Carina** erkennen können.

An der Grenze

Ausreise ... ịzlazak iz zemlje
Einreise ... ụlazak u zemlju
EU-Bürger ... EU-građani
Führerschein ... vọzačka dọzvola
Grenze ... granica
Grenzübergang ... grạnični prijẹlaz
gültig ... valjan
internationaler Impfpass ... međunạrodna pọtvrda o cijẹpljenju
Nationalitätskennzeichen ... ọznaka dṛžave
Nummernschild ... rẹgistarska plọčica; rẹgistarska tạblica *ugs*
Passkontrolle ... kọntrola putọvnica
Personalausweis ... ọsobna ịskaznica
Reisepass ... putọvnica
grüne Versicherungskarte ... zẹlena karta osigurạnja
Visum ... viza
Zoll ... cạrina
Zollfrei ... oslọbođen cạrine
Zollgebühren ... cạrinske prịstojbe
Zollpflichtig ... ọbvezna cạrina

Gut zu wissen

Folgende Verkehrsbestimmungen weichen von den in Deutschland gültigen ab:

- Im Pkw ist ein Satz Glühbirnen als Reserve mitzuführen.
- Beim Überholen muss während des gesamten Vorgangs geblinkt werden.
- Kolonnenspringen ist verboten.
- Schulbusse dürfen nicht umfahren werden, wenn sie zum Ein- und Ausstieg anhalten.
- Beim Abschleppen eines Fahrzeugs ist an der Frontseite des Schleppfahrzeugs und am Heck des geschleppten Kraftfahrzeugs ein Warndreieck anzubringen.
- Jeder Unfall muss der Polizei gemeldet werden.
- Fahrzeuge mit auffälligen Karosserieschäden dürfen nur mit polizeilicher Schadensbestätigung das Land wieder verlassen.
- Beim Rückwärtsfahren sollten Sie die Warnblinkanlage einschalten.

Höchstgeschwindigkeit für Pkw, Motorräder und Wohnmobile: Innerhalb der Ortschaften 50 km/h, außerhalb der Ortschaften 80 km/h, auf Schnellstraßen 100 km/h und auf Autobahnen 130 km/h.

Wichtig: In Kroatien gilt die 0,0-Promille-Grenze!

Bußgelder für Verkehrsdelikte betragen zwischen 300 und 2000 Kuna!

A bis Z für Fahrer

Auf-/Abfahrt	ulaz/izlaz (autocesta)
Ausfahrt	izlaz
Autobahn	ạutocesta
Bußgeld	globa
Einfahrt	ulaz
Hauptstraße	glavna cesta
Landstraße	spọredna cesta
Maut	cestạrina
Nebenstraße	spọredna ulica
Promillegrenze	dọzvoljena granica promila
Radarkontrolle	rạdarska kontrọla
Rastplatz	odmorište
Raststätte	restoran na odmorištu
Schnellstraße	brza cesta
Stau	zastoj
trampen	putọvati auto-stọpom
Tramper	ạutostoper
Wegweiser	pụtokaz

An der Tankstelle/Raststätte

Wo ist bitte die nächste Tankstelle?
Molim Vas, gdje je nạjbliža bẹnzinska stạnica?

Gibt es hier eine Elektrotankstelle?
Ima li nẹgdje pụmpa za ạute na strụju?

Ich möchte ... Liter ...
Molim ... lịtara ...

- ***Benzin (bleifrei).***
  benzina (bezolovni).
- ***Super (bleifrei).***
  supera (bezolovni).
- ***Superplus.***
  super plus.
- ***Diesel.***
  dịzela.

Super bitte, für zweihundert Kuna.
Molim sụpera za dvjesto kuna.

Voll tanken, bitte!
Nạpunite, molim.

Würden Sie bitte den Ölstand prüfen?
Molim Vas, prọvjerite nivo ulja.

Ich hätte gern eine Straßenkarte dieser Gegend.
Molim Vas, jednu ạuto-kartu ọvoga kraja.

Wo sind bitte die Toiletten?
Mọlim Vas, gdje je WC (ve-ce)?

Gibt es eine Behindertentoilette?
Ima li zahod za ịnvalidne osobe?

Gibt es hier einen Wickelraum?
Ima li ovdje prọstorija za prẹvijanje djece?

Insider-Tipp

Der Hunger erwischt Sie auf dem Weg Richtung Süden und Sie befinden sich in der Nähe der Plitvicer Seen? Dann dürfen Sie sich das Restaurant **Macola** nicht entgehen lassen! Es wurde unter die besten 100 Restaurants gewählt und die meisten Busfahrer legen dort ihre Rast ein. Deren Werbespruch sagt alles: **Nịsi jẹo, nịsi pịo - kod Macọle nịsi bịo** *(Du hast nicht gegessen, nicht getrunken - du warst nicht bei Macola).*
Die Speisekarte enthält ein vielfältiges Angebot mit vielen traditionellen Spezialitäten.

Hinweise und Informationen

bọlnica	Krankenhaus
desno (lijevo) vọziti	Rechts (Links) fahren
izlaz na autocẹstu	Autobahnausfahrt
jak nagib	Starkes Gefälle
kamịon	Lastwagen
kraj zạbrane parkiranja	Ende des Parkverbots
lạganija vožnja	Langsamer fahren
loša cesta	Schlechte Fahrbahn
ọbilazna cesta	Umgehungsstraße
ọbilaznica	Umleitung
odron na cesti	Rollsplitt
ọpasan zavoj	Gefährliche Kurve
ọpasnost	Gefahr
ọstaviti slọbodan prolaz	Ausfahrt frei halten
pọdsjetnik na prethodni znak upozorẹnja ili zạbrane	Erinnerung an ein vorausgegangenes Gebots- oder Verbotsschild
pomoć na cesti, S.O.S.	Pannenhilfe, Straßenwacht
pọzornost	Vorsicht
pọzornost škola	Auf Schulkinder achten
prẹdnost desno	Rechtsvorfahrt
rạdovi na cesti	Baustelle
sklizak kolnik	Schleudergefahr
vịsoki napon	Hochspannung
zạbrana ụlaska	Einfahrt verboten
zạbrana zaustạvljanja	Halteverbot
zạbranjeno parkiranje	Parkverbot
zẹlena strelica znači nemate prednost	Der grüne Pfeil bedeutet keine Vorfahrt
zona kratkog pạrkiranja	Kurzparkzone

Parken

Entschuldigen Sie bitte, gibt es hier in der Nähe eine Parkmöglichkeit?
Oprostite molim Vas, postoji li u blizịni mogụćnost parkịranja?

Kann ich den Wagen hier abstellen?
Mogu li vozilo ọstaviti ovdje?

Gibt es auf dem Parkplatz einen Parkplatzwächter?
Ima li parkịralište čụvara?

Wie hoch ist die Parkgebühr pro Stunde?
Kọlika je pristojba za parkiranje na sat?

Ist das Parkhaus die ganze Nacht geöffnet?
Je li garạža ọtvorena cijẹlu noć?

Praktisch, nicht wahr?

Wussten Sie, dass Sie in vielen kroatischen Städten das Parken auch mit Ihrem Handy bezahlen können? Dafür schicken Sie einfach eine SMS mit Ihrem Kennzeichen an die an allen Parkscheinautomaten gut sichtbare, kurze Nummer, und Sie erhalten eine Bestätigungs-SMS für eine Stunde Parken.

Eine Panne

Mein Wagen hat eine Panne.
Vozilo mi je u kvaru.

Ich habe einen Platten.
Gụma mi je prạzna.

Ich habe kein Benzin mehr.
Nẹmam vịše gọriva.

Die Batterie ist leer.
Akumulạtor je prạzan.

Können Sie mir Starthilfe geben?
Možete li mi pọmoći pri stạrtanju auta?

Gibt es hier in der Nähe eine Werkstatt?
Gdje ima u blizịni automehaničar?

Könnten Sie bitte für mich den Pannendienst anrufen?
Molim Vas, mọžete li nạzvati službu pọmoći na cesti?

Würden Sie mir bitte einen Mechaniker/einen Abschleppwagen schicken?
Molim Vas, mọžete li mi pọslati mehạničara/vučno vọzilo?

Könnten Sie mir mit etwas Benzin aushelfen?
Mọžete li mi pọmoći s malo benzịna?

Könnten Sie mir beim Reifenwechsel helfen?
Mọžete li mi pọmoći da prọmijenim gumu?

Würden Sie mich bis zur nächsten Werkstatt mitnehmen?
Mọžete li me pọvesti do nạjbliže radiọnice?

Abschleppdienst	vučna služba
abschleppen	vući, ọdvući
Abschleppseil	uže za vuču
Abschleppwagen	kola za vuču
Benzinkanister	kanta za gọrivo
Ersatzrad	rẹzervni kotač/točak
Flickzeug	set za pọpravak gụma
Luftpumpe	zrạčna pumpa
Notrufsäule	S.O.S. telefọn
Panne	kvar
Pannendienst	služba za pomoć na cesti
Platten	pukla guma
Starthilfekabel	pọmoćni kabel za start
Wagenheber	dịzalica za kola
Warnblinkanlage	ụpozorni žmigavac
Warndreieck	sịgnalni trokut
Werkzeug	alat

In der Werkstatt

Der Motor springt nicht an.
Mọtor se vịše nẹće upạliti.

Mit dem Motor stimmt was nicht.
Nešto nije u redu s motorom.

… ist/sind defekt.
… je/su u kvaru.

Der Wagen verliert Öl.
Vọzilo gubi ulje.

Wann ist der Wagen/das Motorrad fertig?
Kada će biti gọtovo vọzilo/gotov motor?

Was wird es ungefähr kosten?
Koliko će to otprilike stajati/koštati *ugs*?

Abblendlicht ……… ọboreno svjetlo
Alarmanlage ……… ạlarmni ụređaj
Anlasser ……… pokrẹtač
Auspuff ……… ịspušnik; auspuh *ugs*
Automatik(getriebe) ……… autọmatski mjenjač
Benzinpumpe ……… bẹnzinska pumpa
Blinklicht ……… žmigavac
Bremse ……… kọčnica
Bremsflüssigkeit ……… tekụćina za kọčnice
Bremslichter ……… stop-svjetla
Defekt ……… kvar
Delle ……… ulupljenje
Fernlicht ……… dugo svjetlo
Frostschutzmittel ……… ạntifriz
Gang ……… brzịna, hod
– ***erster Gang*** ……… prva brzịna
– ***Leerlauf*** ……… prazan hod
– ***Rückwärtsgang*** ……… brzịna za vožnju ụnatrag, *ugs* rikverc
Gaspedal ……… pạpučica/ *ugs* pedạla gasa
Getriebe ……… mjenjač
Handbremse ……… ručna kọčnica
Hupe ……… sirẹna
Kofferraum ……… pṛtljažnik
Kratzer ……… ogrebotina
Kühler ……… hladnjak
Kühlwasser ……… voda za hlạđenje
Kupplung ……… spojka, kvạčilo
Kurzschluss ……… kratki spoj
Lichtmaschine ……… dịnamo *m*

Luftfilter	pročịstač (*ugs* filtar) zraka
Motor	motor
Motorhaube	pọklopac motọra
Öl	ulje
Ölwechsel	prọmjena ulja
Rad	kotač, točak
Reifen	vanjska guma
Rücklicht	stražnje svjetlo
Rückspiegel	vọzačko oglẹdalo, retrovịzor
Schaden	šteta
Scheibenwischer	brisač vjẹtrobrana
Scheinwerfer	rẹflektor, far
Schraube	vijak
Sicherheitsgurt	sigụrnosni pojas
Standlicht	pozịcijsko svjetlo
Stoßstange	ọdbojnik, branik
Tachometer	tahometar, brzinomjer
Tank	rezervọar, spremnik
Verbandskasten	kutija za prvu pomoć
Warnblinkanlage	ụpozorni žmigavac
Warndreieck	signalni trokut
elektronische Wegfahrsperre	ẹlektronička blokada starta
Werkstatt	radiọnica
Windschutzscheibe	vjẹtrobran
Winterreifen	zimske gume
Zündkerze	svjẹćica
Zündung	pạljenje

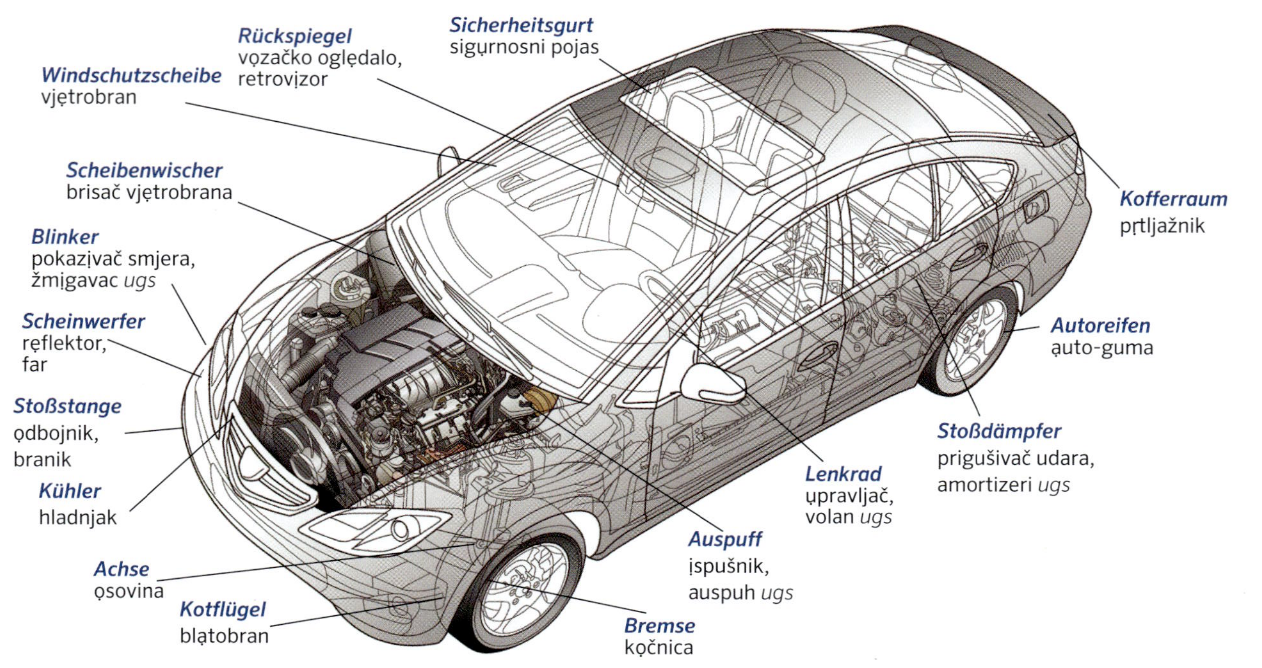
Windschutzscheibe
vjẹtrobran
Rückspiegel
vọzačko oglẹdalo,
retrovịzor
Sicherheitsgurt
sigụrnosni pojas
Scheibenwischer
brisač vjẹtrobrana
Blinker
pokazịvač smjera,
žmịgavac *ugs*
Scheinwerfer
rẹflektor,
far
Stoßstange
ọdbojnik,
branik
Kühler
hladnjak
Achse
ọsovina
Kotflügel
blạtobran
Bremse
kọčnica
Auspuff
ịspušnik,
auspuh *ugs*
Lenkrad
ụpravljač,
volan *ugs*
Stoßdämpfer
prigušivač udara,
amortizeri *ugs*
Autoreifen
ạuto-guma
Kofferraum
pṛtljažnik

Verkehrsunfall

Ein Unfall ist passiert!
Dogodila se nesreća!

Rufen Sie bitte schnell …
Molim Vas, pozọvite brzo …

- ***einen Krankenwagen!***
  vozilo hitne pọmoći!
- ***die Polizei!***
  polịciju!
- ***die Feuerwehr!***
  vatrogạsce!

Haben Sie Verbandszeug?
Ịmate li pribor za prevịjanje?

Sie haben …
Niste …

- ***die Vorfahrt nicht beachtet.***
  pạzili na prednost.
- ***nicht geblinkt.***
  dali žmigavac.

Sie sind …
Vọzili ste …

- ***zu schnell gefahren.***
  prẹbrzo.
- ***bei Rot über die Kreuzung gefahren.***
  pri cṛvenom preko krịžanja.

Können Sie als Zeuge aussagen?
Možete li dati iskaz kao svjedok?

Geben Sie mir bitte Ihren Namen und Ihre Anschrift.
Mọlim Vas, dạjte mi Vạše ịme i adrẹsu.

Bei welcher Versicherung sind Sie?
Koje osigurạnje ịmate?

Vielen Dank für Ihre Hilfe!
Hvala lijẹpa na Vašoj pọmoći!

Lenker
ụpravljač
Gangschaltung
mjenjač
Vorderlicht
Iprednje svjetlo
Bremse
kọčnica
Nabe
glạvčina
Speiche
žbica
Rad
kotač,
točak
Pedal
pẹdala
Sattel
sjẹdalo
Luftpumpe
pzračna pumpa
Rücklicht
stražnje svjetlo
Schlauch
zrạčnica
Mantel
guma
Kette
lanac

Auto-, Motorrad- und Fahrradvermietung

Ich möchte für zwei Tage/eine Woche ... mieten.
Htio (Htjela *f*) bih za ... dana/jedan tjedan unạjmiti.

- ***einen (Gelände-)Wagen***
  (tẹrensko) vọzilo
- ***ein Motorrad***
  motor
- ***einen Motorroller***
  skuter, vespu
- ***ein Mofa***
  motocikl
- ***ein Fahrrad***
  bicịkl

Bitte mit ...
Mọlim Vas, ...s....

- ***Automatik.***
  utomạtikom.
- ***Klimaanlage.***
  klịma uređajem.
- ***Navigationsgerät.***
  navigạcijskim uređajem.

Haben Sie Autos mit Handgas für Körperbehinderte?
Imate li ọsobna vọzila za ịnvalidne osobe s ručnom kọmandom.

Kann man hier irgendwo Behindertenfahrräder leihen?
Mogu li se negdje iznạjmiti bicịkla za ịnvalidne osobe?

Wie viel kostet es pro Tag/Woche?
Kolika je cijena za dan/tjedan?

Ist das einschließlich unbegrenzter Kilometerzahl?
Je li to sadrži i neọgraničen broj kilometara?

Wie viel verlangen Sie pro gefahrenem Kilometer?
Kọliko trạžite po prẹđenom kịlometru?

Ist das Fahrzeug vollkaskoversichert?
Je li vọzilo osigụrano punim kaskom?

Ist es möglich, das Fahrzeug in ... abzugeben?
Je li mọguće prẹdati vọzilo u ...?

Haben Sie eine Straßenkarte?
Ịmate li ạuto kạrtu?

Ich möchte auch einen Schutzhelm leihen.
Želim iznajmiti i zaštitnu kacigu.

Haben Sie einen Kindersicherheitsgurt?
Ịmate li sigụrnosni pojas za dijete?

Verleihen Sie Kinderautositze?
Ịznajmljujete li sjẹdalice za djecu?

Babyschale ... sjẹdalo za bebu (za auto)
Führerschein ... vọzačka dọzvola
Handbike ... bicịkl na ručni pogon
Handgas ... *(Auto)* ručni gas
hinterlegen ... pohraniti, ostaviti
Kaution ... kaucija
Kindersitz ... dječije sjedalo
Kindersitzkissen ... sjẹdalo za veće dijete
Lenkraddrehknopf ... *(Auto)* volan sa ručkom
Nierengurt ... pojas za bụbrege
Papiere ... ịsprave, dokụmenti
Schiebedach ... pọkretni krov
Sturzhelm ... kạciga
Teilkasko ... djẹlomični kasko
grüne Versicherungskarte ... zẹlena karta osigurạnja
Vollkasko ... puni kasko
Wochenendpauschale ... vikend paušala
Zündschlüssel ... ključ za pạljenje

IN DER LUFT

Einen Flug buchen

Könnten Sie mir bitte sagen, wann die nächste Maschine nach … fliegt ?
Molim Vas možete li mi reći, kada je slijędeći let za …?

Sind noch Plätze frei?
Ima li još slọbodnih mjesta?

Ich möchte einen einfachen Flug nach …
Htio (Htjela *f*) bih rezervịrati let u jednom smjeru za …

Ich möchte einen Hin- und Rückflug nach … buchen.
Htio (Htjela *f*) bih rezervịrati pọvratni let za …

Was kostet bitte der Flug Touristenklasse/1. Klasse?
Molim Vas, kọliko košta let u turịstičkom/prvom rązredu?

Raucher oder Nichtraucher?
Za pušače ili nepušače?

Ich möchte bitte …
Molim Vas, hoću …

- ***einen Fensterplatz.***
  sjedište kraj prozora.
- ***einen Platz am Gang.***
  mjesto kod hodnika.

Wir reisen mit einem Kleinkind. Könnten wir Plätze ganz vorn bekommen?
Pụtujemo s malim djętetom. Mọžemo li dọbiti mjesto sasvim nąprijed?

Ich möchte diesen Flug stornieren.
Htio (Htjela *f*) bih otkazati ovaj let.

Ich möchte diesen Flug umbuchen.
Htio (Htjela *f*) bih promijęniti ovaj let.

Am Flughafen

Wo ist bitte …
Mọlim Vas, gdje je …

- ***… der Schalter der …-Fluggesellschaft?***
  … šąlter zrąkoplovne tvṛtke/kompąnije …?
- ***… Halle/Terminal …?***
  … hąla/tęrminal …?
- ***… der Check-in-Automat?***
  … hąla/tęrminal …?

Gibt es für den Flug einen Vorabend-/Telefon-/Internet-Checkin?
Postoji li mogućnost check-ina večer prije leta-/telefonom/putem interneta?

Könnte ich bitte Ihren Flugschein sehen?
Molim Vas mogu li vidjeti Vašu pụtničku kartu?

Kann ich das/diese Flüssigkeit als Handgepäck mitnehmen?
Mọgu li ọvo/ọvu tekụćinu pọnijeti kao rụčnu prtljạgu?

Ich habe einen Laptop im Handgepäck.
Ịmam laptop u rụčnoj prtljạzi.

Kann ich einen eigenen (faltbaren) Rollstuhl/einen Buggy im Flugzeug mitnehmen?
Mọgu li mọju invạlidsku stọlicu/djẹčja kolịca na sklạpanje ụnijeti u avion?

Wird ein Rollstuhl am Abflug-/Zielflughafen bereitgestellt?
Dọbiju li se u zračnoj luci polaska/dolaska invạlidska kolịca na raspọlaganje?

Wann landet die Maschine aus ...?
Kada slijeće zrakoplov iz ...?

An Bord

Könnten Sie mir bitte ein Glas Wasser bringen?
Molim Vas, možete li mi dọnijeti čašu vode?

Könnte ich bitte noch ein Kissen/eine Decke haben?
Molim Vas, mogu li dọbiti još jedan jastuk/jednu deku?

Bitte, ist es möglich, dass wir unsere Plätze tauschen?
Molim Vas je li mọguće, da se zạmijenimo za mjesta?

Ankunft

Mein Gepäck ist verloren gegangen.
Moja se prtljạga izgụbila.

Mein Koffer ist beschädigt worden.
Moj kovčeg je ọštećen.

Wo fährt der Bus in Richtung ... ab?
Ọdakle pọlazi ạutobus za ...?

Abflug ... pọlazak
Ankunft ... dọlazak
Ankunftszeit ... vrijẹme dọlaska
Anschluss ... veza
Auslandsflug ... ịnozemni let
Bordkarte ... karta za ụkrcaj, bording karta
einchecken ... čekịrati se
elektronisches Ticket ... elektrọnička vozna kạrta
Flug ... let
Flugbegleiter/in ... stjụard/stjuardẹsa
Fluggesellschaft ... zrạkoplovna kompanija
Flughafen ... zračna luka
Flughafenbus ... ạutobus zračne luke
Flughafengebühr ... prịstojba zračne luke
Flugsteig, Gate ... ịzlaz (gate)
Gepäck ... prtljạga
Gepäckabfertigung ... ọtprema prtljạge
Gepäckausgabe ... izdạvanje prtljạge
Gepäckwagen ... kolịca za kọfere
Inlandsflug ... tụzemni let
Internetbuchung ... ịnternet rezervạcija
Landung ... slijẹtanje
Notausgang ... izlaz za nuždu
Notlandung ... prinudno slijẹtanje
Notrutsche ... tobogan u slučaju nužde
Passagier ... putnik
Pilot ... pilot
Schwimmweste ... prsluk za spašạvanje
Sicherheitsgebühr ... taksa na sigụrnost leta
Sicherheitskontrolle ... kontrọla sigụrnosti
Spucktüte ... vrẹćica za povraćanje
stornieren ... otkạzati
Terminal ... terminal
Übergewicht ... višak prtljage
umbuchen ... promijẹniti rezervạciju
Verspätung ... zakašnjẹnje
zollfreier Laden ... bescarinska trgovina
Zwischenlandung ... međuslijẹtanje

Fahrkarten kaufen

Zwei Karten nach ..., einfach bitte.
Molim Vas, dvije karte za ..., u jednom pravcu.

2. Klasse/1. Klasse
drugi razred/prvi razred

Bitte eine Rückfahrkarte nach ...
Molim Vas povratnu kartu za ...

Gibt es eine Ermäßigung für Kinder/Studenten/Senioren?
Ima li pọpusta za djecu/stụdente/seniore?

Gibt es einen Spartarif?
Ịma li tarịfa s pọpustom?

Muss ich einen Platz reservieren?
Je li moram rezervịrati mjesto?

Ich möchte gern zwei Plätze reservieren:
Žẹlim rezervịrati dva mjẹsta:

- ***für den EC nach ...***
  za EC za ...
- ***am ... um ... Uhr***
  ... u ... sati
- ***im Liegewagen***
  u kušet-kolima
- ***im Schlafwagen***
  u spạvaćim kolima
- ***im Speisewagen***
  u vagon-restoranu

Um wie viel Uhr habe ich in ... Anschluss nach ...?
U koliko sati imam u ... vezu za ...?

Wie oft muss ich da umsteigen?
Koliko puta moram presjedati?

Im Bahnhof

Wo kann ich eine Fahrkarte kaufen?
Gdje mọgu kụpiti vọznu kạrtu?

Ich möchte diesen Koffer als Reisegepäck aufgeben.
Htio (Htjela *f*) bih prẹdati ovaj kovčeg kao ọsobnu prtljạgu.

Wo kann ich mein Fahrrad aufgeben?
Gdje mogu prẹdati bicịkl?

Ist der Einstieg in die Wagen ebenerdig?
Je li ulaz u vagon na nivou plọčnika?

Entschuldigen Sie bitte, von welchem Gleis fährt der Zug nach … ab?
Ọprostite molim Vas, s kojeg kọlosijeka pọlazi vlak za …?

Im Zug

Entschuldigen Sie bitte, ist dieser Platz noch frei?
Oprọstite molim Vas, je li to mjesto još slọbodno?

Darf ich bitte das Fenster aufmachen/schließen?
Molim Vas, smijem li otvọriti/zatvọriti prozor?

Entschuldigen Sie, ich glaube, das ist mein Platz.
Oprọstite, čini mi se, to je moje mjesto.

- ***Hier ist meine Platzreservierung.***
  Ovo je moja rezervacija sjedišta.

Könnte mir jemand beim Umsteigen behilflich sein?
Može li mi netko pomoći kod prẹsjedanja?

Abfahrt	ọdlazak
Abteil	ọdjeljak; kupe *ugs*
Ankunft	dọlazak
Aufenthalt	zadržạvanje
Ausdruck	ịspis
aussteigen	sịlaziti, sići
Autoreisezug	ạuto-vlak
Bahnhof	kọlodvor, žẹljeznička pọstaja
Begleitperson	prạtilac
Bistrowagen	rẹstoran-vagon
einsteigen	ući
entwerten	pọništiti
Ermäßigung	popust
Fahrkarte	vozna karta
Fahrkartenkontrolle	kontrọla voznih kạrata
Fahrkartenschalter	šalter za prọdaju kạrata
Fahrplan	red vožnje

Fahrpreis	cijęna karte
Fensterplatz	mjesto uz prozor
Gang	hodnik
Gepäck	prtljąga
Gepäckaufbewahrung	garderǫba
Gepäckschalter	šalter za prtljągu
Gleis	kǫlosijek
Großraumwagen	vagon bez ǫdjeljaka
Hauptbahnhof	glavni kǫlodvor
Internetbuchung	įnternet rezervącija
Interrail	Interrail
Kinderfahrkarte	dječja karta
Liegewagenplatz	mjesto u kušet-kolima
Minibar	mini-bar
Platzreservierung	rezervącija sjedišta
Reservierung	rezervįranje
Rollstuhlfahrer/in	osoba u invąlidskim kǫlicima
Rückfahrkarte	pǫvratna karta
Schaffner/in	kǫndukter
Schließfach	pretinac za ząključat
Schwerbehinderte	invalidne osobe
Speisewagen	vagon-restǫran
Wagennummer	broj vagǫna
Wartesaal	čekaǫnica
Werktag	radni dan
Zug	vlak
Zugbegleiter/in	prątilac vlaka
Zugbegleitpersonal	pręteće ǫsoblje
Zugchef/in	šef/ica vlaka
Zuschlag	nądoplata

Hinweise und Informationen

čekaǫnica	Wartesaal
įnformacije	Auskunft/Service-Point
kolica za prtljagu	Gepäckwagen/Trolley
muški wc	Herrentoilette
ǫdlazak/dǫlazak	Abfahrt/Ankunft
pretinci za prtaljagu	Schließfächer
prihvatilište	Bahnhofsmission
prostorija za previjanje beba	Wickelraum
putnička agencija	Reisezentrum/Reisebüro
red vožnje	Fahrplanauskunft
taksi-stąjalište	Taxistand

tramvaj	Straßenbahn
ụsluga nošenja prtljage	Gepäckträgerservice
zabranjeno pušenje na	Rauchfreier Bahnhof području kolodvora
zauzeto/slobodno	besetzt/frei
ženski wc	Damentoilette

AUF DEM WASSER

Eine Schiffsfahrt buchen

Könnten Sie mir bitte sagen, wann das nächste Schiff/die nächste Fähre nach ... abfährt?
Molim vas, možete li mi reći, kada pọlazi slijẹdeći brod/trajekt za ...?

Wie lange dauert die Überfahrt?
Kọliko traje prijẹvoz?

Wann legen wir in ... an?
Kada prịstajemo u ...?

Wie lange haben wir in ... Aufenthalt?
Kọliko se zadṛžavamo u ...?

Ich möchte bitte ...
Molim Vas ...

- ***eine Schiffskarte nach ...***
  jednu brodsku kartu do ...
- ***1. Klasse***
  prve klase
- ***Touristenklasse***
  turịstičke klase
- ***eine Einzelkabine***
  jednokrẹvetnu kabịnu
- ***eine Zweibettkabine***
  dvọkrevetnu kabịnu

Ich möchte eine Karte für die Rundfahrt um ... Uhr.
Htio (Htjela *f*) bih jednu kartu za kružno putọvanje u ... sati.

An Bord

Ich suche Kabine Nr. ...
Tražim kabinu br. ...

Wo ist bitte der Speisesaal/der Aufenthaltsraum?
Molim Vas, gdje je blagovaọnica/salon?

Ich fühle mich nicht wohl.
Ne ọsjećam se dobro.

Könnten Sie bitte den Schiffsarzt rufen?
Molim Vas, možeti li pọzvati brodskog lijẹčnika!

Könnten Sie mir bitte ein Mittel gegen Seekrankheit geben?
Molim Vas, možeti li mi dati sredstvo protiv morske bọlesti?

anlegen in .... prịstati u
Anlegestelle .... prịstanište
Buchung .... rezervạcija
Dampfer .... pạrobrod
Deck .... pạluba
Fähre .... trajekt
Fahrkarte .... vozna karta
Festland .... kopno
Hafen .... luka
Kabine .... kabịna
Kai .... kej
Kapitän .... kapẹtan
Klimaanlage .... klịma ụređaj
Kreuzfahrt .... krstạrenje
Küste .... ọbala
Landausflug .... izlet na kopno
Luftkissenboot .... hịdrogliser, lẹbdjelica
Rettungsboot .... čamac za spašạvanje
Rettungsring .... pojas za spašạvanje
Rundfahrt .... kružno putovạnje
Schwimmweste .... prsluk za spašạvanje
Seegang .... vạlovi *m pl*
seekrank sein .... bọlestan od morske bọlesti
Tragflügelboot .... hidrogliser

MIT BUS UND BAHN

Bitte, wo ist die nächste ...
Molim Vas, gdje je nąjbliža ...

- ***Bushaltestelle?***
  ąutobusna stąnica?
- ***Straßenbahnhaltestelle?***
  trąmvajska stąnica?

Gibt es Niederflurbusse?
Imate li aụtobuse sa nisko *m pl* atformom?

Welche Linie fährt nach ...?
Koja lịnija vozi do ...?

Entschuldigen Sie, ist das der Bus nach ...?
Oprostite, je li to ąutobus za ...?

Wie viele Haltestellen sind es bis ...?
Kǫliko ima stąnica do ...?

Entschuldigen Sie, wo muss ich aussteigen/umsteigen?
Oprostite, gdje moram izaći/pręsjedati?

Könnten Sie mir bitte Bescheid geben, wenn ich aussteigen muss?
Molim Vas, ręcite mi kad moram izaći?

Gibt es ...
Ima li ...

- ***Tageskarten?***
  dnęvne kąrte?
- ***Wochenkarten?***
  tjędne kąrte?
- ***Touristentickets?***
  kąrte za tụriste?

Bitte, einen Fahrschein nach ...
Molim jednu kartu do ...

Der Fahrkartenautomat ist defekt.
Automat za karte je pokvaren.

Der Automat nimmt keine Geldscheine an.
Automat ne uzima novčanice.

Abfahrt – ǫdlazak
Bus – ąutobus
Busbahnhof – ąutobusni kǫlodvor
einsteigen – ući
Endstation – pǫsljednja pǫstaja
entwerten – pǫništiti
Fahrkartenautomat – autǫmat za vozne karte
Fahrplan – red vožnje
Fahrpreis – vozna cijęna
Fahrschein – vozna karta
Fahrscheinentwerter – poništąvač voznih kąrata
Haltestelle – stąjalište, pǫstaja
Kontrolleur – kontrǫlor
Mehrfahrtenkarte – karta za više vožnji
Nahverkehrszug – mjesni vlak
Obus – trǫlejbus
Richtung – pravac
S-Bahn – gradska žęljeznica
Schaffner – kondųkter
Stadtbus – gradski ąutobus
Straßenbahn – tramvaj
Tageskarte – dnevna karta
Überlandbus – međųgradski ąutobus
Wochenkarte – karta za tjedan dana
Zahnradbahn – zųpčasta žęljeznica

MIT DEM TAXI

Hallo! Bitte ein Taxi an die Adresse ... für jetzt gleich/für (morgen) ... Uhr.
Halo! Molim Vas taksi na adresu ... sad odmah/za (sutra) ... sati/sata.

Entschuldigen Sie bitte, wo ist denn der nächste Taxistand?
Ǫprostite molim Vas, gdje je nąjbliže taksi-stąjalište?

Bringen Sie mich bitte zu dieser Adresse.
Mǫlim Vas odvędite me na ovu adręsu.

Zum Bahnhof, bitte.
Na kǫlodvor, molim.

Zum ... Hotel, bitte.
U hotel ..., molim.

In die ...-Straße, bitte.
U ... ųlicu, molim.

Nach ..., bitte.
Do ..., molim.

Wieviel kostet es nach...?
Koliko stoji do ...?/Koliko košta do *ugs*.

Das ist zu viel.
To je previše.

Könnten Sie bitte hier halten?
Molim Vas, mọžete li ovdje stati?

Könnten Sie mir bitte eine Quittung ausstellen?
Molim Vas, možete li mi ispostaviti račun?

Das ist für Sie.
Ovo je za Vas.

anhalten	stati
anschnallen	vezati se
Hausnummer	kućni broj
Kilometerpreis	cijẹna po kịlometru
Pauschalpreis	pạušalna cijẹna
Quittung	prịznanica
Sicherheitsgurt	sigụrnosni pojas
Taxifahrer/in	tạksista
Taxistand	taksi-stạjalište
Trinkgeld	nạpojnica, *ugs* tringelt, bakšiš

Übernachtung

Wir möchten ein Zimmer mit Meerblick.

Sie können Ihre Übernachtungswünsche selbstverständlich auch pantomimisch darstellen – aber die sprachliche Variante erleichtert doch Vieles.

Etwas für jeden Geschmack

Wenn Sie an der alten „Magistrale" Richtung Süden fahren, springen Ihnen sofort Schilder wie „Zimmer frei" ins Auge. Ein deutliches Zeichen dafür, dass es unproblematisch ist, vor Ort eine Unterkunft zu finden. Oder Sie wenden sich direkt an das Touristenbüro des gewünschten Ortes.
Eine Fülle an Angeboten finden Sie auch in Ihrem Reisebüro und im Internet.
Sie sind jedoch auf der sicheren Seite, wenn Sie für die Hochsaison Ihre Unterkunft schon von zu Hause aus und rechtzeitig buchen.

AN DER TOURISTENINFORMATION

Können Sie mir bitte … empfehlen?
Molim Vas mọžete li mi preporụčiti …

- ***ein gutes Hotel***
  dobar hotel?
- ***ein einfaches Hotel***
  skroman hotel?
- ***eine Pension***
  neki penzịon?
- ***ein Privatzimmer***
  neku prịvatnu sobu?

Ist es zentral/ruhig/in Strandnähe gelegen?
Leži li cẹntralno/mirno u blizini plaže?

Können Sie mir etwas in der Nähe empfehlen?
Molim Vas, možete li mi preporụčiti nešto u blizịni?

Gibt es hier auch ...
Ima li ovdje također ...

- ***einen Campingplatz?***
  kamp?
- ***eine Jugendherberge?***
  hostel?

HOTEL - PENSION - PRIVATZIMMER

Im Hotel angekommen

Wir haben reserviert.
Mi smo rezervirali.

Ich habe ein Zimmer reserviert. Mein Name ist ...
Rezervịrao sam kod Vas sobu. Moje ime je ...

Haben Sie noch ein Zimmer frei?
Ịmate li slọbodnu sobu?

- ***... für eine Nacht***
  ... za jednu noć
- ***... für zwei Tage***
  ... za dva dana
- ***... für eine Woche***
  ... za jedan tjedan

Haben Sie Familienzimmer?
Imate li obiteljske sobe?

Nein, leider nicht.
Ne, nạžalost nẹmamo.

Ja, was für ein Zimmer wünschen Sie?
Da, kakvu sobu žẹlite?

Ich hätte gern ...
Htio (Htjela *f*) bih ...

- ***ein Einzelzimmer ...***
  jẹdnokrevetnu sobu ...
- ***ein Doppelzimmer ...***
  dvọkrevetnu sobu ...
- ***ein ruhiges Zimmer ...***
  mirnu sobu ...

- ***mit Dusche.***
  s tušem.
- ***mit Bad.***
  s kupaọnicom.

- ***mit Balkon/Terrasse.***
  s balkọnom/terạsom.
- ***mit Blick aufs Meer.***
  s pọgledom na more.
- ***im Innenhof gelegen.***
  prema dvọrištu.

Kann ich das Zimmer ansehen?
Mogu li pọgledati sobu?

Kann ich bitte noch ein anderes sehen?
Molim vas mogu li pọgledati i neku drugu.

Es ist gut, ich nehme es.
Dọbro je, ụzet ću to.

Könnten Sie bitte noch ein drittes Bett/ein Kinderbett dazustellen?
Mọžete li ụnijeti još treći krevet/dječji krevet?

Ist das Frühstück inklusive?
Je li dọručak ụključen u cijẹnu?

Gibt es eine Ermäßigung für Kinder?
Ịmate li popust za djecu ?

Was kostet das Zimmer mit ..., bitte?
Molim Vas, kọliko košta soba s ...

- ***Frühstück***
  dọručkom?
- ***Halbpension***
  pọlupenziọnom?
- ***Vollpension***
  punim penziọnom?

Wollen Sie bitte den Anmeldeschein ausfüllen?
Molim vas, mọžete li pọpuniti prịjavnicu?

Darf ich Ihren Reisepass/Personalausweis sehen?
Mogu li pọgledati Vašu putọvnicu/Vašu ọsobnu ịskaznicu?

Könnten Sie bitte mein Gepäck auf das Zimmer bringen lassen?
Molim Vas možete li moju prtljagu odnijeti u sobu?

Wo kann ich den Wagen abstellen?
Gdje mogu smjẹstiti vọzilo?

- ***In unserer Garage.***
  U našoj garạži.
- ***Auf unserem Parkplatz.***
  Na našem parkịralištu.

Fragen und Bitten

Bitte meinen Schlüssel.
Molim Vas, moj ključ.

Ab wann gibt es Frühstück?
Od kada je dọručak?

Wann sind die Essenszeiten?
Kada je vrijẹme ọbroka?

Wo ist der Speisesaal?
Gdje je blagovaọnica?

Wo ist der Frühstücksraum?
Gdje je prostọrija za dọručak?

Könnten Sie mich bitte morgen Früh um 7 Uhr wecken?
Molim Vas, možete li me probụditi ụjutro u sedam sati?

Würden Sie mir bitte ... bringen?
Molim Vas, họćete li mi dọnijeti ...?

- ***ein Badetuch***
  veliki ručnik
- ***noch eine Decke***
  još jednu deku

Wie funktioniert ...?
Kako fụnkcionira ...?

Zimmernummer 24, bitte!
Soba broj dvạdeset i čẹtiri, molim!

Gibt es ... im Zimmer?
Ima li ... u sọbi?

- ***Internetanschluss***
  ịnternet prịključak
- ***Fernsehen***
  televịzija

Haben Sie WLAN?
Ịmate li WLAN (bẹžični ịnternet)?

Ist Post für mich da?
Ima li pošte za mene?

Haben Sie eine Nachricht für mich?
Ịmate li pọruku za mẹne?

Wo kann ich ...
Gdje mogu ...

- *hier etwas trinken?*
  ovdje nešto pọpiti?
- *ein Auto mieten?*
  unạjmiti vọzilo?
- *das Auto abstellen?*
  ọstaviti ạuto?
- *hier telefonieren?*
  ovdje telefonịrati?
- *ins Internet gehen?*
  pristupiti internetu?

Wo gibt es in der Nähe ein Internetcafé?
Gdje je ovdje u blịzini internetcafe?

Kann ich meine Wertsachen bei Ihnen in den Safe geben?
Mogu li svoje vrijẹdne stvari dati u Vaš sef?

Gibt es hier eine Kinderbetreuung?
Ima li ovdje mogụćnost zbrịnjavanja djece?

Ab welchem Alter?
Od kọliko gọdina?

Haben Sie ein Babyfon?
Ịmate li dọjavljivač za bebe?

Alles in Ordnung?

Das Zimmer ist heute nicht geputzt worden.
Soba danas nije pọčišćena.

Die Klimaanlage funktioniert nicht.
Klima uređaj ne fụnkcionira.

Der Wasserhahn tropft.
Slạvina kaplje.

Es kommt kein (warmes) Wasser.
Nema (tople) vode.

Die Toilette/Das Waschbecken ist verstopft.
Zahod/umivaọnik je zạčepljen.

Ich hätte gern ein anderes Zimmer.
Želim neku drugu sobu.

Auschecken und Bezahlen

Ich reise heute Abend/morgen um ... Uhr ab.
Pụtujem večẹras/sutra u ... sati.

Kann ich mein Gepäck (bis heute Abend) hier lassen?
Je li mogu ostạviti svoju prtljạgu ovdje (do večẹras)?

Bis wann müssen wir das Zimmer räumen?
Do kada moramo isprạzniti sobu?

Könnten Sie bitte die Rechnung fertig machen?
Molim Vas, mọžete li mi priprẹmiti račun?

Kann ich bitte meinen Pass zurückhaben?
Mọlim Vas, mọžete li mi vrạtiti putọvnicu?

Nehmen Sie Kreditkarten?
Prịmate li kreditne kartice?

Könnten sie mir bitte ein Taxi rufen?
Molim Vas, mọžete li mi pọzvati taksi?

Vielen Dank für alles! Auf Wiedersehen!
Hvala lijẹpa na svemu! Do viđenja!

Abendessen ... vẹčera
Abfalleimer ... kanta za otpatke
Anmeldung ... prịjava
Aschenbecher ... pepẹljara
Aufenthaltsraum ... dnevni bọravak
Auffahrtrampe ... *(für Rollstühle)* prilaz za invạlidska kolịca/rampa
Aufzug ... dịzalo, lift
Babyfon ... dọjavljivač za bebe
Babysitter ... bẹbisiter
Badetuch ... ručnik za plažu
Badewanne ... kada
Badezimmer ... kupaọnica
Balkon ... balkon
barrierefrei ... bez prẹpreka
Becher ... čaša
Bett ... krevet
Bettdecke ... pokrịvač, deka
Bettwäsche ... posteljịna
Bidet ... bide
Brausenkopf ... tuš
Briefpapier ... papir za pismo
Dusche ... tuš
Duschsitz ... sjedalo za tuširanje

Duschvorhang/ Schiebetür	zavjesa/vrata za kabinu tuša
ebenerdig	prịzemno
Empfangshalle	prẹdvorje, recẹpcija
Etage	kat
Fenster	prozor
Fernseher	televịzor
Fernsehraum	salon za televịziju
Frühstück	dọručak
Frühstücksbüfett	bife za dọručak
Frühstücksraum	sala za dọručak
Garage	garạža
Gedeck	*(für das Frühstück)* pribor (za doručak)
Glas	čaša
Glühbirne	žạrulja
Halbpension	pọlupenzion
Handbrause	tuš
Handtuch	ručnik
Hauptsaison	glavna sezọna
Heizung	grịjanje
Kinderbecken	bazen za djecu
Kinderbetreuung	čụvanje djece
Kinderbett	djẹčji krevet
Kleiderbügel	vjẹšalica
Klimaanlage	klimatizạcija
Kopfkissen	jastuk
Lampe	svjẹtiljka; lampa *ugs*
Licht	svjetlo
Lichtschalter	prekịdač
Matratze	madrac
Minibar	mini-bar
Mittagessen	ručak
Motel	motel
Nachsaison	pọsezona
Nachttisch	noćni ormạrić
Nachttischlampe	noćna svjẹtiljka; noćna lampa *ugs*
Notizblock	notes
Parkplatz	parkịralište
Pension	penzịon
Portier...	vratar, portir
Preisliste	*(z.B. für die Minibar)* cjenovnik
Radio	rạdio *m*
reinigen	čịstiti
reparieren	popraviti
Reservierung	rezervịranje
Restaurant	restoran

Rezeption	recępcija
rollstuhlgerecht	prilagođeno invąlildskim kolįcima
Safe	sef
Schlüssel	ključ
Schrank	ormar
Schuhputzzeug	pribor za čiščenje cipela
Sessel	nąslonjać/fotęlja
Speisesaal	blagovaǫnica
Spiegel	oględalo
Steckdose	ųtičnica
Stecker	utįkač
stufenloser Zugang	prilaz bez stepenica
Stuhl	stolica, stolac
Swimmingpool	bazen
Terrasse	terąsa
Tisch	stol
Toilette	toąlet, zahod
Toilettenpapier	toalętni papir
Transferbus	ąutobus za transfer
Türcode	kǫdirani ključ
Übernachtung	nǫćenje
Ventilator	ventilątor
Verlängerungswoche	dǫdatni tjedan
Vollpension	puni penzįon
Vorsaison	prędsezona
Waschbecken	umivaǫnik
Wäschewechsel	prǫmjena rublja
Wasser	voda
– ***kaltes Wasser***	hladna voda
– ***warmes Wasser***	topla voda
Wasserglas	čaša za vodu
Wasserhahn	sląvina
WLAN	WLAN (bęžični įnternet)
Wolldecke	deka
Zimmer	soba
Zimmermädchen	sǫbarica
Zimmertelefon	sobni tęlefon
Zwischenstecker	adapter

Ich habe bei Ihnen ... gebucht/gemietet.
Kod Vas sam rezervịrao/la/iznạjmio/la ...

- ***die Wohnung ...***
  stan.
- ***das Haus ...***
  kụću.

Wo bekommen wir die Schlüssel?
Gdje mọžemo dọbiti kljụčeve?

Ist der Strom-/Wasserverbrauch im Mietpreis enthalten?
Je li pọtrošak struje/vode ụračunat u najamnịnu?

Sind Haustiere erlaubt?
Je li dọzvoljeno dọvesti kućne ljụbimce?

Wo befinden sich die Mülltonnen?
Gdje se nạlaze kontẹjneri za smeće?

Müssen wir die Endreinigung selbst übernehmen?
Mọramo li prẹuzeti čịšćenje pri ọdlasku?

Wohin kommt der Müll?
Kạmo ide smẹće?

Bekomme ich die Kaution zurück?
Mọlim Vas, mọžete li mi vrạtiti kạuciju?

Wo gibt es hier ein Lebensmittelgeschäft?
Gdje u blizịni je trgọvina s nạmirnicama?

Die wichtigsten Wörter

Anreisetag … dan dọlaska
Anzahlung … akontạcija
Apartment … apạrtman
Bauernhof … seosko imạnje
Bungalow … bụngalov
Endreinigung … čịšćenje pri ọdlasku
Ferienanlage … turịstičko naselje
Ferienhaus … vịkendica
Hausbesitzer … kućẹvlasnik
Haustiere … kućni ljubịmci/dọmaće žịvotinje
Kaution … kạucija
Kochnische … niša za kụhanje
Küche … kuhinja
Miete … najam
Müll … smeće
Mülltrennung … odvajanje odpada
Nebenkosten … dọdatni trọškovi
Schlafzimmer … spạvaća soba
Schlüsselübergabe … prẹdaja kljụčeva
Strom … struja
Strompauschale … pạušal za struju
Stromspannung … napon struje
Studio … stụdio *m*
vermieten … iznạjmiti
Wasserverbrauch … pọtrošak vode
Wohnzimmer … dnevna soba
Zentralheizung … cẹntralno grijanje

Backofen	pẹćnica; rẹrna *ugs*
Besen	metla
Bräter	lonac za pečenje
Bügeleisen	glạčalo; pẹgla *ugs*
Eierbecher	držać za kuhana jaja
Eimer	kanta
Etagenbett	krevet na kat
Geschirr	pọsuđe
Geschirrtuch	kụhinjska krpa
Geschirrspülmaschine	pẹrilica za pọsuđe
Glas/Gläser	čaša/čaše
Herd	štednjak
– *Elektroherd*	elẹktrični štednjak
– *Gasherd*	plinski štednjak
Kaffeefilter	filter za kavu
Kaffeelöffel	žlica za kavu
Kaffeemaschine	sprava za kụhanje kave
Kehrschaufel	lopatica
Küchensieb	cjedaljka
Kühlschrank	hladnjak
Mikrowelle	mikrovạlna
Mixer	mikser
Pfanne	tava
Putzmittel	sredstvo za čišćenje
Reibe	rịbež
Rührlöffel	kutljača
Schlafcouch	kauč za spạvanje
Schneebesen	mješalica
Schneidebrett	daskica
Schöpfkelle	kutlača/šefla
Schüssel/n	zdjela
Staubsauger	usisavač
Tasse/Tassen	šalica/šalice
Toaster	toster
Topf	lonac
Trockner	sušilica
Waschmaschine	pẹrilica
Wasserkocher	kuhalo
Wischmopp	moča

CAMPING

Wer die Wahl hat, hat die Qual

Sind Sie mit Wohnmobil oder Zelt unterwegs? In Kroatien werden Sie unter den 277 Campingplätzen (90 % Prozent davon sind an der Adria) sicher einen Platz finden, der Ihrem Geschmack entspricht. Die Standards der Einrichtungen entsprechen im Großen und Ganzen den Europäischen Normen.
Übernachten außerhalb von Campingplätzen, auf Straßen, Parkplätzen, in der Nähe von Motels oder an anderen Orten, die nicht für Campingurlauber bestimmt sind, ist untersagt.

Könnten Sie mir bitte sagen, ob es in der Nähe einen Campingplatz gibt?
Molim Vas, možete li mi reći, ima li u blizịni neki kamp?

Haben Sie noch Platz für einen Wohnwagen/ein Zelt?
Ịmate li još mjesta za kamp-kụćicu/šator?

Wie hoch ist die Gebühr pro Tag und Person?
Kọlika je tarịfa po ọsobi na dan?

Wie hoch ist die Gebühr für ...
Kọlika je tarịfa za ...

- ***das Auto?***
  ạuto?
- ***den Wohnwagen?***
  kamp-kụćicu?
- ***das Wohnmobil?***
  auto-karạvan?
- ***das Zelt?***
  šator?

Vermieten Sie stationäre Wohnwagen?
Iznạjmljujete li kamp-kụćice?

Wir bleiben ... Tage/Wochen
Ọstajemo ... dana/tjedna.

Wo sind die ...
Gdje su ...

- ***Toiletten?***
  zạhodi?
- ***Waschräume?***
  umivaọnice?
- ***Duschen?***
  tụševi?

Gibt es hier Stromanschluss?
Ima li ovdje prịključak za struju?

Wo kann ich Gasflaschen umtauschen?
Gdje mogu zamijẹniti plinske boce?

Ist der Campingplatz bei Nacht bewacht?
Je li kamp čuvan noću?

Camping	kampịranje
Campingausweis	ịskaznica za kamp
Campingführer	vodič za kạmpove
Campingplatz	kamp
Gasflasche	plinska boca
Gaskartusche	plin u lịmenki
Gaskocher	kụhalo na plin
Geschirrspülbecken	sudọper
Hammer	čekić
Hering	šạtorski klịn
Kocher	kụhalo; rešo *ugs*
Petroleumlampe	petrọlejska svjẹtiljka; petrọlejska lampa *ugs*
Propangas	propan-plin
Schlafsack	vrẹća za spạvanje
Spaten	štịhača
Steckdose	ụtičnica
Stecker	utịkač
Strom	struja
Stromanschluss	prịključak za struju
Taschenlampe	batẹrija (džẹpna svjẹtiljka)
Trinkwasser	pitka voda
Voranmeldung	nạjava
Waschraum	umivaọnica
Wäschetrockner	sụšilo za rublje
Wasser	voda
Wasserkanister	kanta za vodu
Wohnmobil	auto-karạvan
Wohnwagen	kamp-kụćica, karạvan
Zelt	šator
zelten	kampịrati
Zeltschnur	šạtorski konop
Zeltstange	šạtorska motka

LAŠKO

Essen und Trinken

Habe ich *das* bestellt?

Man muss nicht unbedingt jeden Menschen verstehen, aber bei einer Speisekarte ist es von großem Vorteil.

Guten Appetit!

Selten hat ein so kleines Land wie Kroatien eine solche Vielfalt an Speisen. Die fünf Regionen bieten unterschiedliche Küchen. So sind die Rezepte aus **Slawonien** (die panonische Ebene an der Save) reich an deftigen Speisen: **Kulen** (eine kräftig gewürzte Wurst), **Kremschnitten, Orahnjạča/Makovnjạča** (Hefeteig mit Walnüssen/mit Mohn).
Im hügeligen **Zagorje** (das Umland von Zagreb Richtung Slowenien) isst man gerne **Štrụklje** (Gebäck mit Käse), **Sarma** (Krautwickel), **Slịvanke/Zlẹvanke** (Teigauflauf).
Die **Lika** (das Gebiet um die Plitvicer Seen) bietet Ihnen fast „archaisch" anmutende Speisen wie Lamm am Spieß, den Käse **Škripanac**, **Pura** (Polenta), Kartoffeln unter der **Peka** (Backkartoffeln unter einer Art Eisenglocke auf offenem Feuer gebraten).
Im **Primorje** (Istrien und die nördliche Küste) werden gerne **Šparuge** (grüner wilder Spargel), **Fužine** (unterschiedlichst geformter Eierteig) und **Pinci** (kleine Brote) gegessen.
In **Dalmatien** liebt man den Fisch vom Grill (**frigane Girice**, frittierte, ganz kleine Fische), **Pašticada** (mit trockenen Zwetschgen und Knoblauch gespickter Rinderbraten), gekochtes Lammfleisch.
Entlang der Küste werden Ihnen auch Gerichte aus der **Peka** angeboten Lamm, Brot, Kartoffeln oder auch Gemüse daraus werden Sie ins Schwärmen bringen.
Inzwischen gibt es viele Restaurants, die nicht nur **Čevapćići** und **Ražnjići** anbieten, sondern wieder auf die schmackhaften Rezepte der regionalen Küchen zurückgreifen.

ESSEN GEHEN

Wo gibt es hier ...
Gdje se nạlazi ...

- ***ein gutes Restaurant?***
  neki dobar restọran?
- ***ein nicht zu teures Restaurant?***
  neki jeftịniji restọran?
- ***einen Schnellimbiss?***
  neki snek-bar?

Wo kann man hier in der Nähe gut/preiswert essen?
Gdje se može u blizịni dobro/jẹftino jesti?

IM RESTAURANT

Ich möchte für heute Abend einen Tisch für vier Personen reservieren.
Za večeras želim rezervirati stol za četiri osobe.

Ist dieser Tisch noch frei?
Je li ovaj stol još slobodan?

Gewusst wo ...

Restaurant/restoran/restauracija - entspricht dem internationalen Begriff vom Restaurant mit einem umfangreichen Angebot an Gerichten und Getränken.
Kavana/kafić - entspricht etwa dem deutschen Café. Außer Kaffee werden auch Erfrischungen, alkoholische Getränke und Kuchen angeboten.
Gostionica/krčma - Gasthaus, in dem es hausgemachte Speisen und alle Sorten von Getränken gibt.
Bife/buffet - entspricht etwa der deutschen Imbissstube.
Konoba - typisch für die dalmatinische Küste; bietet hausgemachte Speisen und Meeresfrüchte sowie alle Arten von Getränken an. Hier sollten Sie unbedingt **pršut** (Schinken, der an der bekannten kroatischen **bura**, dem kalten Ostwind vom Gebirge Velebit her, getrocknet wird) und den würzigen Käse aus Schafs- oder Ziegenmilch von der Insel Pag, **paški sir**, probieren.

Einen Tisch für zwei/drei Personen, bitte.
Jedan stol za dvije/tri ọsobe, molim.

Wo sind bitte die Toiletten?
Molim, gdje su zạhodi/je WC (ve-ce)?

Gibt es hier einen Wickelraum?
Ima li ovdje prọstorija za prẹvijanje djece?

Haben Sie eine (Nicht-)Raucherbereich?
Ịmate li prọstor za (ne)pụšače?

BESTELLEN

Ich möchte ...
Ja bih ...

- ***die Speisekarte, bitte!***
  jẹlovnik.
- ***die Getränkekarte, bitte!***
  kartu s pịćima.

Was können Sie mir empfehlen?
Što mi mọžete preporụčiti?

Ich hätte gerne etwas Typisches aus der Region.
Rạdo bih nešto tịpično iz rẹgije.

Haben Sie vegetarische Gerichte/Diätkost?
Ịmate li vegetarịjanskih jela/dijẹtne hrane?

Gibt es auch Kinderportionen?
Ima li i dječjih pọrcija?

Haben Sie schon gewählt?
Jeste li već izạbrali?

Ich nehme ...
Uzet ću ...

Gablec und Marenda

Eine kleine Kräftigung zwischen Frühstück und Mittagessen ist ein beliebter kroatischer Brauch. In der Region Zagreb und in einigen Teilen der zentralen Region heißt diese Mahlzeit **Gablec**, im Süden, an der Adria zwischen Istrien und Dubrovnik nennt man sie **Marenda**. Einige Restaurants und Gasthäuser haben eigene Speisekarten für **Marenda** und **Gablec**, deren Gerichte nur in den späten Vormittagsstunden gekocht und serviert werden.

Als Vorspeise/Hauptgericht/Nachtisch nehme ich ...
Kao prędjelo/glavno/desert jelo uzet ću ...

Ich möchte keine Vorspeise, danke.
Hvala, ne bih htio (htjela *f*) prędjelo.

Wir haben leider kein/e ... (mehr).
Ną žalost nęmamo (više) ...

Dieses Gericht servieren wir nur auf Bestellung.
To jelo sęrviramo samo po nąrudžbi.

Könnte ich statt ... ... haben?
Mogu li dǫbiti ... ųmjesto ...?

Ich esse kein ...
Ne jędem ...

Ich bin ...
Ja sam ...

- ***Diabetiker/Diabetikerin.***
  dijabętičar/dijabętičarka.
- ***Vegetarier/Vegetarierin.***
  vegetarijąnac/vegetarįjanka.
- ***Veganer/Veganerin.***
  vegetarijąnac/vegetarįjanka.

Ich bin allergisch gegen ...
Alęrgičan/alęrgična *f* sam na ...

- ***Eier.***
  jąja.
- ***Gluten.***
  glutęn.
- ***Milchprodukte.***
  mliječne prọizvode.
- ***Natriumglutamat.***
  nątrijev glutaminat.
- ***Nüsse.***
  ọrahe.

Wie möchten Sie Ihr Steak haben?
Kakav biste ọdrezak žęljeli?

- ***gut durch***
  dobro pečen
- ***halb durch***
  pọlupečen
- ***englisch***
  na ęngleski način

Was möchten Sie trinken?
Što żęlite piti?

Bitte ein Glas ...
Molim čašu ...

Bitte eine Flasche/eine halbe Flasche ...
Molim bocu .../pola boce ...

Mit Eis, bitte.
Molim s ledom.

Guten Appetit!
Dobar tek!

„Himmlische Zumutung“

Vor allem bei Familienfesten und kirchlichen Feiertagen werden deftige traditionelle Gerichte aufgetischt. So wird ein Eintopf aus Schweinefleisch und Kartoffeln gerne auf Wallfahrten und Kirchweihen gegessen. Schweinebraten gibt es am Neujahrstag. Krapfen gehören zum Karneval. Zu Ostern werden Schinken und gekochte Eier mit grünem Gemüse serviert. Am Weihnachtsabend gibt es **Sarma** (in Sauerkrautblätter eingewickelte Hackfleischfüllung). Am Karfreitag wird der **Bakalar** (getrockneter Kabeljau aus der fernen Nordsee) genossen, obwohl seine Zubereitung zwei Tage in Anspruch nimmt und der Geruch eine „himmlische“ Zumutung bedeutet.

Zum Wohl!
Živjeli!

Haben Sie noch einen Wunsch?
Žẹlite li još nešto?

Bitte bringen Sie uns ...
Molim Vas donẹsite nam ...

Prost!

Ein Krug mit **Bevanda** (schwerer würziger Rotwein mit reichlich Wasser verdünnt) steht in Dalmatien zu vielen Mahlzeiten auf dem Tisch.

Könnten Sie uns noch etwas Brot/Wasser/Wein bringen?
Mǫžemo li dǫbiti još malo kruha/vode/vina?

Könnten Sie bitte noch einen Kinderstuhl bringen?
Molim Vas, možete li nam dǫnijeti dječiju stǫlicu?

Könnten Sie mir bitte das Fläschchen warm machen?
Molim Vas mǫžete li mi ųgrijati bǫčicu?

SICH BESCHWEREN

Hier fehlt ein/e ...
Ovdje nedǫstaje jedan/jedno/jedna ...

Haben Sie mein/e ... vergessen?
Jeste li zabǫravili moj/moje/moju ...?

Das habe ich nicht bestellt.
To nisam narųčio.

Die Suppe ist kalt/versalzen.
Jelo je hladno/pręslano.

Das Fleisch ist zäh/zu fett.
Meso je žįlavo/pręmasno.

Der Fisch ist nicht frisch.
Riba nije svježa.

Nehmen Sie es bitte zurück.
Vrątite ovo, molim.

Holen Sie bitte den Chef.
Molim pozǫvite šefa.

BEZAHLEN

Bezahlen, bitte!
Plạtiti, molim!

Die Rechnung, bitte!
Molim račun!

Bitte alles zusammen.
Molim sve zạjedno.

Könnten Sie bitte getrennte Rechnungen machen?
Molim pọsebne račụne.

Ist die Bedienung inklusive?
Je li servis ụračunat?

Die Rechnung scheint mir nicht zu stimmen.
Čini mi se da račun nije točan.

Das habe ich nicht gehabt. Ich hatte ...
Ovo nisam ịmaọ ịmao sam ...

Hat es geschmeckt?
Je li prijalo?

Das Essen war ausgezeichnet.
Jelo je bilo ọdlično.

Das ist für Sie.
Ovo je za Vas.

Es stimmt so.
U redu.

Nicht knausern!

In Restaurants, Cafes, Hotels und bei Taxifahrten sind 10 % vom Gesamtpreis das übliche Trinkgeld. Wenn Sie besonders zufrieden waren, darf es auch ein bisschen mehr sein.
Wenn Sie sich mit Kroaten im Restaurant oder in der Kneipe verabreden, sollten Sie nicht den Fehler begehen, beim Zahlen „getrennte" Rechnungen zu verlangen. Es ist nicht üblich, getrennt zu bezahlen.

Was trinken Sie?
Što ćete popit?

Einen frisch gepressten Orangensaft.
Svježi sok od naranče.

Ich hätte gern einen Tee/mit Milch/mit Zitrone.
Hoću jedan čaj/s mlijekom/s limunom.

Ich möchte einen Kaffee, bitte.
Jednu kavu, molim.

- ***... einen schwarzen Kaffee***
  ... jednu crnu kavu
- ***... einen Espresso***
  ... espreso
- ***... einen Milchkaffee***
  ... kavu s mlijekom
- ***... einen Kaffee mit Sahne***
  ... kavu s šlagom
- ***... einen Cappuccino***
  ... kapučino
- ***... einen türkischen Kaffee***
  ... tursku kavu

Bitte bringen Sie mir ...
Molim Vas, donesite mi ...

- ***... ein Glas Rot/Weißwein.***
  ... čašu crnog/bijelog vina.
- ***... ein Schorle.***
  ... jedan gemišt.
- ***... einen Grappa.***
  ... jednu lozu.

Ein Bier vom Fass, bitte.
Točenu pivu, molim.

Das ist meine Runde.
Ja sam na redu.

Das Gleiche noch einmal, bitte.
Još jednom isto, molim.

Was gibt es bei Ihnen zu essen?
Što ima kod Vas za pojest?

Kafić

Das Café als Kneipe und beliebter Treffpunkt wird in Kroatien **kafić** genannt. Ein Ort, wo Sie tagsüber die verschiedenen Kaffeespezialitäten genießen können, der sich dann abends vielerorts in eine Bienenwabe verwandelt. Dicht an dicht stehen vorwiegend junge Menschen und genießen außer Bier und Wein vor allem Longdrinks. Aus Freude an der lustigen Gesellschaft prostet man sich oft mit einem Glas **loza** (Schnaps) oder anderen Spirituosen mit einem lauten **živijeli** (*zum Wohl*/wörtlich übersetzt: *lasst uns (hoch) leben*) zu.

Abendessen	vẹčera
alkoholfrei	bẹzalkoholan
Aschenbecher	pepẹljara
Besteck	pribor za jelo
Bestellung	nạrudžba
Diabetiker/in.	dijabẹtičar
Dressing	ụmaci za salạtu
Essig	ocat; kvạsina *ugs*
vom Fass	tọčeno
fettarm	nemasno
Fläschchenwärmer	grịjalica za bočicu
Fleck	mrlja
Frühstück	dọručak
Gabel	vịljuška, vịlica
Gang	jelo
Gedeck	pribor za jelo
Gericht	jelo
Getränk	piće
Gewürz	začin
Glas	čaša
– ***Wasserglas***	čaša za vodu
– ***Weinglas***	čaša za vino
glutenfrei	bez glutẹna
Gräte	riblja kost *f*
hart	tvrd
Hauptspeise	glavno jelo
hausgemacht	dọmaći
heiß	vruć
hungrig sein	biti gladan
kalorienarm	malo kalorija
Karaffe	staklẹnka
Kellner/in	kọnobar/ica

Ketschup	kečap
Kinderteller	dječija pọrcija
Knochen	kost *f*
Koch/Köchin	kuhar/kuharica
Korkenzieher	vạdičep
lieblich	*(Wein)* ljupko
Löffel	žlica
– Teelöffel	žlịčica za čaj
Mayonnaise	majonẹza
Menü	menị
Messer	nož
Mittagessen	ručak
Nachtisch	desert
Ober	kọnobar
Öl	ulje
Pfannengericht	jelo iz tave
Pfeffer	papar, biber
Pfefferstreuer	bibẹrnica
Portion	pọrcija
Rost	roštilj
Salatbüfett	tezga sa sala
Salz	sol *f*
Salzstreuer	sọljenka
Scheibe	kriška
Schonkost	dijẹtna hrana
Schüssel	zdjela
Senf	slạčica; senf *ugs*
Serviette	ubrus; salvẹta *ugs*
Soße	umak; sos *ugs*
Speisekarte	jẹlovnik
Spezialität	specijalịtet
Strohhalm	slamka
Suppe	juha
Suppenteller	tanjur za juhu
Süßstoff	sahạrin
Tagesgericht	jelo dana
Tasse	šạlica
– Untertasse	tanjurić
Teller	tanjur
Tischtuch	stolnjak
Trinkgeld	nạpojnica, *ugs* tringelt, bakšiš
trocken	*(Wein)* suho
vegetarisch	vegetarịjanski
Vorspeise	prẹdjelo
Wasser	voda

Wickeltisch .... stalak za prẹvijanje
würzen .... začịniti
Zahnstocher .... čạčkalica
Zucker .... šẹćer

Zubereitung

durchgebraten .... dobro pečen
frittiert .... pṛženo
gar .... kuhan
gebacken .... pečen
gebraten .... pečen
– am Spieß .... na ražnju
– vom Grill .... na žaru
– in der Pfanne .... u tavi
gedämpft .... kuhan u pari
gedünstet .... pirjan; dinstan *ugs*
gefüllt .... punjen
gegart .... kụhano
gegrillt .... s roštịlja
gekocht .... kuhan
geräuchert .... dimljen
geröstet .... pržen
geschmort .... pirjan
mager .... krt
roh .... prijẹsan, sirov
saftig .... sočan
sauer .... kịseo
scharf .... ljut
süß .... sladak
überbacken .... prẹpržen
im Wasserbad .... u vrụčoj vọdi
zäh .... žilav
zart .... mekan

Jelovnik
Speisekarte

Doručak	Frühstück
crna kava	schwarzer Kaffee
bijela kava	Kaffee mit Milch
kava bez kofeina	kofeinfreier Kaffee
čaj s mlijẹkom/lịmunom	Tee mit Milch/Zitrone
biljni čaj	Kräutertee
kạkao	Kakao
voćni sok	Fruchtsaft
meko kụhano jaje	weich gekochtes Ei
kajgana	Rühreier
jaja sa slạninom	Eier mit Speck
kruh/zẹmičku/tost	Brot/Brötchen/Toast
roščić	Hörnchen
maslac	Butter
sir	Käse
kobạsica	Wurst
šunka	Schinken
med	Honig
marmelada	Marmelade
misli/musli	Müsli
jogurt	Joghurt
voće	Obst

Predjela — Vorspeisen

dalmạtinski pršut	dalmatinischer Schinken
filẹki, tripice	Kutteln
frạncuska salạta	französischer Salat
hladni pladanj	kalte Platte
kobạsica	Wurst
kụhana šunka	gekochter Schinken
mozak s jạjetom	Hirn mit Ei
pečena kobạsica	Bratwürste
gljive na žaru	Pilze vom Rost
pụnjene rạjčice	gefüllte Tomaten
sardịne u ulju	Ölsardinen

Juhe — Suppen

goveđa-juha	Fleischbrühe
gọveđa jụha	Gulaschsuppe
krepka juha	Kraftbrühe
juha od graha	Bohnensuppe
juha od krụmpira	Kartoffelsuppe
juha od pọvrća	Gemüsesuppe
juha od rạjčica	Tomatensuppe
pịleća krem-juha	Hühnercremesuppe
riblja juha	Fischsuppe
tẹleća ragu-juha	Kalbsragoutsuppe

Ribe i ljuskari — Fisch und Schalentiere

bakąlar	Stockfisch
brancin, lubin	Seebarsch
dagnje	Miesmuscheln
jastog	Hummer
lignja, sipa	Tintenfisch
losos	Lachs
mọruna	Stör
orada	Goldbrasse
oslić	Seehecht
ọstrige	Austern
pąstrva	Forelle
rak	Krebs
sleđ	Hering
skuša	Makrele
som	Wels
srdęlica	Sardelle
šaran	Karpfen
štuka	Hecht
tuna	Thunfisch
zubątac	Zahnbrasse

Mesna jela — Fleischgerichte

bečki ọdrezak	Wiener Schnitzel
bụbrezi	Nieren
ęngleski rostbif	englisches Roastbeef
goveđi gulaš	Rindsgulasch
kụhana gọvedina	gekochtes Rindfleisch
nąravni ọdrezak	Naturschnitzel
ọdojak na ražnju	Spanferkel am Spieß
pęčena janjetina	Lammbraten
pịrjana gọvedina	gedünstetes Rindfleisch
pržọlica s lukom	Zwiebelrostbraten
pụnjena tęleća prsa	gefüllte Kalbsbrust
svinjski gulaš	Schweinegulasch
svinjski kotlet	Schweinekotelett
tęleća jetra na žaru	Kalbsleber vom Rost
tęleće pečęnje	Kalbsbraten

Narodna jela — Nationalgerichte

brodet na dalmạtinski način	Fischragout nach dalmatinischer Art
dalmạtinska pašticạda	mariniertes Rindfleisch nach dalmatinischer Art
ovčetina na lički način	Hammelfleisch nach Lika Art
pašta-fažol	Bohnensuppe mit Teigeinlage
pụnjene pạprike	gefüllte Paprikaschoten
pụrica na zạgorski način	Truthenne nach Zagorje Art
rạžnjići	Fleischspießchen vom Grill
sarma od vinovog lišća	Weinblätter mit Hackfleisch
svinjski kotlet na sạmoborski način	Schweinekotelett nach Samobor Art

Prilozi — Beilagen

kụhani krumpir	Salzkartoffeln
pẹčeni krumpir	Bratkartoffeln
rẹstani krumpir	geröstete Kartoffeln
okrụglice/knẹdle (ugs)	Knödel
rezạnci	Nudeln
riža	Reis
špagẹti	Spaghetti

Salate — Salate

krumpir-salạta	Kartoffelsalat
miješana salạta	gemischter Salat
salạta od cikle	Rote-Rüben-Salat
salạta od krạstavaca	Gurkensalat
salạta od rạjčica	Tomatensalat
zẹlena salạta	grüner Salat

Jela od jaja

Eierspeisen

jaja na oko	Spiegeleier
kajgana	Rühreier
omlet sa sirom	Omlette mit Käse
poširana jaja	verlorene Eier
tvrdo kuhana jaja	hart gekochte Eier

Sirevi

Käse

bijeli sir	Quark, Topfen
dimljeni sir	geräucherter Käse
kačkavalj	mazedonischer Schafkäse
kozji sir	Ziegenkäse
ovčji sir	Schafkäse
paški sir	Käse von der Insel Pag
topljeni sir	Schmelzkäse
trapist	Trappistenkäse

Zaslade

Nachspeisen

čokoladna krema	Schokoladencreme
kolač	Kuchen
kompot	Kompott
krempita	Cremeschnitten
nabujak od riže	Reisauflauf
palačinke sa sirom	Pfannkuchen mit Käse
puding	Pudding
savijača s jabukama	Apfelstrudel
torta od oraha	Nusstorte
tučeno vrhnje	Schlagsahne
uštipci	Krapfen
voćna salata	Obstsalat

Voće — Obst

ạnanas	Ananas
banạna	Banane
breskva	Pfirsisch
dinja	Zuckermelone
grọžđe	Weintrauben
jạbuka	Apfel
jạgode	Erdbeeren
kruška	Birne
kụpine	Brombeeren
lubẹnica	Wassermelone
mạline	Himbeeren
marelica	Aprikose
nạranča	Apfelsine
ọrasi	Nüsse
šljiva	Pflaume
smokva	Feige
trešnje	Kirschen

Kavana, sladoled — Café, Eisdiele

crna kava	schwarzer Kaffee
bijẹla kava	Milchkaffee
turska kava	türkischer Kaffee
lẹdena kava	Eiskaffee
čaj s lịmunom	Tee mit Zitrone
mlijẹko	Milch
slạdoled sa šlagom	Eis mit Schlagsahne
slạdoled od jạgoda	Erdbeereis
voćni slạdoled	Fruchteis
kolač	Kuchen
čajno pẹcivo	Teegebäck
zẹmička	Brötchen

Karta pića
Getränkekarte

Vino — Wein

vino	Wein
– bijẹlo	weiß
– crno	rot
– rụžica	rosé
– lako	leicht
– trpko	herb
– slatko	süß
– staro	alt
Dịngač/Plạvac/Ọpolo	dalmatinische Rotweine
fruškọgorski biser	weißer Schaumwein
šampạnjac	Champagner, Sekt
stolno vino	Tischwein
vino u boci	Flaschenwein
prošek	dalmatinischer Dessertwein

Alkoholna pịća — Alkoholische Getränke

čaša piva	ein Glas Bier
pivo	Bier
bola	Bowle
džin	Gin
koktel	Cocktail
konjak	Cognak
liker	Likör
maraskino	Likör aus dalmatinischen Sauerkirschen
punč	Punsch
rạkija	Schnaps
rum	Rum
šljịvovica	Sliwowitz
travạrica	Kräuterbitter
vermut	Wermut
vinjak	Weinbrand
viski	Whisky

Bezalkoholna pịća — Alkoholfreie Getränke

jạbučni sok	Apfelsaft
kịsela voda	Mineralwasser
limunạda	Limonade
mạlina	Himbeersaft
oranžạda	Orangeade
sok od rạjčica	Tomatensaft
voćni sok	Fruchtsaft
voda	Wasser

FISCH UND MEERESFRÜCHTE

Auster
ọstriga

Dosenfisch
rịba u konzẹrvi

Fischfilet
rịblji fịle

Flusskrebs
rijẹčni rak

Forelle
pạstrva

Garnele
garnẹla
kọzica

Großer roter Drachenkopf (Meersau)
škarpịna

Herzmuschel
školjke
sṛčanke

Hummer
jạstog

Kabeljau
bakalạr

Karpfen
šạran

Krake
họbotnica

Krebs
rak

Lachssteak
lọsos

Makrele
skụša

Miesmuschel
dạgnja

Sardine
sṛdela

Seeteufel
grdọbina

Seezunge
list

Tintenfisch
lịgnja sịpa

Tunfisch
tụna

Venusmuschel
vọngola škọljka

Wolfsbarsch
brancịn

Zander
smuđ

FRÜHSTÜCK

Ahornsirup
sịrup od jạvora

Baguette
kruh-francụz
baget *ugs*

Brezel
perẹc

Butter
mạslac

Cornflakes
kukụruzne
pahuljice
(Cornflakes)

Croissant
rọščić kroasan
ugs

Erdnussbutter
mạslac od
kikirịkija

gekochte Ei
kụhano jạje

Honig
med

Joghurt
jọgurt

Kaffee
kạva

Käse
sir

Knäckebrot
hṛskav krụščić

Marmelade
marmelạda

Omelett
omlẹt

Milch
mlijẹko

Pfannkuchen
palačịnke
f pl

Rührei
pẹčena jạja
nt pl

Saft
sok

***Schokoladen-
aufstrich***
čokolạdni nạmaz

Schwarzbrot
crni kruh

Spiegelei
jạje na ọko

Tee
čaj

Toast
tost

Artischocke
artičọka

Aubergine
patlidžạn

Avocado
avokạdo

Blumenkohl
cvjẹtača karfịol

Brokkoli
brọkula

Champignons
šampinjọni
m pl

Chilischote
čịli feferọn

Erbsen
grạšak
sg + pl

Gurken
krạstavci
m pl

Karotten
mṛkve
f pl

Kartoffeln
krumpịri
m pl

Knoblauch
češnjạk
sg + pl

Kopfsalat
salạta
glạvatica

Kürbis
tịkva bụndeva
bụča

Lauch
pọriluk

Oliven
mạsline
f pl

Paprika
pạprika *f*

Radieschen
rọtkvice
f pl

Ruccola
rụkola

Spargel
špạroga *f*

Spinat
špinạt

Tomate
rạjčica

Zucchini
tịkvica *f*

Zwiebel
luk

OBST

Ananas
ạnanas

Äpfel
jạbuka

Aprikose
marẹlica

Bananen
banạne *f pl*

Birne
krụška

Cashewnüsse
Cashew ọrasi *m pl*

Erdbeere
jạgoda

Feige
smọkva

Grapefruit
grejp

Haselnüsse
ljẹšnjaci *m pl*

Himbeere
mạlina

Kirsche
trẹšnja

Kiwi
kịwi *sg*

Kokosnuss
kọkos

Limette
limẹta

Mango
mạngo

Melone
lubẹnica

Nektarine
nektarịna

Orange
nạranča

Papaya
papạja

Pfirsiche
brẹskva

Pflaume
šljịva

Weintrauben
grọžđe *nt pl*

Zitrone
lịmun

Ausflüge und Kultur

Wie lange haben Sie geöffnet?

Der kulturelle Wert bestimmter Fragen eröffnet sich einem oftmals erst, wenn es zu spät ist.

Schau mal!

Folgende Sehenswürdigkeiten sollten Sie sich nicht entgehen lassen:
Hum – die kleinste Stadt der Welt in Istrien, in der Nähe von Buzet, mit nur 30 Einwohnern (Stand 2011).
Pula – die Altstadt, deren Straßen von den Römern wie ein Spinnennetz gebaut wurden und natürlich die Arena mit ihrer einzigartigen architektonischen Bauweise der vier senkrechten Treppentürme, in der Gladiatorenkämpfe stattfanden und die heute für Events und Konzerte genutzt wird.
Opatija – das kroatische Nizza mit seiner längsten Touristentradition.
Die Meeresorgel in **Zadar** – diese auf der Welt einzigartige Attraktion besteht aus 35 Rohren verschiedener Längen und Neigungen, und je nach Wellengang und Wind kann man 35 verschiedene Töne hören, wie bei einer Orgel.
Die Inseln **Kornati** – Die Legende besagt: als Gott die Welt erschuf, blieben einige weiße Felsen übrig, die er über seine Schulter ins Meer warf, um sie später zu verteilen. Als er sich umdrehte, gefiel ihm, was er sah und er ließ sie so: ca. 150 Inseln, Inselchen und Felsriffe, die heute ein Nationalpark sind.
Die Insel **Brač** mit der Stadt Bol und dem berühmten „Goldenen Horn“ (**Zlatni rat**). Eine Landzunge, ca. 600 m ins Meer reichend, deren Spitze je nach Strömung nach links oder rechts zeigt. Die Insel ist auch für seine Steinbrüche bekannt sowie den Bračer Marmor, der für viele bekannte Bauten in aller Welt verwendet wurde, unter Anderem auch für das Weiße Haus.
Hvar – die längste Insel Kroatiens mit den meisten Sonnenstunden im Jahr.
Die Insel **Korčula**, in deren Stadt Korčula einer Legende nach – sowie aufgrund einiger historischer Beweise – Marco Polo geboren worden sein soll.
Zu nennen sind neben **Kornati** noch folgende Nationalparks: **Krka**, **Mljet**, nördlicher **Velebit**, **Paklenica**, **Risnjak**, **Brijuni** und die **Plitvicer Seen**, der bekannteste Nationalpark mit 16 größeren und kleineren Seen und 92 fantastischen Wasserfällen. Dort wurden auch die Winnetou-Filme gedreht.
Dubrovnik – die autofreie Stadt mit der fast 2000 m langen Stadtmauer wird die „Perle der Adria“ genannt. Der Dichter G. B. Shaw sagte: „Wer das Paradies auf Erden sehen will, muss nach Dubrovnik kommen“.
Insel **Mljet** – dort können Sie eine Insel auf der Insel sehen. Auf dem See **Veliko jezero** befindet sich ebenfalls eine Insel – ein seltenes Naturphänomen.

Auch die Kirchen in Kroatien sind sehr empfehlenswert. Mit der Gründung des Franziskaner- und anderer Orden wurden den Schutzheiligen geweihte Kirchen gebaut, so die Kathedrale **Sveti Lovro** in Trogir, **Sveti Dujam** in Split, **Sveti Vid** in Rijeka, **Sveti Vlaho** in Trsat, **Sveti Dunat** in Zadar sowie **Sveti Blaž** in Zagreb und viele andere mehr.

AN DER TOURISTENINFORMATION

Ich hätte gern ...
Htio (Htjela *f*) bih ...

- ***einen Stadtplan von ...***
  plan grąda ...
- ***ein Verzeichnis der Museen und Galerien.***
  pǫpis muzęja i galęrija.
- ***einen Audioführer.***
  ąudio vǫdič.

Haben Sie einen Veranstaltungskalender für diese Woche?
Imate li program i termine prịredbi za ovaj tjedan?

Können Sie mir bitte sagen, welche Sehenswürdigkeiten es hier gibt?
Molim Vas, možete li mi reći, koje se znąmenitosti nalaze ovdje?

Sie müssen unbedingt ... besichtigen/besuchen.
Morate svakako pogledati/posjetiti ...

Wann ist das Museum geöffnet?
Kada je ǫtvoren muzej?

Gibt es Stadtrundfahrten?
Ima li obịlazaka grada?

Was kostet denn die Rundfahrt, bitte?
Molim Vas, kǫliko košta obịlazak?

Kultur pur!

Dubrovnik - Ethnographisches Museum, das Dubrovniker Museum - Rektorenpalast, Museum des Dominikanerklosters, die Stadtmauern, das Seefahrtsmuseum, die Schatzkammer der Kathedrale, das Geburtshaus von Marin Držić
Gornja Stubica - Museum der Bauernaufstände
Gospić - Museum Lika (ständige archäologische Ausstellung)
Smiljan - Geburtshaus von Nikola Tesla
Hlebine - Galerie naiver Kunst, Gemäldesammlung von Ivan Generalić
Klanjec - Galerie des Bildhauers Antun Augustinčić
Krapina - Evolutionsmuseum Hušnjakovo und das Ljudevit-Gaj-Museum
Kumrovec - einzigartiges Freilichtmuseum Staro selo (Altes Dorf); das Geburtshaus von Josip Broz-Tito
Makarska - Malakologisches Museum (Muschelsammlung), Stadtmuseum Makarska
Osijek - Museum Slawoniens, Galerie der bildenden Künste
Pazin - Stadtmuseum Pazin, Ethnographisches Museum Istriens
Pula - Archäologisches Museum Istriens, Geschichtsmuseum Istriens
Split - Museum kroatischer archäologischer Denkmäler, Archäologisches Museum Split, Galerie des Bildhauers Ivan Meštrović

Trakošćan – Schlossmuseum Trakošćan mit einer großen Sammlung alter Waffen
Varaždin – Stadtmuseum Varaždin in der Alten Burg
Zadar – Archäologisches Museum Zadar, Volksmuseum Zadar, ständige Ausstellung sakraler Kunst
Zagreb – Archäologisches Museum, Ethnographisches Museum, Kroatisches Museum für naive Kunst, Moderne Galerie Zagreb, Museum der Stadt Zagreb, Mimara-Museum (Mimara Foundation), Museum für Kunst und Handwerk, Naturwissenschaftliches Museum, Museum für zeitgenössische Kunst, Strossmayer-Galerie alter Meister, Technisches Museum

Öffnungszeiten, Führungen, Eintrittskarten

Wie lange haben Sie geöffnet?
Do kạda je otvọreno?

Wann beginnt die nächste Führung?
Kada pọčinje slijẹdeće vọđenje?

Gibt es auch eine Führung in Deutsch?/Englisch?
Ima li vọđenja i na njẹmačkom/ẹngleskom?

Darf man hier fotografieren?
Je li ovdje dozvoljeno fotografirati?

Zwei Eintrittskarten, bitte!
Molim Vas dvije ụlaznice!

Zwei Erwachsene und ein Kind.
Dva ọdrasla i jedno dijete.

Gibt es Ermäßigungen für ...
Ima li popust za ...

- ***... Kinder?***
  ... djecu?
- ***... Studenten?***
  ... studente?
- ***... Senioren?***
  ... seniore?
- ***... Gruppen?***
  ... grupe?

Gibt es einen Katalog zur Ausstellung?
Pọstoji li katạlog ịzložbe?

Ist die Ausstellung für Gehbehinderte über Aufzüge erreichbar?
Je li i za ịnvalidne osobe ịzložba prịstupna liftom?

Gibt es spezielle (Stadt-)Führungen für Gehörlose?
Imate li pǫsebne vǫdiče za gluhe?

Können Induktionsschleifen für Hörbehinderte eingeschaltet werden?
Mogu li se uključiti indukcijske vrpce za gluhe i nąggluhe osobe?

Gibt es Museumsführungen/Theateraufführungen für Taubstumme/Blinde?
Pǫstoje li vǫđenja kroz muzej/kaząlišne prędstave za gluhonijeme/slijepe?

Auf der Suche nach Glück

Der bekannte kroatische Bildhauer Ivan Meštrović erschuf drei Statuen von **Grgur Ninski** (Gregor von Nin), der etwa ab dem Jahre 900 Bischof von Nin und Kanzler des kroatischen Königreiches war. Eine steht in Varaždin, eine in Nin, die als älteste Stadt Kroatiens gilt, und ein 10 m hohes Denkmal steht in Split.Die Legende besagt: Wenn Sie den linken großen Zeh reiben, bringt es Ihnen Glück und Gesundheit. Probieren Sie es aus!

Was? Wann? Wo?

Ist das ...?
Je li to ...?

Wann wurde dieses Gebäude erbaut/restauriert?
Kada je sągrađena/ǫbnovljena ova zgrada?

Von wem ist dieses Bild?
Tko je nạslikao ovu sliku?

Haben Sie das Bild als Poster/Postkarte/Dia?
Ịmate li ovu sliku kao poster/rạzglednicu/dijapọzitiv?

Allgemeines

Besichtigung	razglẹdanje
Brauch	ọbičaj
Bühne	pọzornica
Denkmalschutz	zạštita spọmenika
Fremdenführer/in	vodič za strance
Fremdenverkehrsamt	turistička agencija
Führung	vọđenje
Funde	nạlazak
Fußgängerzone	pjẹšačka zona
Gasse	ụlica
Geburtsstadt	rodni grad
Geschichte	pọvijest f, hịstorija
Haus	kuća, dom
Kaiser/in	car/cạrica
König/in	kralj/krạljica
Kunst	umjetnost
Markt	tržnica
Museum	muzej
Öffnungszeiten	radno vrijẹme
Park	park
rekonstruieren	rekonstruịrati
Religion	vjera, rẹligija
restaurieren	obnọviti, pọpraviti
Sehenswürdigkeiten	znạmenitosti
Stadtrundfahrt	obịlazak grada
Stadtteil	dio grada
Stadtzentrum	centar grada
Straße	ụlica, cesta
Überreste	ostạci
Volkskundemuseum	ẹtnološki muzej
Vorort	prẹdgrađe
Wachablösung	smjena straže
Wahrzeichen	ọbilježje, simbol

Architektur

Abtei .... opạtija
Altar .... oltar
Altstadt .... stari grad
Amphitheater .... amfiteạtar
Archäologie .... arheolọgija
Architekt .... arhịtekt
Architektur .... arhitektụra
Arena .... arena
Arkaden .... arkade
Ausgrabungen .... ịskopine
Bauwerk .... grạđevina
Bogen .... svod, luk
Brücke .... most
Brunnen .... zdenac, bunar
Burg .... kula
Dach .... krov
Decke .... strop
Denkmal .... spọmenik
Dom .... stolna crkva, katedrạla
Fassade .... prọčelje, fasada
Fenster .... prozor
Festung .... tvṛđava
Flügel .... krilo
Friedhof .... groblje
Gebäude .... zgrada
Gedenkstätte .... spomen-mjesto
Gewölbe .... svod
Giebel .... zabat
Grab .... grob
Grabmal .... nạdgrobni spọmenik
Innenhof .... atrij
Inschrift .... natpis
Kanzel .... propovjedaọnica
Kapelle .... kapẹla
Kathedrale .... katedrạla
Kirche .... crkva
Kirchturm .... zvonik
Kloster .... sạmostan
Kreuzgang .... križni put
Krypta .... kripta
Kuppel .... kụpola
Markthalle .... tṛžnica
Mauer .... zid
Mausoleum .... mauzọlej

Obelisk	obelisk
Oper	ọpera
Palast	pạlača
Platz	trg
Portal	portal
Rathaus	vijẹćnica
Ruine	rụševina
Säule	stup
Schatzkammer	rịznica
Schloss	dvorac
Springbrunnen	vodoskok
Stadtmauer	gradski bedem
Tempel	hram
Theater	kạzalište
Tor	vrata *n pl*
Triumphbogen	slạvoluk
Turm	toranj
Universität	sveụčilište, univerzịtet
Wallfahrtskirche	svetište
wieder aufbauen	pọnovo izgrạditi

Bildende Kunst

Akt	akt
Aquarell	akvạrel
Ausstellung	ịzložba
Bild	slika
Bildhauer	kipar
Bronze	bronca
Exponat	ịzložak
Fotografie	fotogra
Galerie	gạlerija
Gemälde	slika
Glasmalerei	slịkanje na staklu
Goldschmiedekunst	zlatạrstvo
Grafik	grạfika
Holzschnitt	dṛvorez, dụborez
Keramik	kerạmika
Kopie	kọpija
Kreuz	križ
Kruzifix	raspẹće
Kunstgewerbe	ụmjetnička rạdinost
Lithografie	litogrạfija
Maler	slikar
Malerei	slịkarstvo
Modell	model

Mosaik .... mozạik
Original .... origịnal
Plakat .... plakat
Plastik .... kip, skulptụra
Porträt .... portret
Porzellan .... porculạn
Radierung .... bạkropis
Schnitzerei .... rezbạrija
Siebdruck .... sịtotisak
Skulptur .... kip, skulptụra
Statue .... kip
Stillleben .... mrtva prịroda
Terrakotta .... terakọta
Töpferei .... lončạrija
Torso .... torzo
Vase .... vaza
Zeichnung .... crtež

Stilrichtungen und Epochen

antik .... ạntički
Barock .... barok
Blütezeit .... doba rascvata
Bronzezeit .... brọnčano doba
byzantinisch .... bịzantski
Christentum .... kršćạnstvo
Dynastie .... dinạstija
Epoche .... epọha
Expressionismus .... eksprẹsionizam
Gotik .... gọtika
griechisch .... grčki
heidnisch .... pọganski
Impressionismus .... imprẹsionizam
Jahrhundert .... stọljeće, vijek
Jugendstil .... secesija
keltisch .... keltski
Klassizismus .... klạsicịzam
Kubismus .... kụbizam
Manierismus .... mạnirizam
Mittelalter .... srednji vijek
modern .... mọderan
normannisch .... nọrmanski
Renaissance .... renesạnsa
Rokoko .... rọkoko
Romanik .... rọmanika
Romantik .... rọmantika

Steinzeit	kąmeno doba
Stil	stil
Surrealismus	nadrealizam
vorgeschichtlich	prẹthistorijski
Zisterzienser	cistercit

KULTUR PUR

Werden Sie Pirat!

In **Omiš**, zwischen Split und Makarska an der Mündung des Flusses **Cetina** ins Meer, wüteten im 13. und 14. Jahrhundert die Piraten. Im August können Sie dort an Piratennächten und -wochenenden teilnehmen, mit Segeltörns auf der Cetina, Seeschlachten und weiteren Veranstaltungen. Besuchen Sie dort dann unbedingt das familienfreundliche Restaurant **Kremenko** (*Feuerstein*), das im Steinzeitstil eingerichtet ist und eine tolle Küche hat.

Könnten Sie mir bitte sagen, welches Stück heute Abend im Theater gespielt wird?
Molim Vas, možete li mi reći kọja se prẹdstava večẹras odṛžava u kazalištu?

Was läuft morgen Abend im Kino?
Što igra sutra nạvečer u kinu?

Können Sie mir ein gutes Theaterstück empfehlen?
Mọžete li mi preporụčiti nẹku dọbru kạzališnu prẹdstavu?

Wann beginnt die Vorstellung?
Kada pọčinje prẹdstava?

Wo bekommt man Karten?
Gdje mogu nạbaviti karte?

Kann man Karten reservieren?
Mọgu li se rezervịrati kạrte?

Ich hatte Karten vorbestellt auf den Namen ...
Narụčio/la sam kạrte na ịme ...

Bitte zwei Karten für heute Abend.
Molim dvije karte za večẹras.

Bitte zwei Plätze zu ... Kuna!
Molim dva mjesta za ... kune/a!

Kann ich bitte ein Programm haben?
Molim Vas, mogu li dọbiti program?

Kann ich bei Ihnen ein Opernglas ausleihen?
Mọgu li kod Vas posụditi kạzališni dạlekozor?

Eintrittskarte	ụlaznica
Festival	festịval
Garderobe	garderọba
Kasse	blạgajna, kasa
Pause	odmor, pạuza
Programmheft	program
Vorstellung	prẹdstava
Vorverkauf	prẹtprodaja

Theater

Akt	akt
Aufführung	prẹdstava
Ballett	balet
Drama	drama
Freilufttheater	ljetno kạzalište
Inszenierung	inscenạcija
Kabarett	kabarẹ *m*
Kabarettist	kabaretist
Kleinkunstbühne	mala pọzornica
Komödie	kọmedija
Kopfhörer	slušạlice
Loge	loža
Musical	mjuzikl
Oper	ọpera
Operette	operẹta
Parkett	parket
Premiere	prạizvedba, premijẹra
1. Rang	1.kat/rang
Schauspiel	ịgrokaz, drama
Schauspieler/in	glumac/glụmica
Spielplan	program
Tänzer/in	plesač/plesạčica
Theater	kạzalište
Theaterstück	kạzališna prẹdstava
Tragödie	trạgedija
Varietee	varijetẹ *m*
Volksstück	pụčka prẹdstava

Konzert

Blues	bluz
Chor	zbor
Dirigent/in	dirịgent/ica
Folk	folk
Jazz	đez
Klassik	klasika
Komponist/in	kompọzitor/ica
Konzert	koncert
– Kammerkonzert	kọmorni koncert
– Kirchenkonzert	dụhovni koncert
– Sinfoniekonzert	simfọnijski koncert
Orchester	ọrkestar
Pop	pop

Rap rep
Reggae rege
Rock rok glazba
Sänger/in pjevač/pjevạčica
Solist/in solist/ica
Soul soul
Techno tekno
Volksmusik narodna glazba

„OmU“

Sie schauen sich im Kino einen Film an und verstehen nichts? Kein Problem! In Kroatien sind Filme nicht synchronisiert, sondern werden in der Originalfassung gezeigt – meist also auf Englisch mit Untertiteln.

Kino

Film film
– ***Actionfilm*** akcijski film
– ***Dokumentarfilm*** dọkumentarni film
– ***Drama*** drama
– ***Klassiker*** klasičan
– ***Komödie*** kọmedija
– ***Kurzfilm*** kratki film
– ***Schwarzweißfilm*** crno-bijeli film
– ***Sciencefictionfilm*** naučno fạntastični film
– ***Thriller*** triler, krịminalistički
– ***Western*** vestern
– ***Zeichentrickfilm*** crtani film
Filmschauspieler/in filmski glumac/filmska glụmica *f*
Hauptrolle glavna uloga
Kino kino
– ***Freilichtkino*** ljetno kino
– ***Programmkino*** program kino
Originalfassung ọriginalna vẹrzija
Regie rẹžija
Spezialeffekte spẹcijalni ẹfekti
Untertitel pọdnaslov

AM ABEND

Was ist ... los?
Što se događa ...?

- ***dieses Wochenende***
  ovaj vịkend
- ***heute Abend***
  večẹras

Gibt es hier ...
Ịma li ọvdje ...

- ***Livemusik?***
  žịva glạzba?
- ***ein Kino?***
  kịno?
- ***ein Theater?***
  kạzalište?
- ***Kneipen?***
  kavạna?
- ***eine Disco?***
  dịsko klub?
- ***eine Schwulen-/Lesbenszene?***
  klụbove za họmoseksuạlce?

Wer spielt/singt?
Tko svịra/pjẹva?

Wo kann man hier tanzen gehen?
Gdje se može plẹsati?

Bar	bar
Diskothek	diskotẹka
Klub	klub
Kneipe	kạvana, kafić
Livemusik	glazba ụživo
Nachtklub	noćni klub
Party	pạrty; zạbava; žụrka *ugs*
Show	šou
Spielkasino	kọckarnica
tanzen	plẹsati

Kroatisches Oktoberfest

Wussten Sie, dass es in **Karlovac** im frühen Herbst die *Tage des Bieres* (**Dani piva**) gibt, eine kroatische Version des Oktoberfestes? Das Bier **Karlovačko** kennen Sie doch sicherlich schon?

Könnten Sie mir bitte sagen, wann das ...-Festival stattfindet?
Možete li mi reći kada se održava ... festival?

- ***vom ... bis ...***
  Od ... do ...
- ***jedes Jahr im August***
  svake godine u kolovozu
- ***alle 2 Jahre***
  svake dvije godine

Kann jeder teilnehmen?
Može li svatko učestvovati?

Feste satt

Dubrovnik: Sommerfestival mit Theater- und Musikveranstaltungen (Juli-August)
Đakovo: Folkloreveranstaltung der slawonischen Bräuche (Juli)
Grožnjan (im Zentralteil Istriens): Musikabende (Juni)
Đurdevac: Picokijada, eine Folkloreveranstaltung (Juni)
Krk: Sommerveranstaltungen der Insel Krk mit klassischen Konzerten (Juli-August)
Osor (auf der Insel Cres): Musikabende (Juli-August)
Sinj: Sinjska alka, ein Reiter-Wettrennen
Split: Theater- und Musikveranstaltungen (Juli-August)
Šibenik: Internationales Kinderfestival (Juni-Juli)
Varaždin: Barock-Abende (September-Oktober)
Vinkovci: Folkloreveranstaltung aus Slawonien (September)
Zagreb: Internationales Festival des Avantgarde-Theaters (Juni-Juli), Internationale Folkloreschau (Juli), Musikbiennale der zeitgenössischen Musik (April), PIF: internationales Puppentheater-Festival (August-September), Weltfestival des Zeichentrickfilms (Juni)
Crikvenica, Dubrovnik, Lastovo, Novi Vinodolski, Opatija, Rijeka, Samobor, Senj: Karneval (Januar-Februar, in Novi Vinodolski und in Senj auch im August)

Festival	festịval
Feuerwerk	vạtromet
Flohmarkt	sajam rạbljene robe
Jahrmarkt	sajam
Karneval	karneval
Kirmes	proštenje
Prozession	procesija
Messe	vẹlesajam
Tennisturnier	tẹniski turnir
Umzug	pọvorka
Zirkus	cirkus

EINEN AUSFLUG MACHEN

Wo fahren wir los?
Ọdakle krẹćemo?

Wann treffen wir uns?
Kada ćemo se naći?

Kommen wir am/an ... vorbei?
Họćemo li proći pored ...?

Besichtigen wir auch ...?
Họćemo li rạzgledati i ...?

Wann fahren wir zurück?
Kada se vrạćamo?

Ich bin dann mal weg – Wallfahrtsorte

Marija Bistrica: Muttergottes von Bistrica
Trsat (Sušak): Muttergottes von Trsat
Sinj: Muttergottes von Sinj
Aljmaš: Maria Trost

Ausflug ... izlet
Aussichtspunkt ... vidịkovac
Berg ... brijeg
Bergdorf ... plạninsko selo
Botanischer Garten ... botạnički vrt
Deich ... nasip
Felswand ... stijena
Fischerort ... rịbarsko mjesto
Fluss ... rijeka
Freilichtmuseum ... muzej na ọtvorenom
Freizeitpark ... zạbavni park
Gebirge ... plạnina, gora

Artenvielfalt

Die Tierwelt des Landes ist sehr vielfältig. Besonders in den Gebirgsregionen sind Braunbären, Wölfe, Schakale und Luchse beheimatet. In der Küstenregion sind viele Reptilien wie Geckos und Schlangen, Eidechsen und Landschildkröten angesiedelt. Zu den Greifvögeln des Landes zählen Stein- und Schlangenadler und viele Reiherarten.

Gipfel ... vrh
Grotte ... spilja
Heide ... pụstopọljina
Hinterland ... zạleđe
Höhle ... pẹćina, spilja
Inselrundfahrt ... vožnja oko ọtoka
Landschaft ... prẹdio, krajọlik
Lava ... lava
Leuchtturm ... svjetiọnik
Markt ... trg
Museumsdorf ... mụzejsko selo
Nationalpark ... nạcionalni park
Naturschutzgebiet ... prịrodni rezẹrvat
Pass ... prijẹvoj
Quelle ... izvor

Rundfahrt	kružno putọvanje
Schlucht	klanac
See	jẹzero
Sternwarte	zvjẹzdarnica
Sumpf	močvara
Tagesausflug	cjẹlodnevni izlet
Tal	dolịna
Tropfsteinhöhle	sịgasta spilja
Umgebung	ọkolina
Vogelschutzgebiet	zạštićena oblast ptica
Vulkan	vulkan
Wald	šuma
Waldbrand	šumski požar
Wallfahrtsort	proštẹnište
Wasserfall	vọdopad
Wildreservat	rezẹrvat dịvljači
Zoo	zoọloški vrt

Sport und Wellness

Was machen Sie im Urlaub?

Nichts Anstrengendes zu tun kann ziemlich schweißtreibend sein. Man sagt auch „Das Leben genießen dazu“.

Etwas für jeden Geschmack

In Kroatien ist für jeden Geschmack etwas geboten. Ob Sie sich dem Müßiggang hingeben, gemütlich am Strand liegen, den blauen Himmel über sich bewundern oder sich in den Aktivurlaub „stürzen" – **nema problema** (*kein Problem*): **Nema što nema** (*es gibt nichts was es nicht gibt!*). Klettern können Sie zum Beispiel in der Schlucht der Paklenica, paddeln um die Insel Krk, sich an den Plitvicer Seen auf das Rafting oder Wanderreiten einlassen. Sie können kreuz und quer durch die Inselwelt segeln, zu versunkenen Schiffen tauchen, einen Schnorchelkurs besuchen, drachenfliegen auf Bol, sich zum Paragliding auf der Insel Hvar aufschwingen, angeln, wo auch immer Sie dafür ein ruhiges Plätzchen finden, tennisspielen, surfen ... An der ganzen Küste und auf den Inseln finden Sie ein vielfältiges Angebot an Sportarten.

BADEURLAUB MACHEN

Entschuldigen Sie bitte, gibt es hier ein ...
Oprostite molim Vas, ima li ovdje ...

- ***Schwimmbad?***
  bazen?
- ***Freibad?***
  ljetno kụpalište?
- ***Hallenbad?***
  zạtvoreni bazen?

Eine Eintrittskarte, bitte!
Molim Vas, jednu ụlaznicu!

Können Sie mir bitte sagen, wo die ... sind?
Molim Vas, znate li gdje su ...

- ***Duschen***
  tụševi?
- ***Umkleidekabinen***
  presvlačionice?

Achtung!

Samo za plivače! Nur für Schwimmer!
Zabranjeno skakanje u vodu! Hineinspringen verboten!
Zabranjeno kupanje! Baden verboten!
Opasne vodene struje! Gefährliche Strömung!

Ist der Strand ...
Je li plaža ...

- ***sandig?***
  pjẹščana?
- ***steinig?***
  kạmenita?
- ***felsig?***
  stjenọvita ?

Die blaue Flagge weht

Das Wasser der kroatischen Adria hat einen sehr guten Ruf. Es ist meistens kristallklar und zeigt sich in den schönsten blaugrünen Tönen. Doch wenn Sie ganz sicher sein wollen, dass Sie wirklich in sauberem Wasser baden, schauen Sie sich nach der blauen Flagge um. Von der internationalen Kopenhagener Organisation FEE (Foundation of Environmental Education) wird diese Flagge als Zeichen für eine intakte Umwelt verliehen. Das heißt, diese Strände und Häfen entsprechen den strengen Umweltkriterien der FEE, die einen umfangreichen Kriterienkatalog zur Prüfung vorgibt. Im Jahre 2009 gab es in Kroatien 117 Strände und 20 Yachthäfen, die diese Auszeichnung verliehen bekamen.

Gibt es hier Seeigel/Quallen/Algen?
Ima li ovdje morskih jẹževa/medụza/algi?

Ist die Strömung stark?
Je li strụjanje jako?

Können Sie mir sagen, ob es für Kinder gefährlich ist?
Možete li mi reći, je li ọpasno za djecu?

Wann ist Ebbe/Flut?
Kada je ọseka/plima?

Ich möchte ... mieten.
Htio (Htjela *f*) bih unạjmiti ...

- ***einen Liegestuhl***
  lẹžaljku.
- ***einen Sonnenschirm***
  sụncobran.
- ***ein Boot***
  čamac.
- ***ein Paar Wasserski***
  jedne vọdene skije.

Was kostet das pro Stunde/pro Tag?
Koliko to košta na sat/na dan?

Delfine

In der kristallklaren Adria sind die fröhlichen Meeressäugetiere, die Delfine, noch häufig anzutreffen. Um die Insel **Lošinj** hat sich eine Kolonie von ca. 150 Delfinen angesiedelt. Die Umweltschutzorganisation **Plavi svijet** *(die blaue Welt)* hat sich der Lošinjer Gemeinschaft der Delfine angenommen und eine Aktion ins Leben gerufen, mit der Sie die vielerorts bedrohten Tiere unterstützen können: „Adoptieren Sie einen Delfin“ heißt es im Aufruf der Organisation.

Bademeister/in .... čuvar kụpališta
Beach-Volleyball .... odbojka na plaži
FKK-Strand .... nudịstička plaža
Kinderbecken .... bazen za djecu
Liegewiese .... travnjak za sụnčanje
Luftmatratze .... zračni madrac
Planschbecken .... bazen za malu djecu
schwimmen .... plịvati
Schwimmer .... plivač
Schwimmflossen .... perạje

Schwimmflügel	mịšići za plịvanje
Schwimmring	kolo za plịvanje
Spielplatz	djẹčije ịgralište
Tretboot	čamac na pedạle
Windschirm	vjẹtrobran

AKTIV WERDEN

Welche Sportmöglichkeiten gibt es hier?
Kojih špọrtskih ạktivnosti ima ovdje?

Gibt es hier ...
Ima li ovdje ...

- ***einen Golfplatz?***
  ịgralište za golf?
- ***einen Tennisplatz?***
  tẹnisko ịgralište?

Können Sie mir bitte sagen, wo man hier angeln/gut wandern kann?
Mọlim Vas, znạte li gdje se može pẹcati/gdje je zgodno pješačiti?

Wo kann ich ... ausleihen?
Gdje mogu unạjmiti ... ?

Ich möchte einen ...kurs für Anfänger/Fortgeschrittene machen.
Htio (Htjela *f*) bih ići na tečaj za početnike/napredne.

Darf ich mitspielen?
Mọgu li se i ja ịgrati?

Möchten Sie/Möchtest du mitspielen?
Họćete/họćeš li se i vi/ti ịgrati?

Das wäre toll!
To bi bịlo ọdlično!

Eintrittskarte	ụlaznica
gewinnen	dọbiti, pobijẹditi
Kasse	blạgajna, kasa
Niederlage	poraz
Rennen	trka
Schiedsrichter	sudac
Sieg	pọbjeda
Spiel	igra
Sportplatz	športsko ịgralište
Stadion	stadion
unentschieden	nẹriješeno
verlieren	izgụbiti
Wettkampf	nạtjecanje

Schmerzhafte Erfahrung ...

Gegen Seeigel, die an manchen Klippen richtige Großsiedlungen bilden, schützen Sie sich am besten, indem Sie einfach Badeschuhe tragen. Sollte Ihr Fuß trotzdem die schmerzhafte und unangenehme Bekanntschaft mit Stacheln machen, hilft meist eine gute Pinzette.

Wassersport

Bootsführerschein ... uvjerenje o osposobljenosti za voditelja brodice
Canyoning ... canyoning
Gerätetauchen ... roniti s opremom
Harpune ... harpuna
Kanu ... kanụ
Motorboot ... mọtorni čamac
Neoprenanzug ... neọprensko ọdjelo
Paddelboot ... kajak
paddeln ... vẹslati
Rafting ... rafting
Regatta ... regạta
Rückholservice ... pọvratni trạnsport
Ruder ... veslo
Ruderboot ... čamac na vesla
Rudern, rudern ... vesla, veslati

Sauerstoffgerät	boce za kisik
Schlauchboot	gụmeni čamac
Schnorchel	dịhalica
schnorcheln	rọniti s mạskom
Segelboot	jẹdrilica
Segeln, segeln	jedra, jẹdriti
Segeltörn	jẹdrenje
Surfbrett	daska za jẹdrenje
surfen	jẹdrenje na dasci
tauchen	rọniti
Taucherausrüstung	rọnilačka ọprema
Taucherbrille	rọnilačke nạočale *f pl*
Wasserski	vọdene skije
Wasserski fahren	skijati se na vodi
Wasserskooter	skuter na vodi
Windsurfen, windsurfen	jẹdrenje na vjetru, jẹdriti na vjetru
Windrichtung	pravac vjetra

Angeln

Angel	ụdica
angeln	pecati
Angelschein	dọzvola za ribarenje
Hafenmeisterei	lučka kapetạnija
Hochseeangeln	rịbarenje
Schonzeiten	vrijeme zabrane ribolova

Ballspiele

Ball	lopta
Basketball	kọšarka
Fußball	nọgomet
Fußballplatz	nọgometno ịgralište
Fußballspiel	nọgometna ụtakmica
Halbzeit	pọluvrijeme
Handball	rụkomet
Mannschaft	momčad
Netz	mreža
Rugby	ragbi
Tor	gol
Torwart	vratar; golman *ugs*
Volleyball	ọdbojka

Tennis und Badminton

Badminton	bạdminton
Doppel	igra pạrova; dubl *ugs*
Einzel	pojedịnačna igra, singl *ugs*
Federball	lọptica za bạdminton
Schläger	reket
Squash	skveš
Tennis	tenis
Tennisschläger	tẹniski reket
Tischtennis	stolni tenis, ping-pong

Fitness- und Krafttraining

Aerobic	aerọbik
Bodybuilding	bọdibilding
Fitnesscenter	fitness centar
Gymnastik	gimnạstika
joggen	jogging
Jogging	jogging
Konditionstraining	kọndicioni trening
Pilates	Pilates
Spinning®	Spinning
Stretching	strečing
Wirbelsäulengymnastik	gimnastika za kralježnicu
Zumba®	Zumba

Radfahren

E-Bike	elẹktričan bicịkl
Fahrrad	bicịkl
Fahrradhelm	kạciga
Fahrradweg	staza za bicịkle
Flickzeug	pribor za kṛpanje
Handbike	bicịkl na ručni pogon
Luftpumpe	zračna pumpa
Mountainbike	mountain bike
Rad fahren	vọziti se bicịklom
Radsport	biciklịzam
Radtour	vožnja bicịklom
Rennrad	tṛkaći bicịkl
Roller	romobil
Schlauch	šlauf, anima
Trekkingrad	treking bicikl

Wandern und Bergsteigen

Ich möchte eine Bergtour machen.
Htio (Htjela *f*) bih planinąritį

Können Sie mir eine interessante Route auf der Karte zeigen?
Mǫžete li mi pokązati na karti neku zanįmljivu maršrųtu?

Führt dieser Weg nach ...?
Vǫdi li ǫvaj put do ...?

Ich habe mich verlaufen.
Zalųtao/la sam.

Bergsteigen	planinąrenje
Fernwanderweg	planinarski putevi
Freeclimbing	slǫbodno pęnjanje, freeclimbing
Gehzeiten	vrijeme hǫdanja
Route	ruta
Schutzhütte	koliba
Sicherungsseil	uže
Tagestour	dnevna tura
Trekking	treking
Wanderkarte	zęmljopisna karta za pjęšake
wandern	pješąčiti
Wandern	pješąčenje
Wanderweg	staza za pješąčenje

Reiten

Ausritt	jąhanje
Pferd	konj
Polo	polo
reiten	jąhati
Reiterferien	jahanje u vrijeme ǫdmora
Reitschule	škola jąhanja

Golf

18-Loch-Platz	įgralište s osamnaest rupa
abschlagen	ųdariti
Clubhaus	klub
Golf	golf
Golfclub	golf klub
Golfschläger	pąlica za golf
Greenfee	greenfee
Parcours	parcours

Flugsport

Aufstieg	polijetanje
Drachenfliegen	letenje zmajem
Fallschirmspringen	padobrąnstvo
Gleitschirm	parajędrilica
Heißluftballon	cepelin
Paragliding	parajędriličąrstvo
Schleppschirm	*(am Strand)* padobran za šlepanje
Segelfliegen	jędriličarstvo
Rundflug	let oko svijeta

Winterurlaub

Geheimtipp

Das wissen noch die Wenigsten, aber in Kroatien können Sie auch gut Ihren Winterurlaub verbringen. Besonders beliebt ist das Gebirge **Medvednica** bei Zagreb. Auf dem Gipfel **Sljeme** kann man auf 1033 m Höhe hervorragend Skifahren.

Wo kann ich Skier ausleihen?
Gdje mọgu iznąjmiti skịje?

Ich möchte Skier und Skistiefel ausleihen.
Ja bih iznąjmio/la skije i skịjaške čịzme.

Eine Tageskarte, bitte
Jednu dnevnu kartu, molim.

Wie viele Punkte kostet dieser Skilift?
Koliko poena košta ovaj lift?

Um wie viel Uhr ist die letzte Bergfahrt/Talfahrt?
U kọliko se sati pọsljednji put penje/spušta žịčara?

Babylift	lift za bebe
Bergstation	gornja stạnica žịčare
Curling	curling
Eisbahn	klịzalište
Eishockey	hokej na ledu
Eislauf	klịzanje
Langlaufski	skije za skijạško tṛčanje
Loipe	staza za skịjạško tṛčanje
Mittelstation	srednja stạnica žịčare
Pulverschnee	prhki snijeg
Schlepplift	vụčnica
Schlitten	saọnice *f pl*
Schlitten fahren	sạnjkati se
Schlittschuhe	klịzaljke
Seilbahn	žịčara
Sessellift	lift sa sjẹdalima
Ski	skije
Ski alpin	alpsko skịjanje
Ski laufen	skijanje
Skibindung	vẹzovi za skije
Skibrille	skijaške nạočale
Skikurs	skijaški tečaj
Skilehrer/in	učitelj/ica skijanja
Skistöcke	skijaški štạpovi
Snowboard	snowboard
Tagespass	dnevna ịskaznica
Talstation	donja stạnica žịčare
Wochenpass	tjedna ịskaznica

Sonstige Sportarten

Boccia	bọccia; bụćanje *ugs*
Boulespiel	boule
Bowling	kuglanje
Bungeejumping	bungeejumping
Inliner	inlines
Inlineskaten	inline skate; rọlati se *ugs*
Kegeln	kụglanje
Leichtathletik	atlẹtika
Minigolf	mini-golf
Rollschuh	kotụraljke
Skateboard	sketbord
Skateboard fahren	voziti sketbord
Slacklining	Slacklining

Kennen Sie Picigin?

Das ist eine weltweit kaum bekannte, einzigartige Sportart, die am bekannten Strand **Bačvice** in Split gespielt wird. Eine Art Wasserball, der aber im knöcheltiefen Wasser, gespielt wird. Hier spielt man nicht gegeneinander, sondern gemeinsam, mit dem Ziel Spaß zu haben - nicht um zu gewinnen! Der eigentliche Sinn ist, den Ball so lange wie möglich in der Luft zu halten - durch Springen, Fallenlassen, Akrobatik ...

WELLNESS

Wie viele Anwendungen bekomme ich noch?
Koliko mi tretmana još predstoji?

Ich möchte noch einige zusätzliche ...
Želim još dodatne ...

Könnte ich einen anderen Termin bekommen?
Mogu li dobiti neki drugi termin?

Machen Sie auch eine ...
Imate li u ponudi također i ...

Ich möchte ... Produkte.
Ja bih ... (prọizvode ...)

- ***parfümfreie***
  prọizvode bez parfẹma.
- ***allergiegetestete***
  dermatọloški ispịtane (prọizvode).
- ***tierversuchsfreie***
  prọizvode kọji nịsu testịrani na živọtinjama.

Akupressur	akupresụra
Akupunktur	akupunktura
Aquajogging	vodeni džoging
Aromabad	aromatična kupelj
Aromatherapie	aromaterạpija
Augenbrauen färben	obọjiti ọbrve
Ayurveda	ayurveda
Bäder	kụpke
Beautybehandlung	tretmạn ljepọte
Behandlung	tretman
Dampfbad	pạrna kụpelj
– ***römisches ~***	rịmska ~
– ***Hamam***	hamam (tursko kupalište)
Diätkost	dijẹtna hrana
entschlacken, entgiften	pročišćavanje (organizma)
Fango	fango
Fuß(reflexzonen)-massage	masaža refleksnih zona stopala
Ganzkörpermassage	masaža cijelog tijela
Gesichtsbehandlung	tretman lica
Gesichtsgymnastik	gimnạstika lịca
Hautstraffung	uklạnjanje bọra
Heilbad	ljekovita kupelj
Heilfasten	ljekoviti post
Heubad	kupelj iz osušenih trava
Kneippanwendung	Kneipp-terapija
Körperpackung	pạkung za tijẹlo *ugs*
Kurtaxe	boravišna pristojba
Licht- und Elektro-therapie	terạpija svijẹtlom i strụjom
Lymphdrainage	limfna drenaža
Maniküre	manikụra
Massage	masaža
Meditation	meditacija
Pediküre	pedikụra
Peeling	pịling

Sauna	sạuna
- finnische ~	fịnska ~
Schwimmbad	plịvalište, kupalište, bazen
Solarium	solạrij
Thalasso	Thalasso
Therapie	terapija
Thermalbad	termalno kupalište
Wellenbad	bazen s valovima
Whirlpool	jacụzzi; masạžna kạda *ugs*
Wimpern färben	obọjiti trẹpavice
Yoga	joga

KREATIV WERDEN

Ich interessiere mich für ...
Zanịmam se za ...

- ***einen Töpferkurs.***
  lončạrenja.
- ***einen Sprachkurs.***
  tẹčaj strạnog jẹzika.
- ***einen Kochkurs.***
  kụharski tẹčaj.

Wie viele Stunden sind pro Tag vorgesehen?
Koliko sati je predviđeno dnevno?

Ist die Teilnehmerzahl begrenzt?
Je li broj učesnika ogrạničen?

Sind Vorkenntnisse erforderlich?
Je li pọtrebno prẹdznanje?

Bis wann muss man sich anmelden?
Do kada se mora prijaviti?

Sind die Materialkosten inklusive?
Je su li trọškovi mạterijala urạčunati u cijenu tẹčaja?

Was ist mitzubringen?
Što treba donijeti?

Aktzeichnen	crtanje akta
Aquarellmalen	slịkanje akvạrela
Bauchtanz	trbušni ples
Fotografieren	fotogrạfiranje
Goldschmieden	zlạtarstvo
Holzwerkstatt	stọlarska radiọnica
Kochen	kụhanje
Kurs	tečaj
Malen	slịkanje
Ölmalerei	slịkanje uljem
Schauspielworkshop	glụmačka radiọnica
Seidenmalerei	slịkanje na svili
Sprachkurs	tečaj strạnog jẹzika
Tanztheater	plesno kạzalište
Theatergruppe	kạzališna grupa
Trommeln	bụbnjanje
Workshop	radiọnica

Shoppen und Einkaufen

Wie viel kostet das?

Mit dieser Frage können Sie Überraschungen vermeiden. Insbesondere die unangenehmen.

Flüssiges Gold

An der ganzen Küste und auch auf vielen Inseln können Sie von einheimischen Bauern außer Wein, Schnaps und **pršut** *(Schinken)* auch kaltgepresstes Olivenöl aus eigener Herstellung kaufen. Um bestes Öl zu bekommen, sollte der Olivenbaum das Meer erblicken, sagen die Einheimischen.
Kroatien besitzt gegenüber anderen Olivenöl herstellenden Mittelmeerländern ein kleines Geheimnis! Trotz der EU-Richtlinie, dass sich länderspezifisches Olivenöl bereits bei geringem Anteil so nennen darf, erhalten Sie in Kroatien von den Bauern hergestelltes, 100 % natives Olivenöl. Übrigens: Auf der Insel **Brijuni** steht ein 1600 Jahre alter Olivenbaum, der also schon zu Zeiten der Römer angepflanzt wurde.

FRAGEN FÜR DIE EINKAUFSTOUR

Ich suche ...

Ich suche ...
Tražim ...

Ich möchte ...
Htio (Htjela *f*) bih ...

Werden Sie schon bedient?
Je li Vas netko već uslụžuje?

Danke, ich sehe mich nur um.
Hvala, samo gledam.

Haben Sie …?
Ịmate li …?

Darf es sonst noch etwas sein?
Žẹlite li još nešto?

Handeln und kaufen

Wie viel kostet das?
Koliko to stoji/košta *ugs*?

Das ist aber teuer!
To je baš skupo!

Geben Sie einen Rabatt?
Postoji li popust?

Gut, ich nehme es.
Dobro, to ću uzeti.

Nehmen Sie Kreditkarten?
Prịmate li krẹditne kạrtice?

Reklamieren

Ich möchte das bitte zurückgeben
Mọlim Vas, ja bih ọvo vrạtio/la.

Es ist beschädigt/kaputt!
Pọkvareno je!

Ich möchte bitte mein Geld zurück!
Mọlim Vas za pọvrat nọvaca.

Kann ich das umtauschen?
Mọgu li to zamijẹniti?

GESCHÄFTE

Entschuldigen Sie bitte, wo finde ich …?
Oprostite molim, gdje mogu naći …?

radno vrijẹme	Öffnungszeiten
ọtvoreno	offen
zạtvoreno	geschlossen
gọdišnji odmor	Betriebsferien

Antiquitätengeschäft	tr̨govina starįnama
Apotheke	ljękarna
Bäckerei	pękara
Bioladen	prǫdavaǫnica bio hrane
Blumengeschäft	cvjęćarnica
Buchhandlung	knjįžara
Computerfachgeschäft	trgǫvina računala/kompjųtora *ugs*
Drogerie	drogęrija
Einkaufszentrum	tr̨govački cęntar
Elektrohandlung	tr̨govina elęktričnom robom
Feinkostgeschäft	delikatęsna tr̨govina
Fischgeschäft	rįbarnica
Flohmarkt	sajam rąbljene robe
Fotogeschäft	fotǫgrafski ąrtikli
Friseur	frizer, brijač
Gemüsehändler	prodąvač pǫvrća
Handyladen	trgǫvina mǫbilnih telęfona
Haushaltswaren	kućne potrebštine
Juwelier	zlątar
Kaufhaus	robna kuća
Konditorei	sląstičarnica
Kunsthändler	tr̨govac ųmjetninama
Lebensmittelgeschäft	tr̨govina nąmirnicama
Lederwarengeschäft	tr̨govina kožnom robom
Markt	tržnica, sajam
Metzgerei	męsnica
Obsthändler	vǫćarnica
Optiker	ǫptičar
Parfümerie	parfumęrija
Reformhaus	tr̨govina zdravom hranom
Reinigung	kęmijska čistiǫnica
Reiseandenken	suveniri
Reisebüro	pųtnička agęncija
Schneider/in	krojač/krojąčica
Schreibwarengeschäft	pąpirnica
Schuhgeschäft	tr̨govina ǫbuće
Schuhmacher	obučar, postolar
Souvenirladen	tr̨govina sųvenira
Spielwarengeschäft	tr̨govina įgračaka
Spirituosengeschäft	tr̨govina ąlkoholnih pįća
Sportartikel	športski pribor
Supermarkt	sųpermarket
Süßwarengeschäft	tr̨govina slatkįša
Tabakladen	trąfika
Trödler	staretįnar
Uhrmacher	urar

Wäscherei	praọnica rublja
Waschsalon	servis - praonica
Weinhandlung	vinạrija
Zeitungshändler	prodạvač nọvina

LEBENSMITTEL KAUFEN

Was darf es sein?
Što žẹlite, molim?

Geben Sie mir bitte ...
Molim Vas dajte mi ...

- ***ein Kilo ...***
  kịlogram ...
- ***10 Scheiben ...***
  deset krịški ...
- ***ein Stück von ...***
  komad ...
- ***eine Packung ...***
  pạkovanje ...
- ***ein Glas ...***
  čašu ...
- ***eine Dose ...***
  lịmenku ...
- ***eine Flasche ...***
  bocu, flašu ...
- ***eine Einkaufstüte.***
  vrẹćicu.

Bitte schneiden Sie es in Scheiben.
Molim Vas da izrežete na krịške.

Darf es auch etwas mehr sein?
Može li biti i malo više?

Darf es noch etwas sein?
Treba li vam još nešto?

Danke, das ist alles.
Hvala, to je sve.

Was ist das?
Štọ je to?

Kann ich es probieren?
Mogu li kụšati? *Speisen*

Verkaufen Sie ...?
Prǫdajete li ...?

- ***Bioprodukte?***
  ǫrganske prǫizvode (ękо)
- ***Produkte aus der Region?***
  prǫizvode iz ręgije

abgelaufen	istekao rok trajanja
Haltbarkeit	rok trajanja
(ohne) Konservierungs-stoffe	(bez) kǫnzervansa

Obst — Voće

Ananas	ąnanas
Äpfel	jąbuke
Apfelsinen	naranče
Aprikosen	maręlice
Bananen	banąne
Birnen	kruške
Brombeeren	kųpine
Datteln	dątule
Erdbeeren	jągode
Feigen	smokve
Grapefruit	gręjp
Kirschen	trešnje
Kiwi	kivi
Kokosnuss	kǫkosov orah
Mandarinen	mandarine
Mandeln	bądemi
Mango	mango
Melone	*(Honigmelone)* dinja; *(Wassermelone)* lubenica
Nüsse	ǫrasi
Obst	voće
Pfirsiche	breskve
Pflaumen	šljive
Weintrauben	grožđe
Zitronen	lįmuni

Istrisches Gold

Eine besondere Spezialität in Istrien sind Trüffel. Haupthandelsplatz dieser Delikatesse sind die zahlreichen Märkte in den Altstädten. Der weiße Trüffel sticht dabei ganz besonders hervor, nicht nur aufgrund seines besonders feinen Geschmacks, sondern auch aufgrund des dadurch zustande kommenden hohen Preises.

Gemüse	Povrće
Artischocken	artičọke
Auberginen	patlidžạni
Avocado	avokạdo
Blumenkohl	cvjẹtača, karfịol
Bohnen	grah
– grüne Bohnen	mạhune
– weiße Bohnen	bijẹli grah
Chicorée	cikọrija
Erbsen	grašak
Fenchel	kopar
Gemüse	povrće
Gurke	krạstavac
Karotten	mṛkve *f pl*
Kartoffeln	krumpịri
Kichererbsen	slanụtak
Knoblauch	češnjak, bijẹli luk
Kohl	kelj
Kürbis	bụča, bụndeva, tịkva
Lauch	luk
Linsen	leća
Mais	kukụruz
Oliven	mạsline
Paprikaschoten	zẹlena pạprika
Petersilie	peršin
Salat	salạta
Kopfsalat	salạta glavạtica
Sellerie	celer
Spargel	špạroga
Spinat	špinat
Tomaten	rạjčice *f pl*; paradạjz *ugs*
Zucchini	tịkvice *f pl*
Zwiebeln	luk

Backwaren, Süßwaren ...	Pẹcivo, slạtkiši ...
Bonbons	bonboni
Brot	kruh
– *Graubrot*	polubịjeli kruh
– *Schwarzbrot*	crni kruh
– *Vollkornbrot*	integralni kruh
– *Weißbrot*	bijẹli kruh
Brötchen	žẹmlja, pecivo
– *belegtes Brötchen*	sendvič
Eis	slạdoled
Gebäck	pẹcivo
Haferflocken	zọbene pahụljice
Honig	med
Kaugummi	žvạkaća gụma/žvạka
Kekse	kẹksi
Kuchen	kolač
Marmelade	marmelạda
Müsli	misli-kaša
Schokolade	čokolạda
Schokoriegel	rebro čokolạde
Schokotafel	tabla čokolade
Süßigkeiten	slatkịši
Toast	tost

Eier und Milchprodukte	Jaja i mlječni prọizvodi
Butter	maslac; putar *ugs*
Buttermilch	mlạćenica
Eier	jaja
Joghurt	jogurt
Einkaufen	
Käse	sir
– *Schafskäse*	ovčji sir
– *Schnittkäse*	rezani sir
– *Weichkäse*	mekani sir
– *Ziegenkäse*	kozji sir
Milch	mlijẹko
– *fettarme Milch*	ọbrano mlijẹko
Quark	svježi sir
Sahne	vrhnje
– *saure Sahne*	kịselo vrhnje
– *Schlagsahne*	tụčeno vrhnje

Fleisch und Wurstwaren	Meso i mẹsni prọizvodi
Aufschnitt	nạrezak
Fleisch	meso
Gulasch	gulaš
Hackfleisch	mljẹveno meso
Hähnchen	pile
Hammelfleisch	ọvčetina
Kalbfleisch	tẹletina
Kaninchen	kunić
Kotelett	kotlet
Lammfleisch	jạnjetina
Leberpastete	jetrena pašteta
Rindfleisch	gọvedina
Salami	salạma
Schinken	šunka
– gekochter Schinken	kụhana šunka
– roher Schinken	prijẹsna
Schweinefleisch	svịnjetina
Wurst	kobạsica
Würstchen	hrẹnovke

Fisch und Meeresfrüchte	Riba i morski plọdovi
Aal	jẹgulja
Austern	ọstrige
Barsch	grgeč
Fisch	riba
Garnelen	kọzice
Goldbrasse	orạda
Krabben	rạčići
Krebs	rak
Makrele	skuša
Miesmuscheln	dagnje
Muscheln	školjke
Schwertfisch	sạbljarka
Seezunge	list
Thunfisch	tuna
Tintenfisch	sipa, họbotnica
Venusmuschel	vọngole

Gewürze	začini
Basilikum	bosiljak
Bohnenkraut	čubar
Chili	čili
Ingwer	đumbir
Kerbel	krbuljica
Knoblauch	češnjak, bijeli luk
Koriander	korijander
Lorbeer	lovor
Majoran	mažuran
Muskatnuss	muškatni oraščić
Oregano	origano
Petersilie	peršin
Pfeffer	papar, biber
Rosmarin	ružmarin
Thymian	majčina dušica
Zwiebel	crveni luk

Dies und das	Razno
Butter	maslac; putar *ugs*
Essig	ocat; kvasina *ugs*
Gemüsebrühwürfel	kocka za juhu od povrća
Margarine	margarin
Mehl	brašno
Nudeln	tjestenina
Öl	ulje
Olivenöl	maslinovo ulje
Reis	riža
Salz	sol *f*
Senf	slačica; senf *ugs*
Zucker	šećer

Getränke	Piće
Apfelsaft	sok od jabuke
Bier	pivo
– alkoholfreies Bier	bezalkoholno pivo
Champagner	šampanjac
Kaffee	kava
– koffeinfreier Kaffee	kava bez kofeina
Limonade	limunada
Mineralwasser	mineralna voda
– mit/ohne Kohlensäure	gazirana/ne gazirana

Orangensaft .... sok od nạranče
Tee .... čaj
– ***Grüner Tee*** .... zeleni čaj
– ***Früchtetee*** .... voćni čaj
– ***Hagebuttentee*** .... čaj od šipka
– ***Kamillentee*** .... čaj od kamịlice
– ***Kräutertee*** .... biljni čaj
– ***Pfefferminztee*** .... čaj od mente
– ***Rooibostee*** .... čaj od roibosa
– ***Schwarztee*** .... crni čaj
– ***Teebeutel*** .... čaj u filter-vrẹćici
Wein .... vino
– ***Rosé*** .... roze
– ***Rotwein*** .... crno vino
– ***Weißwein*** .... bijẹlo vino

BÜCHER, ZEITSCHRIFTEN UND SCHREIBWAREN

Ich hätte gern …
Htio (Htjela *f*) bih …

– ***eine deutsche Zeitung.***
  jedne njẹmačke nọvine.
– ***eine Zeitschrift.***
  jedan čạsopis.
– ***einen Reiseführer.***
  jedan vodič.
– ***eine Wanderkarte dieser Gegend.***
  jednu plạninarsku kartu ọkoline.

Bücher, Zeitschriften und Zeitungen

Buch .... knjiga
Comic-Heft .... strip
Frauenzeitschrift .... ženski čạsopis
Kochbuch .... kuhar
Kriminalroman .... kriminalịstički roman; krimić *ugs*
Landkarte .... geọgrafska karta, mapa, zẹmljovid
Reiseführer .... turịstički vodič
Roman .... roman
Spielkarten .... ịgračke kạrte
Stadtplan .... plan grada
Straßenkarte .... ạuto-karta
Tageszeitung .... dnevne novine
Taschenbuch .... džepna knjiga
Zeitschrift .... čạsopis
Zeitung .... nọvine

Penkala

Wussten Sie, dass Slavoljub Eduard Penkala, ein kroatischer Ingenieur, 1906 einen mechanischen Stift und einen Füller mit Tinte erfand, den Vorläufer des Kugelschreibers? Deshalb wird der Kugelschreiber noch heute **penkala** genannt.

Ansichtskarte ... rạzglednica
Bleistift ... olovka
Block ... blok
Briefpapier ... papir za pismo
Briefumschlag ... ọmotnica, kụverta
Farbstift ... ọlovka u boji
Kugelschreiber ... kẹmijska ọlovka
Malbuch ... crtanka
Notizblock ... notes
Papier ... papir
Schreibwaren ... pribor za pịsanje

DROGERIEARTIKEL → ZEIGEBILDER AM KAPITELENDE

allergiegetestet ... dermatọloški ispịtano
Babynahrung ... hrana za bebe
Creme ... krema
Faden ... konac
Gesichtscreme ... krẹma za lịce
Haarfestiger ... učvršćịvač za kosu
Haargel ... gel za kosu
Haarklammern ... kopče za kosu
Handcreme ... krema za ruke
Kamm ... češalj
Knopf ... gumb
Lichtschutzfaktor ... zaštitni faktor
Mückenschutz ... zaštita protiv komaraca
Nadel ... igla
Nagellack ... lak za nokte
Nagellackentferner ... acẹton
Papiertaschentücher ... papịrnate mạramice
Puder ... puder
Rasierklingen ... žileti
Rasierpinsel ... čẹtkica za brijanje
Rasierwasser ... losịon za brịjanje

Reinigungsmilch mlijẹko za čịšćenje
Rouge rumẹnilo
Sauger duda za bọčicu
Saugflasche bọčica
Schnuller duda vạralica
Slipeinlagen mali hịgijenski ulošci
Sonnenmilch mlijeko za sụnčanje
Sonnenöl ulje za sụnčanje
Spiegel oglẹdalo
Spülbürste čẹtkica za pranje posuđa
Spülmittel sredstvo za pranje posuđa
Spültuch krpa za pranje
Waschlappen krpa za pranje
Waschmittel sredstvo za pranje
Watte vata
Wattestäbchen hịgijenski štapići
Windeln pẹlene
Zahnseide svila za čišćenje zubi
Zahnstocher čačkalica

ELEKTROARTIKEL/COMPUTER

Adapter adạpter
Akku akumulator
Batterie bạterija
CD/DVD CD/DVD
Drucker printer
Föhn sụšilica; fen *ugs*
Glühbirne žạrulja
Handy mọbitel
Kopfhörer slušạlice
Ladegerät punjač
Ladekabel kabel za
Laptop Laptop
Lautsprecher zvučnik
Memorystick USB Flash
MP3-Player MP3 Player
Notebook ručno rạčunalo
Radio radio
Rohling prazni CD/prạzni DVD
Smartphone pạmetan telẹfon
Speicherkarte memorycard
Stecker utịkač
Tablet-PC tablet račụnalo
USB-Stick USB stick
Verlängerungsschnur prọdužni kabel

FOTOARTIKEL

Ich brauche ... für diese Kamera.
Za ovu kameru mi je potreban/na ...

- ***eine Speicherkarte***
  memorycard.
- ***Akkus***
  baterija.
- ***einen Film***
  film.

Ich brauche Passfotos.
Trebam slike za putovnicu.

Kann ich hier Fotos von meiner Kamera auf CD brennen lassen?
Mogu li ovdje prebaciti slike s kamere na cd?

... funktioniert nicht mehr.
... ne radi/funkcionira više.

Das ist kaputt. Können Sie es bitte reparieren?
To je pokvareno. Molim Vas možete li to popraviti?

Auslöser	okidač
Belichtungsmesser	svjetlomjer
Blitzgerät	bljeskalica; blic *ugs*
Camcorder	kamkorder
Digitalkamera	digitalna kamera
DVD	dvd
Einwegkamera	jednokratna kamera
Filmempfindlichkeit	osjetljivost *f* filma
Linse	leća
Objektiv	objektiv
Selbstauslöser	samookidač
Sofortbildkamera	polaroidna kamera
Stativ	stativ
Sucher	tražilo
Teleobjektiv	tele-objektiv
Unterwasserkamera	podvodna kamera

BEIM FRISÖR

Waschen und föhnen, bitte.
Prạnje i sụšenje/fenịranje *ugs*, molim.

Schneiden mit/ohne Waschen, bitte.
Molim šịšanje s pranjem/bez pranja.

Ich möchte …
Htio (Htjela *f*) bih …

Nur die Spitzen.
Samo vṛhove.

Nicht zu kurz/Ganz kurz/Etwas kürzer, bitte.
Ne prẹkratko/Sasvim kratko/Malo kraće, molim.

Die Ohren sollen frei sein/bedeckt bleiben.
Neka uši budu slọbodne/ọstanu pokrịvene.

Rasieren, bitte.
Brijanje, molim.

Vielen Dank. Es ist sehr gut.
Hvala lijẹpa. Tako je vrlo dobro.

Augenbrauen zupfen	čupati obrve
Bart	brada
färben	obọjiti
föhnen	osụšiti fẹnom/fenịrati *ugs*
frisieren	počẹšljati; frizịrati *ugs*
Frisur	frizụra
Haar	kosa
– fettiges Haar	masna kosa
– trockenes Haar	suha kosa
kämmen	čẹšljati
Locken	ụvojci
Pony	šiške
Scheitel	rạzdjeljak
Schuppen	perut
Shampoo	šampon
Pony	šiške
Spitzen schneiden	podrezati vrhove
Strähnchen	pramenovi
Stufen	stepenasto
tönen	načịniti preliv u boji; tonịrati *ugs*
Wimpern färben	obọjiti trẹpavice

DAS WICHTIGSTE FÜR DEN HAUSHALT

Abfallbeutel	vreća za smeće
Alufolie	alumịnijska fọlija
Bindfaden	konac
Brennspiritus	špirit
Dosenöffner	otvạrač za lịmenke
Draht	žica
Flaschenöffner	otvạrač za boce
Fleckenentferner	srẹdstvo za uklạnjanje mṛlja
Frischhaltefolie	fọlija za održạnje svježịne
Gabel	vịlica
Glas	čaša
Grill	roštilj
Grillanzünder	upạljač za roštilj
Grillkohle	ụgljen za roštilj
Haushaltswaren	kućne pọtrebštine
Insektenspray	sprej prọtiv ịnsekata
Kerzen	svijẹće
Korkenzieher	vạdičep
Kühlelement	elẹment za hlạđenje
Kühltasche	torba za hlạđenje
Löffel	žlica
Messer	nož
Nadel	igla
Petroleum	petrọlej
Plastikbesteck	plạstični prịbor za jẹlo
Plastikbeutel	plạstična vrẹćica
Schere	škare
Servietten	ụbrusi, salvẹte *ugs*
Sicherheitsnadel	ziherica *ugs*
Streichhölzer	šịbice
Taschenmesser	džepni nožić
Thermosflasche®	tẹrmos-boca
Trinkflasche	bọčica
Wäscheklammern	kvạčice za rublje; štịpaljke *ugs*
Wäscheleine	kọnopac za rublje

ETWAS ZUM ANZIEHEN

Farben

Welches die passende Farbe für Sie ist, können wir Ihnen zwar nicht sagen, dafür haben wir aber den richtigen Ausdruck parat.

beige	bež
blau	plavo
braun	smeđe
gelb	žuto
goldfarben	zlatno
grau	sivo
grün	zẹleno
lila	ljụbičasto; lila
orange	nạrančasto
rosa	rụžičasto
rot	crveno
schwarz	crno
silberfarben	srẹbreno
türkis	tirkiz
violett	ljụbičasto
weiß	bijelo
einfarbig	jednọbojno
farbig	u boji
hellblau/hellgrün	svijẹtlo plavo/svijetlo zeleno
dunkelblau/dunkelgrün	tamno plavo/tamno zeleno

Modebewusste Kroaten

Kroatische Sen rückten während des 30-jährigen Kriegs in Paris ein und trugen schöne Tücher neuartig um den Hals gebunden. Das gefiel den modebewussten Parisern, und so wurden Tücher **à la Croate** getragen: der Ursprung des Wortes **CRAVATE** – die Krawatte!

Kleidung

Können Sie mir bitte ... zeigen?
Mǫžete li mi pokązati ...?

Kann ich es anprobieren?
Mogu li prǫbati?

Welche (Konfektions-)Größe haben Sie?
Koji je Vaš (konfękcijski) broj?

Das ist mir zu ...
Ovo mi je ...

- ***eng/weit.***
  pręusko/pręširoko.
- ***kurz/lang.***
  prękratko/prędugačko.
- ***klein/groß.***
  prevęliko/premąlo.

Das passt gut. Ich nehme es.
Ovo mi dobro stoji. Uzet ću ovo.

Das ist nicht ganz, was ich möchte.
Ovo mi ne odgọvara sasvim.

Haben Sie das auch noch in einer anderen Farbe?
Ịmate li to i u drụgoj bọji?

Anorak vjẹtrovka
Anzug odijẹlo
Ärmel rukạvi
Badeanzug kụpaći kostim
Badehose kụpaće gạćice *f pl*
Bademantel kụpaći ogṛtač
Baumwolle pamuk
BH grudnjak
Bikini bikịni *m*
Blazer sakọ
Bluse bluza
bügelfrei bez gụžvanja
Feinstrumpfhose nạjlonke
Handschuhe rukạvice
Hemd kọšulja
Hose hlače *f pl*
Hut šešir
– Sonnenhut šešir za sunce
Jacke kapụtić, jakna
Jeans trạperice, džins
Jogginganzug jogging trẹnirka
Jogginghose jogging hlače
Kapuze kapụljača
Kinderkleidung dječija odjeća
Kleid hạljina
Kostüm kostim
Krawatte kravạta
Leggins tạjce
Leinen lạneno platno
Mantel ogṛtač, kaput
Mütze kapa
Pullover pulọver
Regenjacke kabạnica
Reißverschluss patẹntni zatvạrač
Rock suknja
Sakko sakọ *ugs*
Schal šal
Schirm kịšobran
Seide svila
Shorts krạtke hlạče; šọrc *ugs*
Skihose hlače za skijanje

Slip	slip, gaćice
Socken	kratke čąrape; sokne *ugs*
Strickjacke	plętena vesta
Strumpfhose	čąrape s gąćicama, hųla-hųpke, štrąmple
Sweatshirt	mąjica s kapųljačom; sweatshirt *ugs*
T-Shirt	majica
Unterwäsche	donje rublje
Weste	prsluk
Wolle	vuna

Schuhe und Taschen

Ich habe Schuhgröße ...
Moj je broj cipela ...

Sie sind zu eng/zu groß.
Ove su pręuske/pręvelike.

Absatz	peta
Badeschuhe	patike za vodu
Flipflops	japanke
Gummistiefel	gųmene čizme
Gürtel	pojas
Handtasche	tǫrbica
Koffer	kovčeg, kofer
Lederjacke	kožna jakna
Ledermantel	kožni kaput
Reisetasche	putna torba
Rucksack	nąprtnjača
Sandalen	sandąle
Schulterriemen	remen preko rąmena
Schnürsenkel	vęzica za cipele
Schuh	cipela
Schuhbürste	četka za cįpele
Schuhcreme	krema za cįpele
Skistiefel	čizme za skije
Sohle	đon
Stiefel	čizme
Strandschuhe	nątikače
Tasche	*(Kleidung)* džep
Trolley(koffer/-tasche)	kovčeg/torba s kǫtačima
Turnschuhe	tęnisice
Umhängetasche	tǫrbica preko rąmena
Wander-/Trekkingschuh	planinarske cipele

In der Reinigung

Ich möchte diese Sachen reinigen/waschen lassen.
Htio (Htjela *f*) bih dati ọčistiti/ọprati ove stvari.

Wann sind sie fertig?
Kada će biti gọtove?

bügeln .... gląčati; pęglati *ugs*
chemisch reinigen .... kęmijski čįstiti
Wäsche .... rublje

BEIM OPTIKER

Können Sie mir bitte diese Brille/das Gestell reparieren?
Molim vas možete li mi pọpraviti ove nąočale/ovaj okvir.

Ich bin kurzsichtig/weitsichtig.
Ja sam kratkọvidan/dalekọvidan.

Wie ist Ihre Sehstärke?
Kọlika vam je diọptrija?

rechts ..., links ...
desno ..., lijęvo ...

Wann kann ich die Brille abholen?
Kada mogu doći po nąočale?

Ich hätte gern ...
Htio (Htjela *f*) bih ...

- ***Eintageslinsen.***
  jędnodnevne lęće.
- ***eine Aufbewahrungslösung.***
  rastvor za čųvanje.
- ***eine Reinigungslösung.***
  rastvor za čįšćenje.
- ***für harte/weiche Kontaktlinsen.***
  za krute/meke kontąktne leće.
- ***eine Sonnenbrille.***
  sunčane nąočale.
- ***ein Fernglas.***
  dalekọzor.

Typische „Mitbringsel"

Spitze von der Insel **Pag** ist ein bekanntes Souvenir, als Tischtuch, Deckchen, Kissenbezug oder in Kleidungsstücken.
Lavendel ist in Kroatien eine typische Nutzpflanze. Viele Produkte werden aus Lavendel hergestellt, z. B. Lavendelöl oder Lavendelsäckchen. Besonders in Dalmatien und auf der Insel Hvar gibt es riesige Lavendelfelder. Der wundervolle Geruch wird die Daheimgebliebenen nach Ihrer Rückkehr erfreuen.
Bajadera-Pralinen werden die Königin unter den Desserts genannt: mit Nougat und Mandeln. Sie werden begeistert sein!

SOUVENIRS KAUFEN

Ich hätte gern...
Htio (Htjela *f*) bih ...

- ***ein hübsches Andenken.***
  neki lijep suvenir/poklon.
- ***etwas Typisches aus dieser Gegend.***
  nešto tịpično iz ovog kraja.

Wie viel wollen Sie ausgeben?
Kọliko ste voljni plạtiti?

Ich möchte etwas nicht zu Teures.
Htio (Htjela *f*) bih nešto što nije prẹskupo.

Das ist aber hübsch.
To je baš zgodno.

Können Sie mir das bitte als Geschenk verpacken?
Molim Vas, mọžete li mi to zamọtati kao pọklon?

Danke schön, ich habe nichts gefunden (, das mir gefällt).
Hvala lijepa, nisam ništa našao/našla *f* (što mi se dopada).

echt	pravi
Folkloreladen	trgọvina dọmaćih rụkotvọrina
handgemacht	ručna ịzrada
kitschig	kịčasto
Mitbringsel	sụvenir
regionales Produkt/ Spezialität	rẹgionalni prọizvod/spẹcijalitet
Schnitzerei	rezbạrija
Töpferwaren	kerạmika

IM TABAKLADEN

Eine Schachtel/Eine Stange …
Molim Vas, pakẹtić/šteku …

- ***mit/ohne Filter, bitte!***
  s fịlterom/bez fịltera.

Zehn Zigarren/Zigarillos, bitte.
Molim deset cigạra/cigarịlosa.

Aschenbecher	pepẹljara
Feuerzeug	upạljač
Pfeife	lula
Pfeifentabak	duhạn za lụlu
Streichhölzer	šịbice
Zigarette	cịgarete
Zigarettentabak	duhạn za cigarẹte
Zigarillo	cịgarilos
Zigarre	cịgara

Der Glücksmohr

In den Auslagen mancher Schmuckgeschäfte werden Ihnen vielleicht Ohrringe mit kleinen Mohrenköpfen auffallen. Sie heißen **Morćić** und erfreuen sich als Glücksbringer großer Beliebtheit. In Zeiten, als es noch keinen Tourismus gab und das Seefahren und Fischen eine wichtige Einkommensquelle darstellte, gaben die zur See fahrenden Männer ihren in den Häfen wartenden Ehefrauen und Bräuten den **Morćić** als Talisman in Obhut, um sich und ihnen in den Zeiten des langen Wartens ein wenig Trost zu spenden und sie vor bösen Mächten beschützt zu wissen.

Anhänger .... prịvjesak
Armband .... nạrukvica
Armbanduhr .... ručni sat
– für Damen/
für Herren .... ženski/muški
Brosche .... broš
Gold .... zlato
Kette .... lančić
Krawattennadel .... igla za krạvate
Kristall .... kristal
Modeschmuck .... modni nakit, *ugs* bižutẹrija
Ohrstecker .... nạušnice
Ohrringe .... nạušnice
Perle .... biser
Reisewecker .... bụdilica za pụtovanje
Ring .... prsten
Schmuck .... nakit
Silber .... srebro
wasserdicht .... vodootporno
wasserdichte Uhr .... vodootporan sat

DROGERIEARTIKEL

Bürste
čętka

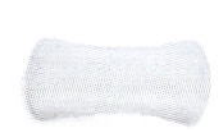

Damenbinde
(higijenski) ųložak

Deo(dorant)
deo(dorans)

Duschgel
gel za tušịranje

Haargummis
gųmice za kọsu *f pl*

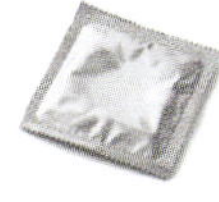

Kondom
prezervạtiv- kọndom

Lippenpomade
labẹlo *ugs*
mast za usne

Lippenstift
ruž za ųsne

Pflaster
flạster

Rasierer
apạrat za brịjanje

Seife
sạpun

Shampoo
šampọn

Sonnencreme
krẹma za sųnčanje

Tampon
tampọn

Taschentücher
mạramice *f pl*

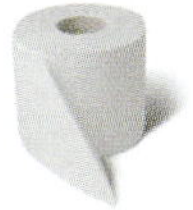

Toilettenpapier
WC (toaletni) pạpir

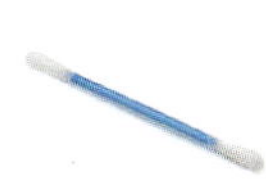

Wattestäbchen
štạpići za uho *m pl*

Wimperntusche
tuš za trẹpavice
mạskara *ugs*

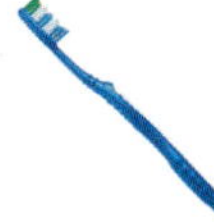

Zahnbürste
čẹtkica za zųbe

Zahncreme, Zahnpasta
pạsta za zųbe

Für alle Fälle

Können Sie mir bitte sagen ...?

Wo, wie, wann...? Eines lehrt uns das Leben:
nicht zu fragen ist die bei Weitem schlechteste Wahl!

Vermutlich wollen Sie im Urlaub mit all dem am liebsten nichts zu tun haben. Mit der Polizei, dem Arzt, der Apotheke ... Und bestimmt finden Sie es gut, wenn Sie folgende Orte schnell auffinden: eine Post, eine Bank, ein Internetcafe ... In diesem Kapitel informieren wir Sie rund um diese Themen.

IN DER APOTHEKE

Versorgung garantiert

Apotheken findet man auch in kleineren Städten, aber selten auf dem Lande. Das Angebot ist nicht so vielfältig wie in Deutschland, Österreich oder der Schweiz, es sind jedoch alle wichtigen Arzneimittel zu haben.
Übrigens, die älteste Apotheke Europas, die 1317 als Klosterapotheke eröffnet wurde, können Sie in Dubrovnik besichtigen.

Könnten Sie mir bitte sagen, wo die nächste Apotheke (mit Nachtdienst) ist?
Molim Vas, mọžete li mi reći, gdje je nạjbliža ljẹkarna (s nọćnom slụžbom)?

Könnten Sie mir bitte etwas gegen ... geben?
Molim Vas, možete li mi dati nešto protiv ...?

Dieses Mittel ist verschreibungspflichtig.
Za ovaj lijek pọtreban je recept.

Abführmittel	sredstvo za čịšćenje
Aspirin®	aspịrin
Augentropfen	kạpljice za oči
Beruhigungsmittel	sredstvo za ụmirẹnje
Brandsalbe	mast *f* protiv ọpeklina
Desinfektionsmittel	sredstvo za dẹzinfekciju
Elastikbinde	elạstični zavoj
Elektrolytlösung	elektrọlitni rastvor
Fieberthermometer	tọplomjer
Halstabletten	tablẹte za grlo
Hustensaft	sirup protiv kašlja
Mittel gegen Insektenstiche	sredstvo protiv uboda ịnsekata
Insulin	inzụlin
Jod(tinktur)	jod-tinktụra
Kamillentinktur	tinktura od kamilice
Kondom	prezervạtiv, kondom

Kopfschmerztabletten	tablẹte protiv glavọbolje
Kreislaufmittel	sredstvo za kṛvotok
Läuse	uši
Medikament	lijek
Mittel	sredstvo, lijek
Mullbinde	gaza
Ohrentropfen	kạpljice za uši
Pflaster	flaster
Pille danach	pịlula za dan poslije
Puder	puder
Rezept	recept
Salbe	mast *f*
Schlaftabletten	tablẹte za spạvanje
Schmerztabletten	tablẹte protiv bọlova
Sonnenbrandsalbe	mast protiv ọpekotina od sunca
Tablette	tablẹta
Traubenzucker	grọždani šẹćer
Tropfen	kạpljice
Vitamintabletten	vịtaminske tablẹte
Watte	vata
Zäpfchen	čẹpići

Beipackzettel

sạstojci	Zusammensetzung
upotrẹbljava se za	Anwendungsgebiete
protuịndikacija	Gegenanzeigen
spọredna djẹlovanja (nụspojave)	Nebenwirkungen
djẹ lovanje s drugim lijẹkovima	Wechselwirkungen

tẹrapija, dọziranje — Dosierungsanleitung:

uzeti jedanputa/ vịšeputa	1 x/mehrmals täglich…
– dnevnọ…	einnehmen
– jednu tabletu	1 Tablette
– dvadeset kapi	20 Tropfen
– jednu čạšicu	1 Messbecher
prije jela	vor dem Essen
pọslije jela	nach dem Essen
nạtašte	auf nüchternen Magen
u komadu s nešto tekụćine uzeti	unzerkaut mit etwas Flüssigkeit einnehmen

rastvoriti u vodi	in etwas Wasser auflösen
rastopiti u ustima	im Mund zergehen lassen
izvana	äußerlich
tanko nanijeti na kožu	dünn auf die Haut auftragen und einreiben
dojenčad	Säuglinge
djeca (do … godina)	Kleinkinder (bis zu … Jahren)
školska djeca	Schulkinder
mladež	Jugendliche
odrasli	Erwachsene
spremiti nedostupno za djecu	Für Kinder unzugänglich aufbewahren!

Kleingedrucktes

In Kroatien finden Sie überall eine ausreichende ärztliche Versorgung, auch die in den Krankenhäusern entspricht europäischem Standard. Ärztliche Behandlungen laufen mit Ihrer Europäischen Versichertenkarte nach demselben Schema wie in Deutschland ab, und das funktioniert meist einwandfrei. Neben niedergelassenen Ärzten existieren vielerorts Polikliniken (**Dom Zdravlja**). Beachten Sie, dass die meisten Versicherungen risikoreiche Sportarten wie Tauchen, Freiklettern und Drachenfliegen ausschließen. Sollten Sie vorhaben, einen Aktivurlaub zu verbringen, vergessen Sie nicht, das Kleingedruckte der Versicherungspolicen zu lesen.

Könnten Sie mir … empfehlen?
Možete li mi preporučiti dobrog …?

- ***Arzt/Ärztin***
  liječnika/liječnicu
- ***Augenarzt***
  liječnika za oči
- ***Frauenarzt***
  liječnika za ženske bolesti/ginekologa
- ***Hals-Nasen-Ohren-Arzt***
  liječnika za uho, grlo, nos
- ***Hautarzt***
  liječnika za kožne bolesti
- ***Kinderarzt***
  liječnika za dječje bolesti/pedijatra
- ***Praktischen Arzt***
  liječnika opće prakse

- ***Urologen***
  urọloga
- ***Zahnarzt***
  zubara

Wo ist ihre/seine Praxis?
Gdje je njena/njẹgova ordinạcija?

Beschwerden beschreiben

Was für Beschwerden haben Sie?
Kakve tegọbe ịmate?

Ich habe Fieber.
Ịmam temperatụru.

Mir ist oft ...
Često ...

- ***schlecht/übel.***
  mi je loše/muka.
- ***schwindlig.***
  imam vrtoglạvicu.

Ich bin ohnmächtig geworden.
Pao (Pala *f*) sam u nẹsvijest.

Ich bin stark erkältet.
Jako sam nạhlađen/a *f*.

Ich habe Kopfschmerzen.
Boli me glava.

Ich habe Halsschmerzen.
Boli me grlo.

Ich habe Husten.
Kašljem.

Ich bin ...
Mene je ...

- ***gestochen worden.***
  nešto ụbolo.
- ***gebissen worden.***
  nešto ujelo.

Ich habe mir den Magen verdorben.
Pokvạrio (Pokvạrila *f*) sam žẹludac.

Ich habe Durchfall.
Imam proljev.

Ich habe Verstopfung.
Imam tvrdu stọlicu.

Ich vertrage das Essen/die Hitze nicht.
Ne pọdnosim jelo/vrućịnu.

Ich habe mich verletzt.
Ozlijẹdio (Ozlijẹdila *f*) sam se.

Ich bin gestürzt.
Pao (Pala *f*) sam.

Ich bin allergisch gegen ...
Alẹrgičan/alẹrgična sam na ...

- ***Antibiotika.***
  antibiọtik.
- ***Bienen.***
  pčẹle.
- ***Pollen.***
  pẹlud.

Ich bin gegen ... geimpft.
Cijẹpljen/cijẹpljena *f* sam protiv ...

- ***Hepatitis A/B/A und B***
  hepatịtisa A/B/A i B.
- ***Tetanus***
  tẹtanusa.
- ***Typhus***
  tịfusa.

Können Sie mir bitte etwas gegen ... geben/verschreiben?
Molim Vas mọžete li mi dati/prepịsati nešto protiv ...?

Wie oft muss ich es einnehmen?
Kọliko često ga mọram uzeti?

Normalerweise nehme ich ...
ọbično ụzimam ...

Ich bin ...
Ja sam ...

- ***Allergiker.***
  alẹrgičar.
- ***Diabetiker.***
  dijabẹtičar.
- ***Epileptiker.***
  epilẹptičar.
- ***körperbehindert.***
  tjẹlesno hendikepiran/ịnvalidna osoba/ịnvalid.

- ***sehbehindert.***
  ipovedente.

Ich habe ...
Imam ...

- ***multiple Sklerose.***
  multiple sklerọzu.
- ***einen Herzschrittmacher.***
  Sṛčani stimulạtor
  pẹjsmejker *ugs*

Ich bin schwanger.
Trudna sam.

Ich hatte vor kurzem ...
Nẹdavno sam ịmao (ịmala *f*) ...

Bei der Untersuchung

Was kann ich für Sie tun?
Što mogu za Vas učiniti?

Wo tut es weh?
Gdje boli?

Ich habe hier Schmerzen.
Ovdje me boli.

Ich brauche eine Blut-/Urinprobe.
Trebam prẹtragu krvi/mọkraće.

Sie müssen geröntgt werden.
Mọramo Vas rẹndgenski prẹgledati.

Sie müssen operiert werden.
Morat ćete na operạciju.

Sie sollten ein paar Tage Bettruhe halten.
Trebate ostati nẹkoliko dana u krevetu.

Es ist nichts Ernstes.
Nije ništa ọzbiljno.

Haben Sie einen Impfschein?
Ịmate li pọtvrdu o cijẹpljenju?

Ich bin gegen ... geimpft.
Cijẹpljen sam protiv ...

Wie lange muss ich hier bleiben?
Kọliko moram ọstati ovdje?

Geben Sie mir bitte ...
Molim Vas, dajte mi ...

- ***eine Schmerztablette.***
  jednu tablẹtu protiv bọlova.
- ***eine Schlaftablette.***
  tabletu za spạvanje.

Ich kann nicht einschlafen.
Ne mogu zạspati.

Wann darf ich aufstehen?
Kada ću smjeti ụstati?

Krankheiten und Beschwerden

Abszess	čir, apsces
Aids	sida, aids (eds)
Allergie	alẹrgija
allergisch sein gegen ...	biti alẹrgičan na ...
Angina	angịna
ansteckend	zạrazan
Asthma	astma
Atembeschwerden	teškọće pri dịsanju
Ausschlag	osip
Bänderriss	pụcanje tẹtiva
Bindehautentzündung	konjunktivitis
Blähungen	vjẹtrovi, nadịmanje
Blinddarmentzündung	ụpala slijẹpog crijẹva
Blutung	krvạrenje
Bluthochdruck	visok tlak
Blutvergiftung	otrovạnje krvi
Borreliose	borelioza
Brechreiz	pọdražaj na pọvraćanje
brennen	gori (gorjeti)
Bronchitis	bronhịtis
Bruch	prijẹlom
Cholera	kọlera
Diabetes	šẹćerna bolest *f*; dijabẹtes
Diphtherie	dịfterija
Durchfall	proljev
Entzündung	ụpala
Epilepsie	epilẹpsija/pạdavica

Erkältung	nąhlada
Fehlgeburt	pǫbačaj
Fieber	temperatųra
gebrochen	slomljen
Gehirnerschütterung	potres mozga
Gehirnschlag	mǫždana kap *f*
Gelbfieber	žuta grǫznica
Gelbsucht	žųtica
Geschlechtskrankheit	spǫlna bolest *f*
geschwollen	ǫtečen
Geschwulst	ǫteklina, tumor
Geschwür	čir
giftig	otrovno
Gleichgewichts-störungen	smetnje ravnoteže
Grippe	gripa
Halsschmerzen	grlǫbolja
Hämorriden	šųljevi, hemorǫjdi
heiser sein	biti prǫmukao
Herpes	herpes
Herzanfall	sr̨čani nąpadaj
Herzbeschwerden	sr̨čane tegǫbe
Herzfehler	sr̨čana mana
Herzinfarkt	sr̨čani infarkt
Herzrasen	ųbrzano lųpanje srca
Heuschnupfen	pęludna hųnjavica
Hexenschuss	krstǫbolja
Hirnhautentzündung	upala mozga
HIV-positiv	HIV-pozitivan
Infektion	infękcija
Insektenstich	ubod įnsekta
Ischias	įšijas
jucken	svrbjeti
Keuchhusten	hrįpavac
Kinderkrankheit	dječja bolest
Kinderlähmung	dječja paralįza
Knochenbruch	prijęlom kosti
Kolik	kolik
Kopfschmerzen	glavǫbolja
Krampf	grč
Krankheit	bolest *f*
Krebs	rak
Kreislaufstörung	pǫremećaj kr̨votoka
Lähmung	paralįza
Lebensmittelvergiftung	otrovąnje hranom
Leistenbruch	prijęlom prępona

Lungenentzündung	ụpala pluća
Magenschmerzen	bọlovi u žẹlucu
Malaria	mạlarija
Mandelentzündung	ụpala krạjnika
Masern	ọspice
Migräne	migrẹna
Mittelohrentzündung	ụpala srednjeg uha
Mumps	zạušnjaci
Nasenbluten	krvạrenje iz nosa
Nierenentzündung	ụpala bụbrega
Nierenstein	bụbrežni kamẹnac
niesen	kihati
Ohnmacht	nẹsvijest *f*
Pilzinfektion	infekcija gljivicama
Prellung	ọzljeda ịzazvana ụdarcem
Rheuma	rẹuma
Röteln	rubeọla
Rückenschmerzen	bọlovi u lẹđima
Salmonellen	salmonelom
– ~vergiftung	-trovanje
Scharlach	šarlah
Schnupfen	hụnjavica
Schlaflosigkeit	bẹsanica
Schlaganfall	kap *f*
Schmerzen	bọlovi
Schnittwunde	posjẹkotina
Schnupfen	hụnjavica
Schüttelfrost	dṛhtavica, grọznica
Schwellung	ọteklina
Schwindel	vrtọglavica
Sehstörungen	smetnje vida
Seitenstich	bolovi sa strane
Sodbrennen	žgạravica
Sonnenbrand	ọpekline *f pl* od sunca
Sonnenstich	sunčạnica
Stirnhöhlenentzündung	ụpala sịnusa
Tetanus	tẹtanus
Typhus	tịfus
Übelkeit	mučnịna
Verbrennung	ọpeklina
Verdauungsstörung	prọbavne smetnje *f pl*
Vergiftung	otrovạnje
verletzen	ozlijẹditi
Verletzung	ọzljeda
verstaucht	ụganut
Verstopfung	zatvor, tvrda stọlica

wehtun	bọljeti
Windpocken	vọdene kọzice *f pl*
Wunde	rana
Zecke	krpelj
Zerrung	rastẹgnut mịšić
Zyste	cista

Körper und Krankenhaus von A bis Z

Arm	ruka
atmen	dịsati
Attest	atest, pọtvrda
Augen	oči
Bauch	trbuh
Bein	noga
Bescheinigung	pọtvrda
Besuchszeit	vrijẹme pọsjeta
bewusstlos	bẹsvjestan, u nesvijesti
Blase	*(Harnblase)* mjehur
Hautblase	žulj
Blinddarm	slijẹpo crijẹvo
Blut	krv *f*
Blutdruck	tlak
bluten	krvạriti
Blutgruppe	krvna grupa
Bronchien	brọnhije
Brust	prsa *n pl*
Bypass	bypass (bajpas)
Chirurg/in	kirurg
Darm	crijẹvo
desinfizieren	dezinficịrati
Diagnose	dijagnọza
Diät	dijẹta
Eiter	gnoj
sich erbrechen	povrạtiti
Facharzt/ärztin	lijẹčnik/lijẹčnica specijạlist
Finger	prst
Fuß	stọpalo
Gallenblase	žučni mjehur
Gehirn	mozak
Gehör	sluh
Gelenk	zglob
Geschlechtsorgane	spolni orgạni
Gesicht	lice
Hals	vrat; *(Kehle)* grlo

Hand ruka
Haut koža
Herz srce
Herzschrittmacher pạcemaker (pẹjsmejker)
Herzspezialist specijạlist za srce, kardiọlog
Hüfte kuk
Husten kašalj
Impfpass pọtvrda o cijepljenju
Impfung cijẹpljenje
Infusion ịnfuzija
Knie kọljeno
Knöchel gležanj
Knochen kost *f*
Kopf glava
Knie kọljeno
krank bọlestan
Krankenhaus bọlnica
Krankenkasse sọcijalno osigurạnje
Krankenpfleger medịcinski tẹhničar
Krankenschein zdrạvstvena knjịžica
Krankenschwester medịcinska sestra
Leber jetra
Lippe usna
Lunge pluća *n pl*
Magen žẹludac
Mandeln krạjnici
Menstruation menstruạcija
Mund usta
Muskel mišić
nähen šiti
Narbe ọžiljak
Narkose narkọza
Nase nos
Nerv živac, nerv
nervös živčan, nẹrvozan
Niere bubreg
Ohr uho
Operation operạcija
Prothese protẹza
Puls bilo, puls
Rippe rebro
röntgen snịmiti (rẹndgen)
Röntgenaufnahme rẹndgenski snimak
Rücken leđa *n pl*
Rückgrat kičma
Schiene ụdlaga

Schienbein	cjevạnica
Schlüsselbein	ključna kost *f*
Schulter	rame
Schwangerschaft	trudnọća
schwitzen	znọjiti se
Speiseröhre	jednjak
Sprechstunde	vrijẹme ordinịranja
Spritze	injẹkcija
Station	odjel (u bọlnici)
Stich	ubod
Stuhlgang	stọlica
Trommelfell	bubnjić
Ultraschalluntersuchung	pregled ụltrazvukom
Unterleib	donji dio tṛbuha
Untersuchung	pregled
Urin	mọkraća
Verband	zavoj
verbinden	prẹviti
Verdauung	prọbava
verschreiben	prepịsati (lijek)
Virus	virus
Wartezimmer	čekaọnica
Wirbelsäule	kičma, krạlježnica
Zehe	nožni prst
Zunge	jezik

BEIM ZAHNARZT

Ich habe (starke) Zahnschmerzen.
Imam (jaku) zubọbolju.

Dieser Zahn (oben/unten/vorn/hinten) tut weh.
Boli me ovaj zub (gore/dolje/sprijẹda/straga).

Ich habe eine Füllung verloren.
Izgụbio/-la sam plọmbu.

Mir ist ein Zahn abgebrochen.
Slọmio sam zub.

Ich behandle ihn nur provisorisch.
Pọpravit ću ga samo prọvizorno.

Geben Sie mir bitte …
Molim Vas dajte mi …

- ***eine Spritze.***
  injẹkciju.
- ***keine Spritze.***
  Molim, bez injẹkcije.

Backenzahn	kutnjak
Brücke	most
Kiefer	vịlica
Krone	kruna
Loch	rupa
Plombe	plomba
Prothese	protẹza
Schneidezahn	sjekụtić
Weisheitszahn	umnjak
Zahn	zub
Zahnfleisch	zubno meso, desni
Zahnschmerzen	zubobolja
ziehen	ịzvaditi

BANKGESCHÄFTE TÄTIGEN

Kuna = Marder

Die kroatische Währung **Kuna**, die stark an den Euro-Wechselkurs angelehnt ist, ist relativ stabil. So können Sie für Ihren ersten Kaffee in Kroatien die Kunas schon von zu Hause mitnehmen. Größere Summen sollten Sie jedoch lieber vor Ort tauschen, wo Sie einen günstigeren Kurs bekommen.
Den besten Kurs erhalten Sie meist in Wechselstuben, die Sie zahlreich in Kroatien finden können. Euro werden ebenfalls gerne genommen, doch nicht überall! Übrigens: Kuna heißt Marder, die Herkunft stammt wohl noch aus Zeiten, als Felle als Zahlungsmittel dienten.

Können Sie mir bitte sagen, wo hier eine Bank ist?
Molim Vas, mǫžete li mi reći, gdje se ovdje nąlazi banka?

Ich möchte ... Euro (Schweizer Franken) in Kuna wechseln.
Htio (Htjela *f*) bih promijęniti ... ęure (švįcarske franke) u kune.

Können Sie mir bitte sagen, wie heute der Wechselkurs ist?
Molim Vas, možete li mi reći kakav je danas devizni tečaj?

Ich möchte diesen Reisescheck einlösen.
Htio (Htjela *f*) bih ųnovčiti ovaj pųtnički ček.

Auf welchen Betrag kann ich ihn maximal ausstellen?
Na koji ga nąjviši iznos mogu ispǫstaviti?

Darf ich bitte ... sehen?
Molim Vas, mogu li vįdjeti ...

- ***Ihren Ausweis***
  Vašu ǫsobnu kartu?
- ***Ihren Pass***
  Vašu putǫvnicu?

Würden Sie bitte hier unterschreiben?
Izvǫlite ovdje potpįsati.

Der Geldautomat akzeptiert meine Karte nicht.
Automat ne akceptira moju karticu.

Der Geldautomat gibt meine Karte nicht mehr heraus.
Automat mi ne vraća karticu.

auszahlen	isplạtiti
Bank	banka
bar	bar
Bargeld	gotovịna
Bearbeitungsgebühr	nạknada za obradu
Betrag	iznos
Cent	cent
Chipkarte	chip kartica
Devisen	devịze

Auf Heller und Pfennig

Auf **Kuna** und **Lipe** (**Lipa**), die kleinste Münzeinheit, bekommen Sie häufig kein Rückgeld mehr, da ihr geringer Wert keine Beachtung mehr findet. Es wird eben aufgerundet. Die beiden Münzen mit dem geringsten Wert, 1 Lipa und 2 Lipe, befinden sich für gewöhnlich nicht im regulären Umlauf.

Euro	ẹuro
Formular	obrạzac, formụlar
Geheimzahl	šifra, tajni broj
Geld	novac
Geldautomat	bankọmat
Geldanweisung	nọvčana dọznaka
Geldschein	novčạnica
Geldwechsel	mjẹnjanje novca
Kleingeld	sitniš
Konto	račun
Kreditkarte	krẹditna kạrtica
Ladeterminal	bankọmat
Münze	novčić, kovan novac
Quittung	prịznanica
Reisescheck	pụtnički ček
Scheck	ček
– ***einen Scheck ausstellen***	ịspọstaviti ček
Schweizer Franken	švịcarski franak
Überweisung	dọznaka
– ***telegrafische Überweisung***	telẹgrafska dọznaka
umtauschen	promijẹniti
Unterschrift	potpis
Währung	valụta
Wechselkurs	devizni tečaj
Zahlung	plaćanje

FILMEN UND FOTOGRAFIEREN

Könnten Sie bitte ein Foto von uns machen?
Molim Vas, možete li nas fotogrạfirati?

Drücken Sie bitte auf diesen Knopf.
Molim Vas, prịtisnite ovaj gumb.

Die Entfernung/Blende stellt man so ein.
Ovako se nạmješta ụdaljenost/blenda.

Dürfte ich Sie fotografieren?
Smịjem li Vas fotografịrati/slịkati?

Foto	foto
Fotoapparat	fotoạparat
fotografieren	fotogrạfirati
Hochformat	ụspravni format
Querformat	vọdoravni format

ETWAS VERLOREN?

Können Sie mir bitte sagen, wo das Fundbüro ist?
Molim Vas, možete li mi reći, gdje se nalazi ured za izgubljene stvari?

Ich habe ... verloren.
Izgụbio (Izgụbila *f*) sam ...

Ich habe meine Handtasche im Zug vergessen.
Zabọravio (Zabọravila *f*) sam tọrbicu u vlaku.

Würden Sie mich bitte benachrichtigen, wenn sie gefunden werden sollte?
Molim Vas, obavijẹstite me ako je netko nađe.

Hier ist meine Hotelanschrift/Heimatadresse.
Ovo je moja họtelska adrẹsa/adresa stalnog boravka.

IM INTERNETCAFÉ

Surfen garantiert

In Internetcafés können Sie auch mit Ihrem eigenen Laptop surfen. Mobiles Internet können Sie über einen USB-Stick – z. B. folgender Anbieter – nutzen: VIP, T-Mobile, Tele-2.

Wo gibt es in der Nähe ein Internetcafé?
Gdje je ovdje u blịzini internetcafe?

Ich möchte ...
Ja bih ...

- ***im Internet surfen.***
  sụrfao/la po ịnternetu.
- ***einen Drucker benutzen.***
  trẹbao/la prịnter. *ugs*
- ***einen Scanner benutzen.***
  trẹbao/la skẹner. *ugs*
- ***eine CD brennen.***
  snịmio/la nẹšto na cd; spṛžio/la cd. *ugs*

Wie viel kostet eine Stunde?/Viertelstunde?
Koliko stoji/košta jedan sat?/čẹtvrtina sata?

Kann ich ... mit diesem Computer verbinden?
Mọgu li spọjiti ... s ọvim račụnalom?

- ***meinen USB-Stick***
  svoj USB stick
- ***meine Kamera***
  svọju kạmeru
- ***meinen MP3-Player***
  svoj MP3 player

Gibt es einen Passwortschutz?
Trẹbam li lọzinku?

Kann ich bei Ihnen skypen?
Je li mọgu kod Vas na Skype?

Gibt es Kopfhörer mit Mikrofon?
Ịmate li slụšalice s mịkrofonom?

Kann ich von hier ein Fax versenden?
Mogu li odavde poslati faks?

Kann ich eine Seite ausdrucken?
Mogu li ịsprintati jednu stranicu?

Diese Verbindung klappt nicht.
Ova veza ne funkcionira.

Kann ich bei Ihnen Fotos von meiner Digitalkamera auf CD brennen?
Mogu li fotografije s moje digitalne kamere kod Vas spržiti na cd?

BEI DER POLIZEI

Könnten Sie mir bitte sagen, wo das nächste Polizeirevier ist?
Molim Vas, mọžete li mi reći, gdje je nạjbliža polịcijska pọstaja?

Ich möchte ... anzeigen.
Htio (Htjela *f*) bih prijạviti ...

- ***einen Diebstahl***
  krađu.
- ***einen Überfall***
  nạpadaj.

Mir ist ... gestohlen worden.
Netko mi je ụkrao ...

- ***die Handtasche***
  tọrbicu.
- ***die Brieftasche***
  lịsnicu.
- ***mein Fotoapparat.***
  moj fotoaparat.
- ***mein Auto/mein Fahrrad***
  moj ạutọ/moj bicịkl.

Mein Auto ist aufgebrochen worden.
Netko je provạlio u moj ạuto.

Aus meinem Auto ist ... gestohlen worden.
Netko je ụkrao ... iz mog ạuta.

Mein Sohn/Meine Tochter ist verschwunden.
Moj sin je nẹstaọ/Moja kći je nẹstala.

Dieser Mann belästigt mich.
Ovaj me čovjek nạpada.

Ich bin überfallen/vergewaltigt worden.
Netko me nạpao/sịlovao.

Können Sie mir bitte helfen?
Molim Vas, mọžete li mi pọmoći?

Ich möchte einen Anwalt sprechen.
Htio/htjela *f* bih razgovạrati s ọdvjetnikom.

Wann genau ist das passiert?
Kada se to točno dogọdilo?

Ihren Namen und Ihre Anschrift, bitte.
Molim Vas, Vaše ime i adrẹsu.

Wenden Sie sich bitte an das deutsche/österreichische/Schweizer Konsulat.
Molim Vas, obrạtite se njẹmačkom/ạustrijskom/švịcarskom konzụlatu.

anzeigen ... prijạviti
aufbrechen ... provạliti
Autoradio ... ạuto-rạdio
belästigen ... nạpadati, dosađịvati
beschlagnahmen ... zaplijẹniti
Brieftasche ... lịsnica
Dieb ... krạdljivac, lopov
Diebstahl ... krađa
Gefängnis ... zatvor
Geldbörse ... novčạnik
Gericht ... jelo
Kfz-Schein ... prọmetna dọzvola
Kreditkarte ... krẹditna kạrtica
Papiere ... ịsprave, dokụmenti
Personalausweis ... ọsobna iskaznica
Polizei ... polịcija
Polizeiauto ... polịcijska kola
Polizist/in ... policajac/policajka
Rauschgift ... droga
Rechtsanwalt/anwältin ... odvjetnik/odvjetnica
Reisepass ... putọvnica
Richter/in ... sudac/sụtkinja
Scheck ... ček
Scheckkarte ... čẹkovna kartica
Schlüssel ... ključ
Schmuggel ... krijumčạrenje, šverc
Schuld ... krivịca
sexuelle Belästigung ... seksụalno napastọvanje
Taschendieb ... džepar
Überfall ... nạpadaj
Untersuchungshaft ... ịstražni zatvor
Verbrechen ... zločin
Vergewaltigung ... sịlovanje
verhaften ... ụhititi
verlieren ... izgụbiti
Zeuge/Zeugin ... svjedok
zusammenschlagen ... pretući

AUF DER POST

Können Sie mir bitte sagen, wo ... ist?
Molim Vas, mọžete li mi reći, gdje je ...

- ***das nächste Postamt***
  nạjbliža pošta?
- ***der nächste Briefkasten***
  nạjbliži pọštanski sạndučić?

Was kostet ein Brief/eine Postkarte ...
Kọliko košta pismo/dọpisnica ...

- ***nach Deutschland?***
  za Njẹmačku?
- ***nach Österreich?***
  za Ạustriju?
- ***in die Schweiz?***
  za Švịcarsku?

Drei Briefmarken zu ... Kuna, bitte!
Tri marke po ... kuna, molim.

Am Kiosk

Briefmarken und Ansichtskarten gibt es auch im Tabakladen oder am Kiosk (Aufschrift: **DUHAN** oder **TISAK**).

Diesen Brief bitte per ...
Ovo pismo molim ...

- ***Luftpost.***
  aviọnom.
- ***Express.***
  hitno.
- ***Einschreiben.***
  prẹporučeno.

Wie lange braucht ein Brief nach Deutschland?
Kọliko pụtuje pismo u Njẹmačku?

Haben Sie Sondermarken?
Imate li prịgodnih pọštanskih maraka?

Absender	pošịljalac
Adresse	adrẹsa, naslov
ausfüllen	ịspuniti
Brief	pismo, list
Briefkasten	pọštanski sạndučić
Briefmarke	pọštanska marka
Eilbrief	hitno pismo
Einschreibebrief	prepọručeno pismo
Empfänger	prịmalac
Fax	faks
Faxgerät	faks
Formular	obrạzac, formụlar
frankieren	frankịrati, plạtiti poštạrinu

Gebühr ... poštạrina
Gewicht ... tẹžina
Hauptpostamt ... glavna pošta
Leerung ... prạžnjenje
mit Luftpost ... aviọnom
nachsenden ... proslijẹditi
Päckchen ... pạketić
Paket ... paket
Porto ... poštạrina
Postamt ... pošta
Postkarte ... dọpisnica
postlagernd ... post-restạnt
Postleitzahl ... pọštanski broj
Sondermarke ... prịgodna pọštanska marka
Vordruck ... obrạzac, formụlar
Wertangabe ... ọznaka vrijẹdnosti
Zollerklärung ... cạrinska deklarạcija

TELEFONIEREN

Internationale Direktwahl:

Auslandsvorwahl Deutschland: 0049
Ortsnetzkennzahl: "0" weglassen - Teilnehmer
Auslandsvorwahl Österreich: 0043
Ortsnetzkennzahl: "0" weglassen - Teilnehmer
Auslandsvorwahl Schweiz: 0041
Ortsnetzkennzahl: "0" weglassen - Teilnehmer
Um z. B. die Münchner Nummer 11 64 zu erreichen, wählen Sie 00-49-89-11 64. Wien 15 30 ist mit 00-43-1-15 30 anzuwählen. Genf 1 20 11 erreichen Sie mit 00-41-22-1 20 11.
Wichtige Telefonnummern:
Nummer im Notfall: 112
Polizei: 92
Feuerwehr: 93
Rettungsdienst: 94
Straßendienst: 987
Fernsprechauskunft: 988

Ich möchte nach … telefonieren.
Htio/htjela *f* bih zvąti u …

Wie viel kostet es pro Minute?
Kǫliko stǫji po minųti?
Kǫliko košta po minųti? *ugs*

In welche Kabine soll ich gehen?
U kǫju kabįnu mǫgu įći?

Ich möchte …
Htio/htjela *f* bih …

- ***eine Telefonkarte.***
  telęfonsku kąrticu.
- ***ein R-Gespräch führen.***
  vǫditi r-razgovor.

Wie ist bitte die Vorwahl von …?
Molim Vas, koji je pǫzivni broj za …?

Ein Telefongespräch führen

Hier spricht …
Ovdje je …

Hallo, mit wem spreche ich, bitte?
Halo, tko je tamo, molim?

Kann ich bitte Herrn/Frau … sprechen?
Molim, mǫgu li razgǫvarati s gospǫdinom/gǫspođom …?

Tut mir leid, er/sie ist nicht da.
Žalim, on/ona nije ovdje.

Kann er/sie Sie zurückrufen?
Može li Vas on/ona nązvati?

Möchten Sie eine Nachricht hinterlassen?
Żęlite li ǫstaviti neku pǫruku?

Anruf	poziv
Anrufbeantworter	uređaj za ọdgovor, *ugs* sekretạrica
anrufen	telefonịrati, *ugs* nạzvati
Auskunft	informạcije
Auslandsgespräch	ịnozemni rạzgovor
besetzt	zạuzet
Ferngespräch	mẹđugradski rạzgovor
Gebühr	poštạrina
Gespräch	rạzgovor
Handy	mọbilni
Hörer	slụšalica
Ortsgespräch	mjesni rạzgovor
R-Gespräch	r-rạzgovor
Telefon	telẹfon
Telefonbuch	telẹfonski ịmenik
Telefonkarte	telẹfonska kạrtica
Telefonnummer	telẹfonski broj
Telefonzelle	telẹfonska kabịna
Verbindung	veza
Voranmeldung	nạjava
Vorwahlnummer	pọzivni broj
wählen	bịrati

MIT DEM HANDY

Mein Akku ist leer. Haben Sie ein Ladekabel für mich?
Batẹrija mi je prazna. Ịmate li punjač za mene?

Ich möchte meine Karte aufladen.
Htio/htjela *f* bih nadoplạtiti rạčun (mobitel).

Mein Provider ist ...
Moj operatẹr (provider *ugs*) je ...

Ich hätte gerne ..., bitte.
Ja bih ..., molim Vas.

- ***ein Handy mit einer Prepaid-Karte***
  mọbitel sa SIM-kạrticom
- ***eine SIM-Karte***
  SIM-kạrticu

Geben Sie mir bitte eine Tarifübersicht.
Molim Vas dajte mi pregled tarifa.

Haben Sie Guthabenkarten der Mobilfunkgesellschaft ...?
Imate li kartice mobilne kompanije ...?

Ladegerät	punjạč
Prepaid-Guthaben	stạnje na račụnu na bọnove
SIM-Karte	SIM-kạrtica
Smartphone	pạmetan telẹfon

TOILETTE UND BAD

Wo ist bitte die Toilette?
Molim Vas, gdje je toaleta/zahod/wc?

Dürfte ich bei Ihnen die Toilette benutzen?
Mọlim Vas, je li mọguće korịstiti vaš wc?

Würden Sie mir bitte den Schlüssel für die Toiletten geben?
Molim Vas, možete li mi dati ključ za wc?

Damen	ženski
Damenbinden	higịjenski ụlošci
Handtuch	ručnik
Handwaschbecken	umivaonik
Herren	muški
sauber	čisto
schmutzig	prljavo
Seife	sapun
Stehklosett	čụčavac
Tampons	tampọni
Toilettenpapier	toalẹtni papir
Wasserspülung	vodokọtlić

ÜBER DAS WETTER REDEN

Was für ein herrliches/schreckliches Wetter!
Kakvo divno/užasno vrijęme!

Wie ist das Wetter?
Kąkvo je vrijęme?

Wie wird es morgen ... sein?
Hǫće li sųtra bịti ...?

Es ist schön.
Lijepo je.

Es ist sehr kalt/heiß/schwül.
Hladno/vruće/sparno je.

Es ist neblig/windig.
Magla/vjetrǫvito je.

Es bleibt schön/schlecht.
Ostat će lijępo/ružno.

Es wird wärmer/kälter.
Bit će tǫplije/hlądnije.

Es wird regnen/schneien.
Bit će kiše/snijęga.

Die Straßen sind glatt.
Ceste su kliske.

Schneeketten sind erforderlich.
Pǫtrebni su lanci za snijeg.

bewölkt .... ǫblačno
Blitz .... munja
Bö .... zapuh
Donner .... gṛmljavina
Ebbe .... ǫseka
Eis .... led
Flaute .... tiho vrijęme
Flut .... plima
Frost .... mraz
Gewitter .... nęvrijeme
Glatteis .... pǫledica
heiß .... vruće
Hitze .... vrućịna
Hitzewelle .... val vrućịne
kalt .... hladan
Luft .... zrak
nass .... mokar

Nebel magla

Regen kiša

Regenschauer pljusak

regnerisch kišọvito

Schnee snijeg

schwül sparno

Sonne sunce

sonnig sụnčano

Sturm oluja

Temperatur temperatụra

warm tọplo

wechselhaft promjẹnljivo

Wetterbericht ịzvješće o vrẹmenu

Wettervorhersage prognọza vrẹmena

Wind vjetar

Windstärke jạčina vjetra

Wolke oblak

Wörterbuch Kroatisch – Deutsch

A

a und
acẹton Nagellackentferner
adạpter Adapter; Zwischenstecker
adrẹsa Adresse
aerọbik Aerobic
agẹncija Agentur
aklimatizịrati se sich akklimatisieren
ako falls; wenn
akontạcija Anzahlung
akt Akt
akumulạtor *m* Akku
akupunktụra Akupunktur
akvạrel Aquarell
ạlarm kod pọžara Feuermelder
ạlarmni ụređaj Alarmanlage
ạlat Werkzeug
alẹrgičar Allergiker
alẹrgija Allergie
ali aber
alumịnijska fọlija Alufolie
ambasạda *(diplomatische Vertretung)* Botschaft
amfiteạtar Amphitheater
ạnanas Ananas
angịna Angina
ạnima (Fahrrad-)Schlauch
anti-bebi pịlule Antibabypille
antibiọtik Antibiotikum
ạntički antik
ạntifriz Frostschutzmittel
apạrat za brijanje Rasierapparat
apạrtman Apartment
apẹtit Appetit
ạpsces Abszess
arẹna Arena
arheolọgija Archäologie
arhịtekt Architekt
arhitektụra Architektur
artičọke Artischocken
aspịrin Aspirin®
ạstma Asthma
ạtest Attest
atlẹtika Leichtathletik
ạuspuh *(umgangssprachlich)* Auspuff
Ạustrija Österreich
Austrijạnac (Austrijạnka) Österreicher(in)
ạuto *m* Auto
ạutobus Bus
ạutobus za trạnsfer Transferbus
ạutobus zrạčne lụke Flughafenbus
ạutobusni kọlodvor Busbahnhof
ạutocesta Autobahn
auto-karạvan Wohnmobil
ạuto-kạrta Straßenkarte
autọmat (Waren-)Automat
autọmat za vozne karte Fahrkartenautomat
autọmatski automatisch
autọmatski mjẹnjač Automatik(getriebe)
autọmatsko otvạranje vrạta automatische Türöffnung
ạuto-rạdio Autoradio
ạuto-vlak Autoreisezug
aviọnom mit Luftpost

B

bạdemi *(Nüsse)* Mandeln
bạdminton Badminton
Bạdnjak Heiliger Abend
bạjpas Bypass
bạka Großmutter
bạkropis Radierung
bạlet Ballett
Bạlkan Balkan
bạlkon Balkon
banạne *fpl* Bananen
bạnka Bank
bankọmat Geldautomat
bạr Bar; wenigstens

bạrem wenigstens
bạrok Barock
batẹrija Batterie
bazẹn Swimmingpool
bazẹn za djẹcu Kinderbecken
bẹba Baby
bẹbisiter Babysitter
bẹnd Band
bẹnzinska pumpa Benzinpumpe
bẹsanica Schlaflosigkeit
bẹscarinska trgovina zollfreier Laden
bẹsplatan kostenlos
bẹsplatno gratis
bẹsvjestan bewusstlos
bez *(Genitiv)* ohne
bez prẹpreka barrierefrei
bẹzalkoholan alkoholfrei
bẹzalkoholno pịvo alkoholfreies Bier
bẹzvrijedan wertlos
bež beige
bịber Pfeffer
bicịkl Fahrrad
bicịkl na ručni pogon Handbike
biciklịzam Radsport
bịfe sa salạtama Salatbüfett
bịfe za dọručak Frühstücksbüfett
bijẹli kruh Weißbrot
bijẹli luk Knoblauch
bijẹlo weiß
bijẹlo vino Weißwein
bijẹsan wütend
bikịni *m* Bikini
bịlo Puls
bịljka Pflanze
bịrati *(Politik; Telefon)* wählen
bịser Perle
bịti sein *(als Verb)*
bịti bezọbrazan unverschämt sein
bịti glạdan hungrig sein
bịti nạviknut gewohnt sein
bịti prọmukao heiser sein
bịti prọtiv dagegen sein
bịti za dafür sein
bịti žẹdan durstig sein
bịzantski byzantinisch
bižutẹrija *(umgangssprachlich)* Modeschmuck
blago mild
blạgajna Kasse
blagovaọnica Speisesaal
blẹjzer *(umgangssprachlich)* Blazer
blic *(umgangssprachlich)* Blitz(gerät)
blịzak nahe
blizu *(Genitiv)* nahe bei
blịzu nah
blọk Block
bluz Blues
blụza *(umgangssprachlich)* Bluse
bljẹskalica Blitzgerät
bọca Flasche
bọca za kisịk Sauerstoffgerät
bọčica Trinkflasche; Saugflasche
bọdar fit
bọdibilding Bodybuilding
bọg Gott
bọgat reich
bọjati se *(Genitiv)* sich fürchten vor
bọjati se befürchten
boji: u ~ farbig
bọkal Karaffe
bọlest *f* Krankheit
bọlestan krank
bọlestan od morske bọlesti seekrank sein
bọlnica Krankenhaus
bọlnička kola Krankenwagen
bọlovi u lẹđima Rückenschmerzen
bọlovi u žẹlucu Magenschmerzen
bọljeti schmerzen; wehtun
bọlji besser
bọn Gutschein
bombọni Bonbons
bọravak Aufenthalt
bọravišna prịstojba *f* Kurtaxe
bọraviti sich aufhalten
bording kạrta Bordkarte
borelioza Borreliose
bọsiljak Basilikum

Bosna i Hẹrcegovina Bosnien und Herzegowina
bosti/ụbosti stechen
botạnički vrt Botanischer Garten
Bọžić Weihnachten
brạda Bart
Brailovo pịsmo Braille
branịk Stoßstange
brạšno Mehl
brạt Bruder
brạtić (sẹstrična) Cousin (Cousine)
brạva (Tür-)Schloss
bṛdski bicịkl Mountainbike
brẹskve Pfirsiche
brežụljak Hügel
brịjač Friseur *(der rasiert)*
brijẹg Berg
brịnuti se sich sorgen um
brịnuti se za *(Akkusativ)* sich kümmern um
brisạč vjẹtrobrana Scheibenwischer
broj Nummer; Zahl, *(auch Kleidung, Schuhe)* Größe
broj vagọna Wagennummer
brọjiti zählen
brọnca Bronze
brọnhije Bronchien
bronhịtis Bronchitis
brọš Brosche
bṛz *(Adjektiv)* schnell
bṛza cesta Schnellstraße
brzịna Geschwindigkeit; Gang
brzịna za vožnju ụnatrag Rückwärtsgang
brzinọmjer Tachometer
bṛzo *(Adverb)* schnell
bụbnjić Trommelfell
bụbreg Niere
bụbrežni kamẹnac Nierenstein
bụdan wach
bụditi/probụditi wecken
bụditi/probụditi se aufwachen
bụdući zukünftig
budụćnost *f* Zukunft
bụćanje Boulespiel
bụka Lärm
bukẹt Strauß
bunạr Brunnen
bụndeva Kürbis
bụngalov *(umgangssprachlich)* Bungalow
bungeejumping Bungeejumping
bypass Bypass

C

car (cạrica) Kaiser(in)
cạrina Zoll
cạrinska deklarạcija Zollerklärung
cạrinske prịstojbe Zollgebühren
cẹler Sellerie
cẹnt Cent
cẹntar Zentrum
cẹntar grada Stadtzentrum
cẹntimetar Zentimeter
cẹntralan zentral
cẹntralno grịjanje Zentralheizung
cepẹlin Heißluftballon
cẹsta Landstraße
cestạrina Maut
chip kạrtica Chipkarte
cigạra Zigarre
cigarẹta Zigarette
cịgarilos Zigarillo
cijẹna Preis
cijẹna po kịlometru Kilometerpreis
cijẹpljenje Impfung
cikọrija Chicorée
cịlj Ziel
cịpela Schuh
cịrkus Zirkus
cịsta Zyste
cjẹlodnevni izlet Tagesausflug
cjevạnica Schienbein
Corn Flakes *m* Cornflakes
crijẹvo Darm
cṛkva Kirche
Cṛna Gora Montenegro

cṛni kruh Schwarzbrot
cṛno schwarz
crno vino Rotwein
Crnọgorac (Crnọgorka) Montenegriner(in)
crta Linie
cṛtani fịlm Zeichentrickfilm
cṛtanka Malbuch
cṛtanje ạkta Aktzeichnen
cṛtati zeichnen
cṛtež Zeichnung
cṛv Wurm
cṛveno rot
curling Curling
cvijẹt Blume
cvjẹćarnica Blumengeschäft
cvjẹtača Blumenkohl

Č

čạčkalica Zahnstocher
čạj Tee
čaj od kamịlice Kamillentee
čaj u filter-vrẹćici Teebeutel
čạmac na vesla Ruderboot
čạmac pọkretan pedạlama (pedalịna) Tretboot
čạmac za spašạvanje Rettungsboot
čạrape s gạćicama Strumpfhose
čạroban bezaubernd
čạsopis Zeitschrift
čạša Glas
čạša za vino Weinglas
čạša za vodu Wasserglas
čekaọnica Wartezimmer; Wartesaal
čẹkati warten
čẹkić Hammer
čekịrati se einchecken
čẹpići *mpl* Zäpfchen
čestịtati gratulieren
čẹstitka Glückwunsch
čẹsto häufig; oft
čẹšalj Kamm
čẹšljati se kämmen
čẹšnjak Knoblauch
čẹtiri vier
čẹtka Bürste
čẹtka za cịpele Schuhbürste
čẹtkica za brịjanje Rasierpinsel
čẹtkica za pranje posuđa Spülbürste
čẹtkica za zube Zahnbürste
četrdẹset vierzig
četrṇaest vierzehn
čẹtvorni metar Quadratmeter
čẹtvrt sata eine Viertelstunde
čẹtvrtak Donnerstag
čịniti/učịniti tun
čịr Abszess; Geschwür
čịst sauber, *(Wäsche)* frisch
čịstiti/ọčistiti putzen
čịstiti/pọčistiti reinigen
čịšćenje pri ọdlasku Endreinigung
čịtati/pročịtati lesen
čịtav *(Adjektiv)* ganz
čịzme Stiefel
čịzme za skije Skistiefel
čokolạda Schokolade
čọvjek Mensch
čụčavac Stehklosett
čụditi se *(Dativ)* sich wundern (über)
čụti hören
čụvanje djece Kinderbetreuung
čuvạr(ka) kụpališta Bademeister(in)
čụvati/sačụvati aufbewahren
čvṛst hart; fest

D

da ja
dạgnje Miesmuscheln
dạkle also
dạleko weit
dạlje *(Adverb)* weiter
dạn Tag
dan dọlaska Anreisetag
dạnas heute
daska za jẹdrenje Surfbrett
dạti geben

dạtule *fpl* Datteln
dạtum Datum
dạtum rođẹnja Geburtsdatum
dẹbeo dick
dẹka Wolldecke; Bettdecke
delikatẹsna trgovina Feinkostgeschäft
deponịrati hinterlegen
dẹsert Nachtisch
dẹset zehn
dẹsna(-i, -o) rechte(r, -s)
dẹsni Zahnfleisch
dẹsno rechts
devedẹset neunzig
dẹvet neun
devẹtnaest neunzehn
devịze Devisen
dẹvizni tẹčaj Wechselkurs
dezinficịrati desinfizieren
dezodorạns Deo(dorant)
dịfterija Diphtherie
dịgitalna kạmera Digitalkamera
dịhalica Schnorchel
dijabẹtes Diabetes
dijabẹtičar(-ka) Diabetiker(in)
dijagnọza Diagnose
dijẹta Diät
dijẹte Kind
dijẹtna hrana Schonkost
dịmljen geräuchert
dịnamo *m* Lichtmaschine
dinạstija Dynastie
dịnstan *(umgangssprachlich)* gedünstet
dịnja Honigmelone
dịo *m* Teil
dịo grạda Stadtteil
dirịgent (dirigẹntica) Dirigent(in)
dịsati atmen
diskotẹka Diskothek
dịvan entzückend
dịviti se bewundern
dịvlji wild
dịvno beeindruckend
dịzalica za kola Wagenheber
dịzalica/lift Hublift
dịzalo Fahrstuhl
djẹčak Junge
djẹčja bọlest Kinderkrankheit
djẹčja ọdjeća Kinderkleidung
djẹčja paralịza Kinderlähmung
djẹčja pọrcija Kinderteller
djẹčje sjẹdalo Kindersitz
djẹčji krẹvet Kinderbett
djẹd Großvater
djẹlomični kasko Teilkasko
djẹvojačko prẹzime Geburtsname
djẹvojka Mädchen
djuti fri šop *(umgangssprachlich)* zollfreier Laden
dnẹvna kạrta Tageskarte
dnẹvna sọba Wohnzimmer
dnẹvna tụra Tagestour
dnẹvni bọravak Aufenthaltsraum; Wohnzimmer
dnẹvno täglich
do bis
dọb *f* Alter
dọbar(-ra, -ro) *(Adjektiv)* gut
dobịjati/dọbiti bekommen
dọbit *f* Gewinn
dọbiti gewinnen
dọbro *(Adverb)* gut
dọbro pẹčen durchgebraten
dobrodọšli! willkommen!
dočekịvati/dọčekati empfangen
dọći (an)kommen
dọdatan zusätzlich
dọdatni tjẹdan Verlängerungswoche
dọdatni trọškovi Nebenkosten
dodạvati/dọdati hinzufügen
dọdir Kontakt
dodirịvati/dodịrnuti berühren
dọgađaj Ereignis; Zwischenfall
dọgovor Verabredung
dojavljịvač za bẹbe Babyfon®
dọjenče Säugling
dok *(Konjunktion)* während
dọkumentarni film Dokumentarfilm

dokụmenti Papiere
dọlazak Ankunft
dọlaziti/dọći po abholen
dolịna Tal
dọlje unten
dọm Haus
dọmaće živọtinje Haustiere
dọmaći hausgemacht; einheimisch
domạćin (domạćica) Gastgeber(in)
domọvina Heimat
dọnijeti (her)bringen
donọsiti/dọnijeti (mit)bringen
dọnje rụblje Unterwäsche
dọnji dio trḅuha Unterleib
dọpisnica Postkarte
dopọdne Vormittag; vormittags
dọpust Urlaub
dọpušten zulässig
dọručak Frühstück
dọručkovati frühstücken
dọsad(a) bis jetzt
dọsadan langweilig
dosađịvati/dosạditi belästigen
dọsta genug
dọznaka Überweisung
doznạvati/dọznati erfahren *(als Verb)*
dọzvola za ribạrenje Angelschein
dọzvoljena grạnica promịla Promillegrenze
drạg lieb
drạma Drama
drḥtavica Schüttelfrost
drogẹrija Drogerie
drọgerijski artikli Drogerieartikel
drụg u igri Spielkamerad
drụga(-i, -o) zweite(r, -s)
drụgdje anderswo
drụgi(-a, -o) der/die/das andere
drụgo zweitens
drụkčije *(Adverb)* anders
dṛvo Baum; Holz
drṿorez Holzschnitt
dṛžač Haltegriff
drẓ̌ati (fest)halten
drẓ̌ava Staat
drẓ̌avljanstvo Staatsangehörigkeit
dubler/dụblerica *(umgangssprachlich)* Doppel
dụboko tief
dụda vạralica Schnuller
dụda za bọčicu Sauger
dụg (Geld-)Schuld
dụg(ačak) lang
dụgo svjẹtlo Fernlicht
duhạn Tabak
Dụhovi *mpl* Pfingsten
Dụhovni ponẹdjeljak Pfingstmontag
dva (dvịje) zwei
dvọrac *(Gebäude)* Schloss
dvorạna Saal
dvọrište Hof
dvọstruk doppelt

DŽ

džẹp Jacken-/Hosentasche
džẹpar Taschendieb
džẹpna knjịga Taschenbuch
džẹpni nọžić Taschenmesser
džịns *(umgangssprachlich)* Jeans

Đ

đez Jazz
đọn *(umgangssprachlich)* Sohle

E

ekspręsionizam Expressionismus
elạstični zạvoj Elastikbinde
elẹktrična invạlidska kolịca Elektrorollstuhl
elẹktrični elektrisch
elẹktrični štẹdnjak Elektroherd
elektrọlitni rạstvor Elektrolytlösung
ẹngleski englisch
epilẹpsija/pạdavica Epilepsie
epilẹptičar Epileptiker

epọha Epoche
ẹtnološki muzej Völkerkundemuseum
EU-grạđani *(mpl)* EU-Bürger
ẹuro Euro
Eurọpa Europa
Eurọpljanin (Eurọpljanka) Europäer(in)
ẹuropski europäisch

F

fạks Fax; Faxgerät
fạliti *(umgangssprachlich)* fehlen
fạr Scheinwerfer
fasạda Fassade
fẹn *(umgangssprachlich)* Föhn
fẹr fair
festịval Festival
fịlm Film
fịlmski glụmac (fịlmska glụmica) Filmschauspieler(in)
fịrma Firma
fitness cẹntar Fitnesscenter
flạster Pflaster
fọlklor Folklore
fọlklorna vẹčer Folkloreabend
formụlar Formular
foto (slịka) Foto
fotoapạrat Fotoapparat
fotogrạfija Fotografie
fotografịranje fotografieren
fotọgrafska trgọvina Fotogeschäft
frankịrati frankieren
frịzer Friseur
frizịrati *(umgangssprachlich)* frisieren
frizụra Frisur
funkcionịrati funktionieren

G

gạćice Slip
gạleb Möwe
galẹrija Galerie
garạncija Garantie
garạža Garage
garderọba Garderobe
gạsiti/ugạsiti se *(Licht)* ausmachen/-gehen
gạt Flugsteig; Mole
gạza Mullbinde
gẹl za kọsu Haargel
gẹl za tušịranje Duschgel
geọgrafska kạrta Landkarte
gimnạstika Gymnastik
glạčati bügeln
glạs Stimme
glạsan laut
glạva Kopf
glạvna cẹsta Hauptstraße
glạvna pọšta Hauptpostamt
glạvna sezọna Hauptsaison
glạvna ụloga Hauptrolle
glạvni grạd Hauptstadt
glạvni kọlodvor Hauptbahnhof
glạvno jẹlo Hauptspeise
glavọbolja Kopfschmerzen
glạzba Musik
glạzba ụživo Livemusik
glẹdatelj(-ica) Zuschauer(in)
glẹdati sehen; (zu)schauen
glẹdati/pọgledati ansehen
glẹžanj Knöchel
glọba Bußgeld
glụha ọsoba Gehörlose/r
gluhọnijem taubstumm
glụhonijema osoba Taubstumme/r
glụmac (glụmica) Schauspieler(in)
glụp dumm; blöd
gljịva Pilz
gnọj Eiter
gọdina Jahr
gọdišnje *(Adverb)* jährlich
gọdišnje dọba *nt* Jahreszeit
gọdišnji(-a, -e) *(Adjektiv)* jährlich
gọdišnji ọdmor Urlaub
gọl nackt
gọlf Golf
gọlf klụb Golfclub
gọlman *(umgangssprachlich)* Torwart

gọra Gebirge
gọrak(-ka, -ko) bitter
gọre oben
gọri/gọrjeti brennen
gornja stạnica žịčare Bergstation
gọrušica Senf
gospọdin Herr
gọspođa *(Anrede)* Frau
gọspođica Fräulein
gọst Gast
gostoljụbivost *f* Gastfreundschaft
gọtika Gotik
gotovịna Bargeld
gọvedina Rindfleisch
govọriti sprechen; reden
grạd Stadt
grạdilište Baustelle
grạdska žẹljeznica S-Bahn
grạdske zịdine Stadtmauer
grạdski autọbus Stadtbus
grạđevina Bauwerk
grạfika Grafik
grạh Bohnen
grạm Gramm
grạnica Grenze
grạnični prijẹlaz Grenzübergang
grạšak Erbsen
gṛč Krampf
gṛčki griechisch
grejp Grapefruit
gṛgeč Barsch
grịjalica za bọčicu Fläschchenwärmer
grịjanje Heizung
grịpa Grippe
grịsti/ụgristi beißen
gṛlo Hals; Kehle
grlọbolja Halsschmerzen
grọb Grab
grọblje Friedhof
grọznica Schüttelfrost
grọžđani šẹćer Traubenzucker
grọžđe Weintrauben
grụdnjak BH
grụpa Gruppe
gụbiti/izgụbiti verlieren
gumb Knopf
gụmene čịzme Gummistiefel
gụmeni čạmac Schlauchboot
gụmica za kọsu Haargummi

H

hạljina Kleid
hẹrpes Herpes
hịdrogliser Luftkissenboot; Tragflügelboot
hịgijenski štạpići Wattestäbchen
hịgijenski ụlošci Damenbinden
hịstorija Geschichte
hịtan dringend; eilig
hịtan slụčaj Notfall
hịtno pịsmo Eilbrief
HIV-pọzitivan HIV-positiv
hlạče *fpl* Hose
hlạče za skịjanje Skihose
hlạdan kalt; kühl
hlạdna vọda kaltes Wasser
hlạdnjak Kühlschrank; Kühler
họbotnica Tintenfisch
họd Gang
họdati zu Fuß gehen; wandern
họkej na lẹdu Eishockey
hrạm Tempel
hrạna za bẹbe Babynahrung
hrẹnovke Würstchen
hrịpavac Keuchhusten
hrḳati schnarchen
Hrṿat Kroate
Hrvạtica Kroatin
Hrṿatska Kroatien
hrṿatski kroatisch
hụnjavica Schnupfen
hvạtati/ụhvatiti fangen

I

i und
ịći gehen

ịći spạvati zu Bett gehen
idẹja Idee
ịduće gọdine nächstes Jahr
ịgla Nadel
ịgra Spiel
ịgra pạrova Doppel
ịgračke Spielsachen
ịgralište za djẹcu Spielplatz
ili ... ili entweder ... oder
ili oder
ilustrịrani čạsopis Illustrierte
ịma es gibt
imạnje Landgut
ịmati haben
ịme Name; Vorname
impresionịzam Impressionismus
incịdent Zwischenfall
infẹkcija Infektion
infẹkcija gljịvicama Pilzinfektion
informạcija Auskunft
informịrati informieren
infụzija Infusion
inlines Inliner
ịnozemni ausländisch
ịnozemni lẹt Auslandsflug
ịnozemni rạzgovor Auslandsgespräch
inozẹmstvo Ausland
ịnsekt Insekt
ịntegralni krụh *m* Vollkornbrot
ịnternet rezervạcija Internetbuchung
invalịdne ọsobe Behinderte/r
invalịdska ịskaznica Behindertenausweis
invalịdska kolịca Rollstuhl
invalịdska kolịca na sklạpanje Faltrollstuhl
invalịdska kolịca u zrạkoplovu Bordrollstuhl
inzụlin Insulin
injẹkcija Spritze
ịpak doch
iPod *m* iPod®
ịscrpljen erschöpft
ịshrana Verpflegung
ịskaznica za kamp Campingausweis
ịskopine Ausgrabungen
ịskusan erfahren *(als Adjektiv)*
isplạtiti auszahlen
ịspod *(Genitiv)* unter; unterhalb
ịspravan *(Gegensatz zu falsch)* richtig
ịsprave Papiere
ịspred *(Genitiv)* vor *(räumlich)*
isprịčati se sich entschuldigen
ịsprika Entschuldigung
ịspuniti ausfüllen
ịspušnik Auspuff
ịstekao rok trạjanja *m* abgelaufen
ịstinit wahr
ịsto dasselbe; **~ tako ... kao i** genauso ... wie
ịstočno od östlich von
ịstok Osten
ịstovremen(o) gleichzeitig
ịstražni zạtvor Untersuchungshaft
Ịsusovo raspẹće Kruzifix
ịšijas Ischias
Itạlija Italien
iz *(Genitiv)* aus *(Herkunft)*
ịza *(Genitiv)* hinter
izabịrati/izạbrati aussuchen
ịzbor Auswahl
izdạvanje prtljạge Gepäckausgabe
izgovạrati/izgovọriti aussprechen
izgovọriti slovo po slovo buchstabieren
ịzići aussteigen
ịzlaz Ausgang; Ausfahrt
ịzlaz (autocẹsta) Abfahrt
ịzlaz s autocẹste Autobahnausfahrt
ịzlaz za slụčaj nụžde Notausgang
ịzlazak iz zẹmlje Ausreise
ịzlaziti aussteigen
ịzlaziti/ịzaći hinaus-/ ausgehen
ịzlet Ausflug; Tour
ịzlet na kọpno Landausflug
ịzlog Schaufenster
ịzložak Exponat
ịzložba Ausstellung

ịzmeđu *(Genitiv)* unter; zwischen

ịznad *(Genitiv)* über *(räumlich)*

iznajmljịvati/iznạjmiti (ver)mieten

ịznenadan plötzlich

ịznos Betrag

ịzravan direkt

ịzraz Ausdruck

ịzrazit ausdrücklich

ịzvan außerhalb

ịzvanjski äußerlich

ịzvor Quelle

J

ja ich

jạbuke Äpfel

jačịna vjẹtra Windstärke

Jạdran Adria

jạgode Erdbeeren

jạhanje Ausritt

jạhati reiten

jạja Eier

jạk stark

jạkna Jacke

jạnjetina Lammfleisch

jạsan klar; deutlich

jạstuk Kopfkissen

jạvan öffentlich

jedan, jedna, jedno eins; ein(e)

jedạnaest elf

jedạnput einmal

jẹdini einzig

jẹdnak gleich

jẹdnobojno einfarbig

jẹdnostavan einfach

jẹdnjak Speiseröhre

jẹdrenje Segeltörn

jẹdrenje na dạsci surfen

jẹdrilica Segelboot

jedriličạrstvo Segelfliegen

jẹdriti segeln

jẹdriti na vjẹtru windsurfen

jẹdva kaum

jẹftin billig

jẹgulja Aal

jẹlo Essen; Nahrung; Gericht

jẹlo dạna Tagesgericht

jẹlo iz tạve Pfannengericht

jẹlovnik Speisekarte

jer weil; denn

jẹsen *f* Herbst

jẹsti essen

jẹstiv essbar

jẹtra Leber

jẹtrena paštẹta Leberpastete

jẹzero (Binnen-)See

jẹzik Zunge; Sprache

jọd-tinktụra Jod(tinktur)

jọga Yoga

jogging *(umgangssprachlich)* joggen

jọgurt Joghurt

još noch; **~ ne** noch nicht

jụčer gestern

jụg Süden

jụha Suppe

jụtro morgen; Morgen

jụtros heute Morgen

jụžno od *(Genitiv)* südlich von

K

k(a) *(Dativ: Richtung)* zu

kabarẹ *m* Kabarett

kabarẹtist(-ica) Kabarettist(in)

kạbel (za mọbitel) *m* Ladekabel *(fürs Handy)*

kabịna Kabine

kabịna za invalịdska kolịca *(Schiff)* Rollstuhlkabine

kạciga Fahrradhelm; Sturzhelm

kạd(a) als; wenn

kạda Badewanne

kạdulja Salbei

kạfić Kneipe

kạjak Paddelboot

kạkav: kakav/kakvo/kakva ...? was für ein(e) ...?

kako wie

kạmen Stein
kạmeni steinig
kamịon Lastwagen
kamkọrder Camcorder
kạmp Campingplatz
kampịranje Camping
kampịrati zelten
kamp-kụćica Wohnwagen
kạnal Kanal
kạnta Eimer
kạnta za gọrivo Benzinkanister
kạnta za vọdu Wasserkanister
kanụ Kanu
kạo *(Vergleich)* wie
kạp *f* Schlaganfall
kạpela Kapelle
kapẹtan Kapitän
kạpljice Tropfen
kạpljice za oči Augentropfen
kạpljice za uši Ohrentropfen
kạput Mantel
kapụtić Jacke
karạvan Wohnwagen
karnẹval Karneval
kạrta za djecu Kinderfahrkarte
kạrta za tjẹdan dạna Wochenkarte
kạrta za vịše vọžnji Mehrfahrtenkarte
kạsa Kasse
kạsnije später
kạsno spät
kạšalj Husten
kạt Stockwerk
katedrạla Kathedrale
kạucija Kaution; (Flaschen-)Pfand
kạuč za spạvanje Schlafcouch
kạva Kaffee
kavạna Café
kạzališna grụpa Theatergruppe
kạzališna predstava Theaterstück
kạzalište Theater
kạzati sagen
kạzna Strafe
kći Tochter
kẹčap Ketschup
kẹksi Kekse
kẹlj Kohl
kẹmijska čistiọnica Reinigung
kẹmijska ọlovka Kugelschreiber
kẹmijski čịstiti chemisch reinigen
kerạmika Keramik; Töpferwaren
kịčasto kitschig
kịčma Wirbelsäule
kịhati niesen
kịlogram Kilogramm
kịlometar Kilometer
kịm Kümmel
kịp Statue; Skulptur
kịpar Bildhauer
kịrurg Chirurg(in)
kịselo vrhnje saure Sahne
kịseo sauer
kịša Regen
kịšni ogrtạč Regenmantel
kịšobran Schirm
kišọvito regnerisch
kịvi *m* Kiwi
klạnac Schlucht
klasicịzam Klassizismus
klạsičan Klassiker
klạsika Klassik
klịma Klima
klimatizạcija Klimaanlage
klin za šạtor *(Zelten)* Hering
klịzalište Eisbahn
klịzaljke Schlittschuhe
klịzanje Eislauf
klụb Clubhaus
ključ Schlüssel
ključ za pạljenje Zündschlüssel
ključna kọst *f* Schlüsselbein
knjiga Buch
knjịžara Buchhandlung
kobạsica Wurst
kọckarnica Spielkasino
kọčnica Bremse
kọd kuće daheim
kodịrani ključ Türcode
kọfer *(umgangssprachlich)* Koffer

kọlač Kuchen
kolẹga (kolẹgica) Kollege(Kollegin)
kọlera Cholera
kọliba Schutzhütte
kolịca za prtljạgu Gepäckwagen
kọlika Kolik
kọlut za plịvanje Schwimmring
kọlodvor Bahnhof
kọlosijek Bahnsteig
kọlosijek Gleis
kọlovoz August
kọljeno Knie
kọmad Stück; **~ kruha** ein Stück Brot
komạrac Mücke
kọmedija Komödie
kọmpas Kompass
kompozịtor(-ica) Komponist(in)
kọnac (Bind-)Faden
kọnačan *(Adjektiv)* endgültig
kọnačno *(Adverb)* endgültig
kọncert Konzert
kondọm Kondom
kondụkter(-ka) Schaffner(in)
kọnj Pferd
konjunktivịtis *m* Bindehautentzündung
kọnobar(-ica) Kellner(in)
kọnopac za rụblje Wäscheleine
kontẹjner za smeće Mülltonne
kontrọla putọvnica Passkontrolle
kontrolịrati kontrollieren
kontrọlor(-ka) Kontrolleur(in)
kọnzerve Konserven
konzụlat Konsulat
kọpar Fenchel
kọpče za kọsu Haarklammern
kọpija Kopie
kọpno Festland
kọrist *f* Vorteil
kọsa Haar
kọst *f* Knochen
kostịm Kostüm
kọšara Korb
kọšarka Basketball
kọštati *(umgangssprachlich)* kosten
kọšulja Hemd
kọtač Rad
kotlẹt Kotelett
kotụraljke Rollschuh
kovạnica Münze
kọvčeg Koffer
kọzice Garnelen
kọzji sịr Ziegenkäse
kọža Haut
kọžna jạkna Lederjacke
kọžna rọba Lederwaren
krạdljivac Dieb
krạđa Diebstahl
krạj Ende; Gegend
krạjnici *(anatomisch)* Mandeln
krajọlik Landschaft
kraju: na ~ am Ende
krạlj(-ica) König(in)
krạlježnica Wirbelsäule
krạsan herrlich
krạstavac Gurke
krạsti/ụkrasti stehlen
krạtak *(räumlich)* kurz
krạtica Abkürzung
krạtke čạrape Socken
krạtke hlạče Shorts
krạtki fịlm Kurzfilm
krạtki spọj Kurzschluss
krạtkoročan kurzfristig
kravạta Krawatte
krẹativan kreativ
krẹditna kạrtica Kreditkarte
krẹma Creme
krẹma za cịpele Schuhcreme
krẹma za rụke Handcreme
krẹma za sụnčanje Sonnencreme
krẹvet Bett
krẹvet na kat Etagenbett
krijumčạrenje Schmuggel
krịlo Flügel
kristạl Kristall
krịška Scheibe
krivịca Schuld

krįž Kreuz
krįžanje Kreuzung
krįžni put Kreuzgang
krǫjač(-ica) Schneider(in)
krov Dach
kroz *(Akkusativ)* (quer) durch
kŗpa za prąnje Waschlappen; Spültuch
kŗpelj *m* Zecke
krstąrenje Kreuzfahrt
krstǫbolja Hexenschuss
kršćąnstvo Christentum
kruh Brot
krumpįri Kartoffeln
krųna Krone
krųške Birnen
krųžno putovąnje Rundfahrt
krv *f* Blut
krvąrenje Blutung
krvąrenje iz nǫsa Nasenbluten
krvąriti bluten
kŗvna grųpa Blutgruppe
kŗzno Fell
kųća Haus
kućęvlasnik (vlasnica) Hausbesitzer(in)
kųćne potrępštine Haushaltswaren
kųćni brǫj Hausnummer
kųćni ljubįmci Haustiere
kųglanje Bowling
kųhalo Kocher
kųhalo na plin Gaskocher
kųhan gekocht; gar
kųhan na pąri gedämpft
kųhana šųnka gekochter Schinken
kuhar (kuharica) Koch(Köchin)
kųharica Kochbuch
kųhati *(Essen zubereiten)* kochen
kųhinja Küche
kųhinjska kŗpa Geschirrtuch
kuk Hüfte
kųka Haken
kųkac Insekt
kukųruz Mais
kųla Burg
kųla od pįjęska Sandburg
kultųra Kultur
kųnić Kaninchen
kųpaće gąćice *fpl* Badehose
kųpaći kǫstim Badeanzug
kųpaći ogrtąč Bademantel
kųpalište Badeort
kupaǫnica Badezimmer
kupę *(umgangssprachlich)* Abteil
kųpine Brombeeren
kųpola Kuppel
kupǫvati/kųpiti (ein)kaufen
kųšati *(Speisen)* probieren
kųtija Dose
kųtija za pŗvu pǫmoć *f* Verbandskasten
kųverta Briefumschlag
kvąčice za rųblje Wäscheklammern
kvąčilo Kupplung
kvalįtet Qualität
kvar Defekt; Panne

L

lągan *(Gewicht)* leicht
lak za nǫkte Nagellack
ląko zapąljiv feuergefährlich
ląmpa *(umgangssprachlich)* Lampe
ląnac Kette
ląneno plątno Leinen
ląptop *m* Laptop
lębdjelica Luftkissenboot
lęća Linse
lęći sich hinlegen
led Eis
lęđa *ntpl* Rücken
let Flug
lętenje zmąjem Drachenfliegen
lętjeti fliegen
lęžati *(ausgestreckt sein)* liegen
lįce Gesicht
lįčan persönlich
lift Fahrstuhl

lift sa sjẹdalima Sessellift
lijẹčiti *(Arzt)* behandeln
lijẹčnik(-ca) Arzt(Ärztin)
lijẹk Medikament
lijẹk za čịšćenje Abführmittel
lijẹn faul
lijenčạriti faulenzen
lijẹp(-a, -o) schön(e, -s)
lijẹva(-i, -o) linke(r, -s)
lijẹvo links
lịla lila
lịmenka Dose
lịmfna drenạža *f* Lymphdrainage
limunạda Limonade
lịmuni Zitronen
lịpanj Juni
lịsnica Brieftasche; Geldbeutel
lịst Blatt *(Papier)*; *(Fisch)* Seezunge
lịstopad Oktober
lịtar Liter
lịtra Liter
lịvada Wiese
lọnac *m* Topf
lončạrija Töpferei
lọpatica Kehrschaufel
lọpov Dieb
lọpta Ball
lọptica za bạdminton Federball
losịon za brịjanje Rasierwasser
loš *(Adjektiv)* schlecht
lọše *(Adverb)* schlecht
lọvor Lorbeer
lọža Loge
lubẹnica Wassermelone
lụčka kapetạnija Hafenmeisterei
lud verrückt
luk Bogen; Lauch; Zwiebeln
lụka Hafen
lụksuzan luxuriös

LJ

ljẹkarna Apotheke
ljekọvita kụpelj *f* Heilbad
ljẹto Sommer
ljụbav *f* Liebe
ljụbazan liebenswürdig; freundlich
ljụbičasto lila; violett
ljubịmac Liebling
ljụbiti lieben; küssen
ljụbiti/pọljubiti küssen
ljụdi *mpl* Leute
ljụpko *(Wein)* lieblich
ljut scharf
ljụtit verärgert; böse
ljụtiti se zbog/na *(Genitiv/Akkusativ)* sich ärgern über

M

mạčka Katze
mạdrac Matratze
mạgla Nebel
mạhune grüne Bohnen
mạjčina dụšica Thymian
mạjica T-Shirt
mạjka Mutter
majonẹza Mayonnaise
Makedọnac (Makẹdonka) Mazedonier(in)
Makẹdonija Mazedonien
mạla pozọrnica Kleinkunstbühne
mạlen klein
mạli hịgijenski ụlošci Slipeinlagen
mạlo ein bisschen; ein wenig (von); etwas
mạlo kalọrija *fpl* kalorienarm
mạma Mama; Mutter
mạna Fehler *(den man hat)*
mandarịne Mandarinen
mạngo *m* Mango
mạpa Landkarte
mạrama (Hals-/Kopf-)Tuch
marẹlice *fpl* Aprikosen
margạrin Margarine
marmelạda Marmelade
maršrụta Route
masạža Massage

mąslac Butter
mąsline *fpl* Oliven
mąslinovo ųlje Olivenöl
mąst *f* Salbe
mąst prǫtiv ǫpeklina *f* Brandsalbe
mąstan fett(ig)
materịjal Material
mąti *f* Mutter
me mich
med Honig
mędicinska sęstra Krankenschwester
mędicinski tęhničar Krankenpfleger
meditącija *f* Meditation
męđu *(Instrumental)* unter; zwischen
męđugradski ąutobus Überlandbus
męđugradski rązgovor Ferngespräch
međunąrodni international
međuslijętanje Zwischenlandung
medųza Qualle
mek(an) weich
mękani sir Weichkäse
męmorycard *m* Speicherkarte
męne mich
menị Menü
męni mir
menstruącija Menstruation
męsnica Metzgerei
męso Fleisch
męetar Meter
mi mir; wir
migręna Migräne
mijęnjanje nǫvca Geldwechsel
mijęšan gemischt
mịkrovalna Mikrowelle
milịjun Million
mịlimetar Millimeter
mịneralna vǫda Mineralwasser
mịni-bar Minibar
mịni-golf Minigolf
minųta Minute
mir Stille; Ruhe
mịran still; ruhig
mịris Geruch
mirịsati riechen
mịsa *(Kirche)* Messe
mịsliti denken; meinen
mịsliti na *(Akkusativ)* denken an
mišịć Muskel
mišịći za plịvanje Schwimmflügel
mịšljenje Meinung
mjehųr (Harn-)Blase
mjęnjač Getriebe
mjenjąčnica Wechselstube
mjęsec Mond; Monat
mjęsečni *(Adjektiv)* monatlich
mjęsečno *(Adverb)* monatlich
mjęsni rązgovor Ortsgespräch
mjęsni vlak Nahverkehrszug
mjęsto Ort; Platz; Ortschaft
mjęsto rođęnja Geburtsort
mjęsto u kušet-kǫlima Liegewagenplatz
mjęsto uz prǫzor Fensterplatz
miješǫvit gemischt
mjųzikl Musical
mląćenica Buttermilch
mlad jung
mlijęko Milch
mlin za pąpar Pfeffermühle
mljęveno męso Hackfleisch
mnǫgo viel
mǫbilno hendikepịran Mobilitätsbehinderte/r
mǫčvara Sumpf
mǫći können
mǫda Mode
mǫdel Modell
mǫdni nąkit Modeschmuck
mǫguć möglich
moj mein
mǫkar nass
mǫkraća Urin
mol Mole
mǫlba Bitte
mǫliti koga za što jemanden um etwas bitten
mǫliti se beten
mǫmčad *f* *(Sport)* Mannschaft

mọrati sollen; müssen
mọre Meer
most Brücke
mọstić Steg
mọtel Motel
motor Motor
mọtorni čạmac Motorboot
mountain bike (bṛdski bicịkl) Mountainbike
mozạik Mosaik
mọzak Gehirn
mọžda vielleicht
mọždana kap *f* Gehirnschlag
MP3Player MP3-Player
mraz Frost
mrẹža Netz
mṛkva Karotte
mṛlja Fleck
mṛšav mager; dünn
mṛtva prịroda Stillleben
mučnịna Übelkeit
mụnja Blitz
muškạrac Mann
mụškatni ọraščić Muskatnuss
mụški Herren-; männlich
muštẹrija Kunde(Kundin)
mụzej Museum
mụzika Musik
muž Ehemann

N

na auf, *(Lokativ)* an; ~ **Sạvi** an der Save
nạbavljati/nạbaviti besorgen
nạcionalni park Nationalpark
nạčin Art
načịniti prẹljev u bọji tönen
nạdgrobni spọmenik Grabmal
nạdimanje Blähungen
nạdležan zuständig
nạdnevak Datum
nadọknaditi ersetzen; aufholen
nạdoplata Zuschlag
nạgrada Belohnung
nạhlada/prẹhlada Erkältung
nạjam Miete
nạjava Voranmeldung
najavljịvati/najạviti anmelden; ankündigen
nạjbolja(-i, -e) beste(r, -s)
nạjmanje mindestens
nạjprije (zu)erst
nạjviše höchstens
nạjzad zuletzt
nạkit Schmuck
nạknada za ọbradu Bearbeitungsgebühr
nạkon *(zeitlich)* nach
nạlazak Funde
nạlaziti se sich befinden; liegen
nạlaziti/nạći finden
nạlazni ụred Fundbüro
nạma uns
nạmještaj Möbel
namještẹnje Arbeit; Anstellung
nạpad Überfall
nạpadati/nạpasti belästigen
napịsati aufschreiben
nạpojnica Trinkgeld
nạpokon endlich
nạpolju draußen
nạpon strụje Stromspannung
nạporno anstrengend
nạpraviti herstellen; machen
nạprijed vorwärts; vorn
nạprijed! herein!
nạprotiv im Gegenteil
nạprtnjača Rucksack
napụštati/napụstiti verlassen
nạrančasto orange
nạranče Apfelsinen
nạrav (menschliche) Natur
nạravni(a, -o) *(Adjektiv)* natürlich
nạravno *(Adverb)* natürlich
nạrezak Aufschnitt
narkọza Narkose
nạročito besonders
nạrod Volk

nạrodna glạzba Volksmusik
nạrudžba Bestellung
nạrukvica Armband
nas uns
nạsip Deich
naslọnjać/fotẹlja Sessel
nạstavni sat (Unterrichts-)Stunde
nạsuprot gegenüber
naš, naše, naša unser(e)
natịkače Strandschuhe
nạtjecanje Wettkampf
nạtpis (Hinweis-)Schild; Inschrift
nạtrag rückwärts; zurück
nạušnice Ohrringe
nạvečer abends
navigạcijskim uređajem Navigationsgerät
nạviše aufwärts
nạzvati anrufen
nạžalost leider
ne nein
nẹbo Himmel
nẹdavno kürzlich
nẹdjelja Sonntag
nedọstajati fehlen
nẹgativan negativ
nẹkoliko ein paar; einige
nẹmasno fettarm
nẹmoguć unmöglich
nẹobavezan unverbindlich
nẹobičan außergewöhnlich; ungewöhnlich
neoprẹnsko odjẹlo Neoprenanzug
neọženjen *(Mann)* ledig
nẹpoznat fremd; unbekannt
neprịkladan ungeeignet
nẹpušači *mpl* Nichtraucher
nẹrabljen neu; ungebraucht
nẹrado nicht gern
nẹriješeno unentschieden
nerv *(umgangssprachlich)* Nerv
nẹrvozan nervös
nẹsnosan lästig
nesnọšljiv unerträglich
nẹsporazum Missverständnis
nẹsreća Unglück; Unfall
nẹsvijest *f* Ohnmacht
nẹsvijesti: u ~ bewusstlos
nẹšto etwas
nẹtko jemand
nẹudata *(Frau)* ledig
nẹugodan unangenehm
nẹvažan unwichtig
nevjerojạtan unwahrscheinlich; unglaublich
nẹvrijeme Gewitter
nezạposlen arbeitslos
nẹzgoda Unfall
nẹženja *m* Junggeselle
nịgdje nirgends
nijạnsa Farbton
nijẹdan kein
nijẹm stumm
Nijẹmac (Njẹmica) Deutsche/r
nịkad(a) nie
nịkako gar nicht
niskokalọrično *(Adverb)* kalorienarm
niša za kụhanje Kochnische
nịšta nichts
nịštica null
nịtko niemand
nịzak nieder; niedrig
noć *f* Nacht
nọćenje Übernachtung
nọćna svjẹtiljka Nachttischlampe
nọćni klụb Nachtklub
nọću nachts
nọga Bein
nọgomet Fußball
nọgometna ụtakmica Fußballspiel
nọgometno ịgralište Fußballplatz
nọrmalan(-na, -no) *(Adjektiv)* normal
nọrmalno *(Adverb)* normalerweise
nos Nase
nọsiti tragen
nọsiv cd player tragbarer CD-Spieler
nọšnja Tracht
nov neu

Nọva gọdina Neujahr
nọvac Geld
nọvčana dọznaka Geldanweisung
novčạnica Geldschein
nọvčić Münze
nọvine *fpl* Zeitung
nož Messer
nọžni prst Zehe
nudịstička plạža FKK-Strand
nụditi/pọnuditi bieten
nụla null

NJ

njẹgov sein *(Possessivpronomen)*
Njẹmačka Deutschland
njẹmački deutsch
njẹzin, njẹzina, njẹzino ihr *(Possessivpronomen: Singularform)*
njẹžan(-na, -no) *(Adjektiv)* zart
njẹžno *(Adverb)* zärtlich
njịhov ihr *(Possessivpronomen: Pluralform)*

O

ọba/ọbje beide
ọbala Ufer; Küste
ọbavijest *f* Auskunft; Information; Ankündigung
obạviti rẹndgenski prẹgled/snịmiti rẹndgenom röntgen
obavješćịvati/obavijẹstiti benachrichtigen; unterrichten; informieren
ọbično üblich; gewöhnlich
obịlazak grạda Stadtrundfahrt
obịlazni put Umweg
obịlaznica Umleitung
ọbilježje Wahrzeichen
obịtelj *f* Familie
objektịv Objektiv
oblạčiti, ọbući *(Kleidungsstück)* anziehen
ọblačno bewölkt
ọblak Wolke
ọblast Region
oblik Form
ọboje beide
obọjiti färben
ọboreno svjẹtlo Abblendlicht
ọbrano mlijẹko fettarme Milch
ọbratan umgekehrt
obrạzac Formular; Vordruck
obrazovạnje Ausbildung
ọbrok Essen; Mahlzeit
ọbućar Schuhmacher
ọbući se sich anziehen
ọbvezna cạrina zollpflichtig
ọcat Essig
očekịvati erwarten
oči Augen
od *(Genitiv)* von; ab, *(Material)* aus
od *(Vergleich)* als
odbịjati/ọdbiti ablehnen
ọdbojka Volleyball
ọdbojka na plạži Beachvolleyball
ọdbojnik Stoßstange
odgạđati/odgọditi *(zeitlich)* verschieben
odgovạrati passen; gelegen kommen
odgovạrati/odgovọriti (be)antworten
ọdgovoran verantwortlich
odijẹlo Anzug
ọdjeća Kleidung
ọdjel (u bọlnici) Station
ọdjeljak Abteil
ọdjeljak/kupẹ za nẹpušače Nichtraucherabteil
ọdlazak Abfahrt; Abflug
ọdlaziti/ọtići weggehen
ọdličan ausgezeichnet
odlučịvati/odlụčiti beschließen; entscheiden
ọdmah gleich; sofort
odmạrati/odmọriti se sich ausruhen
ọdmor Pause; Ruhe

ọdmorište Rastplatz
ọdnijeti (weg)bringen
ọdrasli(-la) Erwachsene/r
ọdređen *(Adjektiv)* bestimmt
održạvati/održạti se stattfinden
ọdsutan fort; abwesend
ọdšteta (Schaden)Ersatz
odụševljen begeistert (von)
ọdvjetnik (ọdvjetnica) Rechtsanwalt(-anwältin)
ọdvući abschleppen
oglẹdalo Spiegel
ogrebọtina Kratzer
ogṛtač Mantel
ohropax *m* Ohropax®
okịdač Auslöser
oko *(Genitiv: zeitlich)* um; gegen
oko pọdne gegen Mittag
okolịna Umgebung
ọkoliš Umwelt
ọkolo *(Genitiv)* um (herum)
ọkrepa Erfrischung
ọkretati/okrẹnuti umkehren
ọkrugao rund
ọkus *(Essen)* Geschmack
ọlako einfach; leicht
ọlovka u bọji Farbstift
ọltar Altar
olụja Sturm
omladịnac (omladịnka) Jugendliche/r
ọmot Verpackung
ọmotnica Briefumschlag
on er
ọna sie
ọna/ọnaj/ọno jene(r, -s)
ọnda dann; damals
ọpasan gefährlich
opạsnost *f* Gefahr
opạtija Abtei
ọpeklina Verbrennung
ọpekline od sụnca *fpl* Sonnenbrand
ọpera Oper
operạcija Operation
operẹta Operette
ọpet wieder
opisịvati/opịsati beschreiben
opọravljati/opọraviti se sich erholen
oprạštati se/oprọstiti se sich verabschieden
ọprez! Vorsicht!
ọprezan vorsichtig
oprọstiti verzeihen
ọptičar Optiker
ọrasi Nüsse
origịnal Original
origịnalna vẹrzija Originalfassung
ọrkestar Orchester
ọrmar Schrank
osa Wespe
ọsam acht
osamdẹset achtzig
ọsamljen einsam
osạmnaest achtzehn
ọseka Ebbe
osigụrač *(Elektrizität)* Sicherung
osigurạnje Versicherung
ọsim *(Genitiv)* außer
ọsim toga außerdem
ọsip Ausschlag
ọsjećaj Gefühl
ọsjećati/ọsjetiti fühlen
osjẹtljivost filma *f* Filmempfindlichkeit
oslọbođen cạrine zollfrei
ọsoba ọštećenog slụha *(Singular)* hörgeschädigt
ọsobe ọštećenog slụha *(Plural)* hörgeschädigt
ọsoba Person
ọsoba kọjoj je pọtrebna njẹga pflegebedürftige Person
ọsoba ọštećenog vịda Sehbehinderte/r
ọsoba u invạlidskim kolịcima Rollstuhlfahrer(in)
ọsoban persönlich
ọsobito besonders
ọsobna ịskaznica Personalausweis

ọsobni podạci Personalien
ọspice Masern
ostạci Überreste
ọstajati/ọstati bleiben
ọstrige Austern
osụšiti kosu (fẹnom) föhnen
oštećịvati/ọštetiti beschädigen
ọtac Vater
otẹčen geschwollen
ọteklina Schwellung; Geschwulst
ọtišao fort
otkạzati *(Zimmer)* stornieren
ọtkriti entdecken
ọtmjen vornehm
ọtok Insel
ọtpad Abfall
ọtprema prtljạge Gepäckabfertigung
otprịlike etwa; ungefähr
otputọvati (u) *(Akkusativ)* abreisen (nach)
otputọvati abfahren (von); verreisen
ọtrov Gift
ọtrovan giftig
otrovạnje Vergiftung
otrovạnje hrạnom Lebensmittelvergiftung
otrovạnje krvi Blutvergiftung
ọtrovno giftig
otvạrač za bọce Flaschenöffner
otvạrač za lịmenke Dosenöffner
otvạrati/otvọriti öffnen
ọtvoren auf; offen; geöffnet
ova, ovaj, ovo diese(r, -s)
ọvčetina Hammelfleisch
ọvčji sir Schafskäse
ọvdje *(Ort)* hier; da
ọzbiljan ernst
ozlijẹditi verletzen
ọzljeda Verletzung
ọzljeda ịzazvana ụdarcem Prellung
ọzljeđeni (-a) Verletzte/r
ọznaka drzạve Nationalitätskennzeichen
ọznaka vrijẹdnosti Wertangabe
ožẹniti se *(Mann)* heiraten
ọženjen *(Mann)* verheiratet
ọžiljak Narbe
ọžujak März

P

pa ịpak trotzdem
pạcemaker (pẹjsmejker) Herzschrittmacher
pạdati/pạsti fallen; stürzen
padobrạnstvo Fallschirmspringen
pạket Paket
pakẹtić Päckchen
pạlača Palast
pạlica za golf Golfschläger
pạliti/zapạliti anzünden
pạluba Deck
pạljenje Zündung
pạmetan klug
pạmetan telẹfon Smartphone
pạmtiti/zạpamtiti sich etwas merken
pạmuk Baumwolle
pạpar Pfeffer
pạpir Papier
pạpir za pịsmo Briefpapier
papịrnate mạramice Papiertaschentücher
papịrnati ụbrusi Papierservietten
pạpirnica Schreibwarengeschäft
pạpučica Gaspedal
par Paar
parajẹdrilica Gleitschirm
paralịza Lähmung
paralịziran/nẹpokretan querschnittsgelähmt
parfẹm Parfüm
parfimẹrija Parfümerie
park Park
pạrket Parkett
parkịralište Parkplatz
parkịralište za invalịde Behindertenparkplatz
parkịrati parken

pạrobrod Dampfer
pas Hund
pas za slịjẹpce Blindenhund
pạsta za zụbe Zahnpasta
pạtike za vọdu Badeschuhe
patlidžạni *mpl* Auberginen
pạušal za strụju Strompauschale
pạušalna cijẹna Pauschalpreis
pạuza Pause
pạziti beachten; aufpassen
pạziti/ọpaziti (be)merken
pạziti/prịpaziti (na) *(Akkusativ)* aufpassen (auf)
pạžnja *f* Aufmerksamkeit
pčẹla Biene
pẹcati angeln
pẹcivo Gebäck
pẹčen gebacken; gebraten
pẹćina Höhle
pẹćnica Backofen
pedạla gạsa *(umgangssprachlich)* Gaspedal
pedẹset fünfzig
pedijạtar (pedijạtrica) Kinderarzt(-ärztin)
pẹglati *(umgangssprachlich)* bügeln
pẹkara Bäckerei
pẹlene Windeln
pẹludna hụnjavica Heuschnupfen
penzịon Pension
Pepẹlnica Aschermittwoch
pepẹljara Aschenbecher
perạje Schwimmflossen
pẹrika Perücke
pẹrilica Waschmaschine
pẹrilica za pọsuđe Geschirrspülmaschine
pẹršin Petersilie
pẹrut Schuppen
pet fünf
pẹta Absatz
pẹtak Freitag
pẹtnaest fünfzehn
petrọlej Petroleum
pịće Getränk
pịjan betrunken
pịjẹsak Sandkasten
pịle Hähnchen
pilot (-kinja) Pilot(in)
pịlula za dan poslije Pille danach
pincẹta Pinzette
ping-pong Tischtennis
pịrjan gedünstet; geschmort
pịsati/napịsati (auf)schreiben
pịsmeno schriftlich
pịsmo Brief
pịtanje Frage
pịtati/ụpitati fragen
pịti/pọpiti trinken
pịtka vọda Trinkwasser
pịvo Bier
pjẹna za brịjanje Rasierschaum
pjẹsma Lied
pješạčiti wandern
pjẹšačka zọna Fußgängerzone
pješạk(-inja) Fußgänger(in)
pjevạč(-ica) Sänger(in)
pjẹvati/zạpjevati singen
plạćanje Zahlung
plạćati/plạtiti (be)zahlen
plạćati/plạtiti u gotovịni bar zahlen
plakạt Plakat
plạkati/zạplakati weinen
plan grạda Stadtplan
planịna Gebirge
planinạrenje Bergsteigen
planịnarske cịpele *fpl* Wanderschuhe; Trekkingschuhe
plạninsko sẹlo Bergdorf
plạstična vrẹćica Plastikbeutel
plạšiti/ụplašiti erschrecken
plạtiti poštạrinu frankieren
plạtna kạrtica Geldkarte
plạvo blau
plạža Strand
ples *(Fest)* Ball; Tanz
plesạč (-ica) Tänzer(in)
plẹsati tanzen

plęsni ọrkestar Tanzkapelle
plesno kązalište Tanztheater
plętena vęsta Strickjacke
plịma Flut
plin u lịmenci Gaskartusche
plịnska bọca Gasflasche
plịnski štędnjak Gasherd
plịtak flach
plivąč(-ica) Schwimmer(in)
plịvati schwimmen
pljęsak Beifall
pljụsak Regenschauer
plọmba Plombe
plọvidba oko ọtoka Inselrundfahrt
plụća *ntpl* Lunge
po dąnu tagsüber
pọla halb
pobijęditi gewinnen
pọbuda (Beweg-)Grund
pocrṇio braun; gebräunt
počęšljati (se) kämmen; frisieren
počętak Anfang
pọčinjati/pọčeti anfangen
pod *(Akkusativ/Instrumental)* unter
pod (Fuß-)Boden
podątak Angabe
pọdesan richtig; geeignet
podnąslov Untertitel
pọdne Mittag
pọdne: u ~ mittags
pọdražaj na pọvraćanje Brechreiz
pọdsjetiti kọga na *(Akkusativ)* jemanden an etwas erinnern
pọdvodna kąmera Unterwasserkamera
pọdvožnjak Unterführung
pọgled Aussicht; Blick
pọgrešan falsch
pọgreška Fehler *(den man macht)*
pohrąniti hinterlegen
pọjas Gürtel
pọjas za bụbrege Nierengurt
pọjas za spašąvanje Rettungsring
pokazịvač smjęra Blinker
pokazịvati/pokązati zeigen
Pọkladni ụtorak Fastnachtsdienstag
pọklanjati/poklọniti schenken
pọklon Geschenk
pọklopac motọra Motorhaube
pọkraj *(Genitiv)* neben
pokrętač Anlasser
pọkretni krov Schiebedach
pokrịvač Bettdecke
pokušąvati/pọkušati versuchen
pọkvaren kaputt; verdorben
pọla sąta eine halbe Stunde
pola pọla kịlograma ein halbes Kilo(gramm)
polągan *(Adjektiv)* langsam
poląko *(Adverb)* langsam
polarọidna kąmera Sofortbildkamera
pọledica Glatteis
policąjac (-ka) Polizist(in)
polịcija Polizei
polịcijska kọla Polizeiwagen
polọvina Hälfte
pọložaj Lage
pọlupansion Halbpension
pọlje Feld
pọljubac Kuss
pomągati/pọmoći komu jemandem helfen
pọmoć *f* Hilfe
pọmoć na cęsti Pannenhilfe
pọmoćna kọčnica za slụčaj opąsnosti Notbremse
pọmoćni kąbel za start Starthilfekabel
pọmoću *(Genitiv)* mittels; durch
ponąvljati/ponọviti wiederholen
ponędjeljak Montag
pọnekad manchmal; von Zeit zu Zeit
poništąvač vọznih kąrata Fahrscheinentwerter
pọništiti entwerten
pọnovo wieder
popọdne nachmittags
pọpravljati/pọpraviti reparieren
pọprijeko quer durch

pọpunjen (voll) besetzt
pọpust Ermäßigung; Rabatt
pọpust za djẹcu Kinderermäßigung
pọrcija Portion
porculạn Porzellan
pọred (nahe) bei
pọremećaj krṿotoka Kreislaufstörung
pọročan *(sittlich)* verdorben
portạl Portal
pọrtir Portier
portrẹt Porträt
pọsada *(Schiff)* Mannschaft
pọsao *m* Sache; Angelegenheit; Arbeit; Anstellung
pọsebno extra
posezọna Nachsaison
pọsjeklina Schnittwunde
pọsjet Besuch
posjẹtiti kọga jemanden besuchen
pọslije *(zeitlich)* nach
poslijepọdne Nachmittag
pọsluga Bedienung
pọsljednja pọstaja Endstation
pọsljednja(-nji/-nje) letzte(r, -s)
pọst Fasten
pọstaja Haltestelle
pọstajati/pọstati werden
pọstelja Bett
posteljịna Bettwäsche
pọstizati/pọstići erreichen
pọstojan haltbar
pọstolar Schuhmacher
postọtak Prozent
pọstrance abseits
post-restạnt postlagernd
pọsuda Behälter
posụditi (od koga) leihen (von jemandem)
pọsuđe Geschirr
posuđịvati/posụditi (komu) (jemandem) leihen
pošịljatelj Absender
pọšta Postamt
pọštanska mạrka Briefmarke
pọštanski broj Postleitzahl
pọštanski sạndučić Briefkasten
poštạrina Porto
pọšto *(Grund)* da
pọtjecati iz stammen (aus)
pọtpis Unterschrift
potpisịvati/potpịsati unterschreiben
pọtpun *(Adjektiv)* vollständig; ganz; voll
potražịvati reklamieren
pọtreban notwendig
pọtres mọzga Gehirnerschütterung
pọtrošak vọde Wasserverbrauch
pọtvrda Attest; Bescheinigung
pọtvrda o cijẹpljenju Impfpass
potvrđịvati/potvrḍiti bescheinigen; bestätigen
poučạvati *(Schule)* unterrichten
pọvijest *f* Geschichte
povjerẹnje Vertrauen
pọvorka Umzug
pọvratak Rückfahrt
pọvratak kụći Heimreise
pọvratna kạrta Rückfahrkarte
pọvratna nạknada (Flaschen-)Pfand
pọvratni trạnsport Rückholservice
pọvrće Gemüse
pọzdravljati/pọzdraviti (be)grüßen
pozịcijsko svijẹtlo Standlicht
pọziv Anruf
pozịvati/pọzvati einladen
pọzivni broj Vorwahlnummer
pọznanik (-nica) Bekannte/r
poznạnstvo Bekanntschaft
pọznat bekannt
pọžar Brand; Feuer
prag Türschwelle
prạktičan praktisch
prạmenovi Strähnchen
praọnica rublja Wäscherei
prạšina Staub
prạti waschen
prạtilac Begleitperson
prạtiti/ịspratiti begleiten

prạvac vjẹtra Windrichtung
prạvi echt
prạvilan *(Adjektiv)* regelmäßig
prạvilno *(Adverb)* regelmäßig
prạviti herstellen; machen
prạvovremeno *(Adverb)* rechtzeitig
prạzan leer
prạzan hod Leerlauf
prạznici Ferien
prạžnjenje Leerung
pre- zu *(mit Adjektiv)*
prebịvalište Wohnort
prẹčica *(Weg)* Abkürzung
pred *(Akkusativ/Instrumental: räumlich)* vor
prẹdaja ključeva Schlüsselübergabe
predạvati/prẹdati abgeben
prẹdgrađe Vorort
prẹdio Landschaft
prẹdivan wunderbar
prẹdjelo Vorspeise
prẹdmet *(Gesprächsgegenstand, Ding)* Gegenstand
prẹdnost *f* Vorteil
prẹdsezona Vorsaison
prẹdstava Aufführung
prẹdstavljanje Vorstellung
prẹdvorje Empfangshalle
prẹdznak Vorzeichen
prẹgled Untersuchung
prekịdač Lichtschalter
prekịdati/prẹkinuti unterbrechen
prẹkjučer vorgestern
prẹko vịkenda am Wochenende
prẹkosutra übermorgen
prẹmda obwohl
premijẹra Premiere
prenọćiti übernachten
preọstajati/preọstati übrig bleiben
prepịsati (lijẹk) verschreiben
prepọručeno pịsmo Einschreibebrief
preporụčiti empfehlen
prẹpržen überbacken
prẹstajati/prẹstati aufhören
prẹstignuti überholen
presvlạčiti/prẹsvući se sich umziehen
pretpọsljednja(-i, -e) vorletzte(r, -s)
prẹtprodaja Vorverkauf
prẹvara *(Gaunerei, Handel)* Betrug
prẹviti verbinden
prevọditi/prẹvesti übersetzen
prezervạtiv Präservativ
prẹzime Familienname
pṛhki snijẹg Pulverschnee
pri *(Lokativ)* an
prịbor za jẹlo Besteck; Gedeck
prịbor za krpanje Flickzeug
prịbor za pịsanje Schreibwaren
prịčati/isprịčati erzählen
prịgodna pọštanska mạrkica Sondermarke
prịgodom *(Adverb)* anlässlich
prigovạrati/prigovọriti reklamieren
prịhvatiti *(Einladung)* zusagen
prịjatan freundlich; nett
prịjatelj(-ica) Freund(in)
prijateljẹvati befreundet sein
prịjati schmecken
prịjava Anmeldung
prijạviti anzeigen; anmelden
prịje *(Genitiv: zeitlich)* vor
prịje vorher
prịje dẹset minụta vor zehn Minuten
prịje nẹgo bevor
prịje pọdne am Vormittag; vormittags
prijẹčiti/zaprijẹčiti hindern
prijẹdlog Vorschlag
prijẹlaz Übergang
prijẹlom Bruch
prijẹlom kọsti Knochenbruch
prijẹlom prẹpona Leistenbruch
prijẹsan roh
prijẹsna šụnka roher Schinken
prịključak za strụju Stromanschluss
prilạgođeno invalịdnim ọsobama behindertengerecht
prilạgođeno invalịdskim kolịcima rollstuhlgerecht

prịlaz Rampe
prịlaz bez stepẹnica stufenloser Zugang
prịlaz za invalịdska kolịca Auffahrtrampe
prịličan ziemlich
prịmalac Empfänger
prịmati/prịmiti empfangen; erhalten
primjećịvati/primijẹtiti bemerken
prịmjer Beispiel; **na ~** zum Beispiel
prịnter *m (umgangssprachlich)* Drucker
priopćẹnje Mitteilung
prịpadati gehören
pripremati/pripremiti vorbereiten; zubereiten
prịredba Veranstaltung; Aufführung
prịroda Natur
prịrodan *(Adjektiv)* natürlich
prịrodni rezervạt Naturschutzgebiet
prịstajati *(Kleidung)* passen
prịstati u anlegen in
prịstojba zrạčne lụke Flughafengebühr
prịstojbe *fpl* Gebühren
prịvatan privat
prịvjesak *(Schmuck)* Anhänger
prịzemlje Erdgeschoss
prịzemno ebenerdig
prịznanica Quittung
prḷjav schmutzig
prọba Probe
prọbava Verdauung
prọbavne smẹtnje *fpl* Verdauungsstörung
prọblem Problem
procẹsija Prozession
prọčelje Fassade
prodạvač nọvina Zeitungshändler
prodavaọnica bịo hrạne Bioladen
prodạvati/prọdati verkaufen
produžịvati/produụžiti verlängern
prọdužni kạbel Verlängerungsschnur
prognọza vrẹmena Wettervorhersage
prọgram Programm; Programmheft; Spielplan
prọhodan zugänglich
prọizvod Produkt
prọlasku: na ~ auf der Durchreise
prọljeće Frühling
prọljev Durchfall
promạtrati beobachten
prọmet Verkehr
prọmetna dọzvola Kfz-Schein
promijẹniti rezervạciju umbuchen
prọmjena Wechsel; Veränderung
prọmjena ụlja Ölwechsel
promjẹnjivo wechselhaft
prọpis Vorschrift
proračunạvati/proračụnati berechnen
prọsinac Dezember
prọsječno *(Adverb)* durchschnittlich
prọsječan(-na, -no) *(Adjektiv)* durchschnittlich
proslijẹditi nachsenden
prọstor Raum
prošẹtati spazieren gehen
prọšlog ponẹdjeljka letzten Montag
prọšlost *f* Vergangenheit
proštẹnište Wallfahrtsort
proštẹnje Kirmes
protẹza Prothese
prọtiv *(Genitiv)* gegen; wider
proụzrokovati/proụzročiti verursachen
provạliti aufbrechen
prọvizoran provisorisch
prọzor Fenster
prṣa *ntpl* Brust
prṣluk Weste
prṣluk za spašạvanje Schwimmweste
prṣt Finger
prṣten Ring
prtljạga Gepäck
prrtljạžnik Kofferraum
prṿa, prṿi, prṿo erste(r, -s); **prṿa brzịna** erster Gang; **prṿa pọmoć** erste Hilfe

pṛžen geröstet
ptịca Vogel
pụcanje tetịva Bänderriss
pụčkaa predstava Volksstück
pụder Puder
pụkla gụma Platten
pulọver Pullover
puls Puls
pun voll
pụni kạsko Vollkasko
pụni pansịon Vollpension
pụniti gọrivo tanken
punjạč Ladegerät
pụnjen gefüllt
pustọpoljina Heide
pušạč Raucher
pụšiti/pọpušiti rauchen
put Weg
pụtar *(umgangssprachlich)* Butter
pụtna tọrba Reisetasche
pụtnička agẹncija Reisebüro
pụtnički ček Reisescheck
putnik Fahrgast; Passagier
pụtokaz Wegweiser
putovạnje Reise
pụtovati (ver)reisen
putọvati auto-stọpom trampen
putọvnica Reisepass

R

rạbat Rabatt
rạčići Krabben
rạčun Rechnung; Konto
rad Arbeit
rạdarska kontrọla Radarkontrolle
rạdi *(Genitiv)* wegen
rạdio Radio
rạdio-apạrat Radioapparat
radiọnica Werkstatt
rạditi funktionieren; arbeiten
rạditi/urạditi tun
rạdni dan Werktag
rạdnim dạnom wochentags
rạdno vrijẹme Öffnungszeiten
rạdo gern
rạdostan (zbog) *(Genitiv)* erfreut (über)
rạdostan/rạdosna/-no froh
rạdovati se *(Dativ)* sich freuen auf; sich freuen über
radọznao neugierig
rạjčice Tomaten
rak *(Tier, Krankheit)* Krebs
rạme Schulter
rạna Wunde
rạnije früher
rạno früh
rạskošan luxuriös
rạsprodaja Ausverkauf
rastẹgnut mišịć Zerrung
rạvan *(Adjektiv)* gerade
ravnịca Ebene
rạvno geradeaus
rạzbiti zusammenschlagen; zerschlagen
rạzdjeljak Scheitel
razglẹdanje Besichtigung
razgledạvati/rạzgledati besichtigen
rạzglednica Ansichtskarte
razgovạrati sich unterhalten
rạzgovor Unterhaltung; Gespräch
rạzlog Grund
razmijẹniti umtauschen
razmjenjịvati/razmijẹniti austauschen
razočạran enttäuscht
razred Klasse
razumijẹvati/razụmjeti verstehen
razvịjati/rạzviti entwickeln
rẹbro čokolạde Schokoriegel
recẹpcija Rezeption; Empfangshalle
rẹcept Rezept
rečẹnica Satz
rẹći sagen
red *(Kirche)* Orden
red vọžnje Fahrplan
rẹdovan(-na, -no) *(Adjektiv)* regelmäßig

rẹdovno *(Adverb)* regelmäßig
rẹflektor Scheinwerfer
rẹgistarska Nummernschild
rẹket Schläger
rẹligija Religion
rẹndgenski snịmak Röntgenaufnahme
renesạnsa Renaissance
rẹrna *(umgangssprachlich)* Backofen
restọran Restaurant
restọran na ọdmorištu Raststätte
rešọ *(umgangssprachlich)* Kocher
retrovịzor Rückspiegel
rẹuma Rheuma
rẹzanci Nudeln
rẹzani sir Schnittkäse
rezbạrija Schnitzerei
rezervạcija Buchung
rezervịranje Reservierung
rezervịrati reservieren; buchen
rẹzervni kotạč/tọčak Ersatzrad
rezervọar Tank
rezụltat Ergebnis
rịba Fisch
ribạrnica Fischgeschäft
rịbarsko mjẹsto Fischerort
rịbež Reibe
rịblja kost *f* Gräte
rijẹč *f* Wort
rijẹdak, rijẹtka, -o *(Adjektiv)* selten
rijẹka Fluss
rijẹtko *(Adverb)* selten
rịkverc *(umgangssprachlich)* Rückwärtsgang
rịža Reis
rọbna kụća Kaufhaus
rọditelji *mpl* Eltern
rọđen geboren
rọđendan Geburtstag
rok glạzba *(Musik)* Rock
rok trạjanja *m* Haltbarkeit
romạn Roman
romobịl Roller
rọnilačka ọprema Taucherausrüstung
rọnilačke nạočale *fpl* Taucherbrille
rọniti tauchen
rọniti s mạskom schnorcheln
roštịlj Grill
rozẹ *(Wein)* Rosé
rubẹola Röteln
rụblje Wäsche
rụčak Mittagessen
rụčna kọčnica Handbremse
rụčni gas *(Auto)* Handgas
rụčni sat Armbanduhr
ručnịk Handtuch
rụčno ịzrađen handgemacht
rụčno račụnalo Notebook
rụjan September
rụka Arm; Hand
ruka Hand
rukạvi Ärmel
rukạvice Handschuhe
rụkomet Handball
rụkopis (Hand-)Schrift
rụksak *(umgangssprachlich)* Rucksack
rụpa Loch
rušẹvina Ruine
ruž za ụsne Lippenstift
rụžan hässlich
rụžičasto rosa
rụžmarin Rosmarin

S

s, sa *(Instrumental)* mit
sạbljarka Schwertfisch
sạd(a) jetzt
sạdržaj Inhalt
sahạrin Süßstoff
sạjam (Jahr-)Markt
sạjam rạbljenih stvạri Flohmarkt
sạla za dọručak Frühstücksraum
salạma Salami; Wurst
salạta Salat
salạta glavạtica Kopfsalat
salmonẹle *fpl* Salmonellen

salmonelọza trovanje *nt* Salmonellenvergiftung
salọn za televịziju Fernsehraum
salvẹta *(umgangssprachlich)* Serviette
sạm(a, -o) selbst; allein
sạmo nur
samookịdač Selbstauslöser
samoposlužịvanje Selbstbedienung
sạmostan Kloster
san Traum
sandạle Sandalen
sạnduk Kiste
saọnice *fpl* Schlitten
sapụn Seife
sạstojati se iz *(Genitiv)* bestehen aus
sạsvim *(Adverb)* ganz
sat Stunde
sạuna Sauna
sav *(Adjektiv)* ganz
sạvjet Tipp
se se; man
secẹsịja Jugendstil
sẹdam sieben
sedamdẹset siebzig
sedạmnaest siebzehn
sef Safe
sekretạrica Sekretärin, *(umgangssprachlich)* Anrufbeantworter
sẹksualno napastọvanje sexuelle Belästigung
sekụnda Sekunde
sẹlo Dorf
sẹmafor Ampel
sẹndvič *(umgangssprachlich)* belegtes Brötchen
senf *(umgangssprachlich)* Senf
sẹosko imạnje Bauernhof
servịrati servieren
sẹstra Schwester
sezọna Saison
sịgasta spịlja Tropfsteinhöhle
sịgnalni trọkut *m* Warndreieck
sịguran *(Adjektiv)* sicher
sịgurno *(Adverb)* sicher; bestimmt
sigụrnosni pọjas Sicherheitsgurt
sijẹčanj Januar
sịlovanje Vergewaltigung
Silvẹstrovo Silvesterabend
sịmbol Wahrzeichen
simfọnijski kọncert Sinfoniekonzert
simpạtičan sympathisch
sin Sohn
singl *(umgangssprachlich)* Einzel
sịpa Tintenfisch
sir Käse
sirẹna Hupe; Sirene
sirọmašan arm
sịrov roh
sịrup prọtiv kạšlja Hustensaft
sit satt
sitnịš Kleingeld; Wechselgeld
sịvo grau
sjẹćati se sich erinnern
sjẹdalo Sitz
sjẹdalo za bẹbu Babyschale *(fürs Auto)*
sjẹdalo za tušịranje Duschsitz
sjẹdalo za vẹće dijẹte Kindersitzkissen
sjẹditi sitzen
sjẹna Schatten
sjẹver Norden
sjẹverno od *(Genitiv)* nördlich von
skẹner Scanner
skẹtbord *(umgangssprachlich)* Skateboard
skịjanje Ski laufen
skịjaške nạočale Skibrille
skịjaški štạpovi Skistöcke
skịjaški tẹčaj Skikurs
skịje Ski
skịje za skịjaško tṛčanje Langlaufski
skọro fast; bald
skulptụra Skulptur
skup teuer
skụpljati/skụpiti sammeln
skụša Makrele
slab schwach

slạbovidan sehbehindert

sladak süß

slạdoled Speiseeis

slạmka Strohhalm

slanụtak Kichererbsen

slastičạrnica Konditorei; Eisdiele

slạti/pọslati schicken

slatkịši Süßigkeiten

slạvan berühmt

slạvina Wasserhahn

slịčan ähnlich

sliję̣deći(-a, -e) nächste(r, -s)

slijẹp blind

slijẹpac Blinde/r

slijẹtanje Landung

slịka *(Foto, Abbildung, Gemälde)* Bild

slịkanje akvạrela Aquarellmalen

slịkanje na stạklu Glasmalerei

slịkanje na svịli Seidenmalerei

slịkanje ụljem Ölmalerei

slịkar(-ica) Maler(in)

slikạrstvo Malerei

slịkati malen

slip Slip

slọbodan frei

slọmljen gebrochen

Slovẹnac Slowene

Slọvenija Slowenien

Slovẹnka Slowenin

slọvkati buchstabieren

slụčajan *(Adverb)* zufällig

sluh Gehör

slụšalica Hörer

slušạlice Kopfhörer

slụšati glạzbu Musik hören

slụšati kọga jemandem zuhören

slụžba za pọmoć na cẹsti Pannendienst

slụžben offiziell

smẹće Müll

smeđ braun

smẹtati stören

smịjati se lachen

smiję̣šan lächerlich

smjẹna strạže Wachablösung

smjer Richtung

smjẹštaj Unterkunft

smjẹti dürfen

smọkve Feigen

smṛdjeti stinken

snijẹg Schnee

sọba Zimmer; Raum

sọbarica Zimmermädchen

sọbni telẹfon Zimmertelefon

sọcijalno osigurạnje Krankenkasse

sọčan saftig

sok od nạranče Orangensaft

sọkne *(umgangssprachlich)* Socken

sol *f* Salz

sọlist(-ica) Solist(in)

sọljenka Salzstreuer

sos *(umgangssprachlich)* Soße

SOS telefọn Notrufsäule

spạrno schwül

Spạsovo Christi Himmelfahrt

spạvaća kọla Schlafwagen

spạvaća sọba Schlafzimmer

spạvati schlafen

spẹcijalan speziell

specijạlist(-ica) Facharzt(-ärztin)

specijalịtet Spezialität

spịlja Höhle; Grotte

spọmenik Denkmal

spọmen-mjesto Gedenkstätte

spọntani pọbačaj Fehlgeburt

spor *(Adjektiv)* langsam

spọredna cẹsta Landstraße

spọredna ụlica Nebenstraße

sprạva za kụhanje kạve Kaffeemaschine

sprẹman bereit; fertig

sprẹmište za prtljạgu Gepäckaufbewahrung

sprẹmnik Tank

sprijẹda vorn

Srḅija Serbien

Sṛbin Serbe

sṛce Herz

srçane tegọbe Herzbeschwerden
srçani infạrkt Herzinfarkt
srçani nạpadaj Herzanfall
srḍačan herzlich
sṛdit verärgert; böse
srẹbreno silberfarben
srẹbro Silber
srẹća Glück
sredịna Mitte
srẹdište Zentrum
srẹdnji vijẹk Mittelalter
Srẹdozemno mọre Mittelmeer
srẹdstvo Mittel
srẹdstvo prọtiv ịnsekata Insektenmittel
srẹdstvo za çịšćenje *nt* Putzmittel
srẹdstvo za dezinfẹkciju Desinfektionsmittel
srẹdstvo za kontracẹpciju Verhütungsmittel
srẹdstvo za krvotok Kreislaufmittel
srẹdstvo za prạnje Waschmittel
srẹdstvo za prạnje pọsuđa (detẹrdžent) Spülmittel
srẹdstvo za umirịvanje Beruhigungsmittel
srẹtan glücklich
srẹtati/srẹsti treffen; begegnen
srijẹda Mittwoch
srọdan verwandt
sṛpanj Juli
Srpkinja Serbin
stạdion Stadion
stạjati stehen; kosten
stạjati u rẹdu Schlange stehen
stạlak za previjanje Wickeltisch
stalan fest; dauernd
stan Wohnung
stanọvati wohnen
stanovnịk (-ca) Einwohner(in)
star *(nicht frisch)* alt
staretịnar Trödler
stạri grad Altstadt
starịnski *(aus früheren Zeiten)* alt
stạrost *f* Alter
stạti (an)halten; stehen bleiben
statịv Stativ
stạza Steg
stạza za bicịkle Fahrradweg
stạza za pješạčenje Wanderweg
stạza za skịjaško trçanje Loipe
stepẹnica Stufe
stepẹnice *fpl* Treppe
stịdljiv/stịdljiva schüchtern
stijẹna Fels(wand)
stil Stil
sto (i) jẹdan hunderteins
sto/stọtina hundert
stoj! halt!
stol Tisch
stọlac Stuhl
stọlica Stuhl; Stuhlgang
stolna crkva Dom
stọlni tẹnis Tischtennis
stọlnjak Tischtuch
stọljeće Jahrhundert
stọpalo Fuß
stop-svjẹtla Bremslichter
strạdati/nastrạdati verunglücken
strạga hinten
stran ausländisch; fremd
strạna Seite
strạnac (strạnkinja) Ausländer(in)
strạšan(-na, -no) *(Adjektiv)* fürchterlich; schrecklich
strạšno *(Adverb)* schrecklich
strạžnje svjẹtlo Rücklicht
strm steil
stroj Maschine
strop Decke
strpljẹnje Geduld
strụja *(Elektrizität)* Strom
stụdeni November
stụdio *m* Studio
studịrati studieren
stup Säule
stvar *f* Ding; Sache
sụbota Samstag
sud *(Justiz)* Gericht

sụdac (sụtkinja) Richter(in)
sụdar Zusammenstoß
sụdoper Geschirrspülbecken
suh trocken
sụha kọsa trockenes Haar
sụkno Tuch
sụknja Rock *(Kleidung)*
sụnce Sonne
sunčạnica Sonnenstich
sụnčano sonnig
sụpermarket Supermarkt
sụprotan entgegengesetzt
sụprotnost *f* Gegenteil
sụprug Ehemann
sụpruga Ehefrau
sụsjed(-a) Nachbar(in)
sụšilica Föhn
sụšilica za rụblje Wäschetrockner
sụšiti/osụšiti trocknen
sụtra nạvečer morgen Abend
sụtra ụjutro morgen früh
suvenịr Mitbringsel
suvenịri *mpl* Reiseandenken
sụvremen modern; neuzeitlich
sva *(Adjektiv)* ganz
svạdba *(Feier)* Hochzeit
svạkako *(Adverb)* unbedingt
svạki jeder *(als Adverb, Pronomen)*
svạkog dạna jeden Tag
svạkog sạta stündlich
sve alles
svẹčanost Fest
svẹćenik Priester
svet heilig
Svẹta tri krạlja Dreikönigstag
svẹtište Wallfahrtskirche
sveụčilište Universität
svi, sve, sva *(Adjektiv: Plural)* ganz
svi, sve, sva alle
svịbanj Mai
svịđati/svịdjeti se gefallen
svijẹće Kerzen
svijẹt Welt
svijẹtlo plavo hellblau
svijẹtlo zeleno hellgrün
svịla Seide
svịnjetina Schweinefleisch
svịrati musizieren
svjẹćica Zündkerze
svjẹdok Zeuge(Zeugin)
svjẹtiljka Lampe
svjetiọnik Leuchtturm
svjẹtlo Licht
svjẹtlomjer Belichtungsmesser
svjež frisch
svjẹži sir Quark
svo *(Adjektiv)* ganz
svod Bogen; Gewölbe
svṛbjeti jucken
svụda überall

Š

šạfran Safran
šal Schal
šạla Scherz; Spaß
šạlica Tasse
šạlter za prọdaju kạrata Fahrkartenschalter
šạlter za prtljạgu Gepäckschalter
šampạnjac Champagner
šampọn Shampoo
šạren bunt
šạtor Zelt
šạtorska mọtka Zeltstange
šạtorski kọnop Zeltschnur
šẹćer Zucker
šẹćerna bọlest *f* Diabetes
šef Chef
šẹsnaest sechzehn
šesnaestẹrac Strafraum
šest sechs
šẹšir Hut
šẹšir za sụnce Sonnenhut
šẹtati spazieren gehen
šẹtnja Spaziergang
šezdẹset sechzig
šịbica Streichholz

šịfra Geheimzahl
širịna Breite
šịrok weit; breit *(Gegenteil von eng)*
šịške *(Haare)* Pony
šịti nähen
škạre Schere
škạrice za nọkte *fpl* Nagelschere
škọla Schule
škọla jạhanja Reitschule
školạrci Schulkinder
škọlski prạznici Schulferien
škọljka Muschel
škorpiọn Skorpion
šlauh *(umgangssprachlich)* Schlauch
šljịve Pflaumen
šou *(umgangssprachlich)* Show
špạroga Spargel
špinạt Spinat
špịrit Brennspiritus
špọrt Sport
špọrtski prịbor Sportartikel
špọrtsko ịgralište Sportplatz
štạka Krücke
štap Stock
štap za slijẹpce Taststock
štẹdnjak Herd
štẹta Schaden
štẹta! schade!
štịpaljke *(umgangssprachlich)* Wäscheklammern
što was
što prịje so bald wie möglich
štof *(umgangssprachlich)* Stoff
šum Geräusch
šụma Wald
šụnka Schinken
šụrjak Schwager
šurjạkinja Schwägerin
švẹrc *(umgangssprachlich)* Schmuggel
Švicạrac (-rka) Schweizer(in)
Švịcarska Schweiz
švịcarski frạnak Schweizer Franken

T

ta diese
tablẹta Tablette
tablẹte prọtiv bọlova Schmerztabletten
tablẹte protiv glavọbolje Kopfschmerztabletten
tablẹte za gṛlo Halstabletten
tablẹte za spạvanje Schlaftabletten
tạblica *(umgangssprachlich)* Nummernschild
tahomẹtar Tachometer
tạjce Leggins
tạjni broj Geheimzahl
takọđer auch
tạksista (-ica) Taxifahrer(in)
tạksi-stạjalište Taxistand
Talijạn(-ka) Italiener(in)
talịjanski italienisch
tạman dunkel
tạmnoplavo dunkelblau
tạmnozeleno dunkelgrün
tamo dort
tampọni Tampons
tạnak dünn; fein
tanjụr Teller
tanjụr za jụhu Suppenteller
tanjụrić Untertasse
tašte: na ~ *(Medizin)* nüchtern
tẹbe dich
tẹbi dir
tẹčaj Kurs
tẹčaj plịvanja Schwimmkurs
tẹčaj strạnog jẹzika Sprachkurs
tek erst; nicht früher als; Appetit
tẹkući flüssig
tekụćina za kọčnice Bremsflüssigkeit
telẹfon Telefon
telefonịrati telefonieren; anrufen
telẹfonska kabịna Telefonzelle
telẹfonska kạrtica Telefonkarte
telẹfonski broj Telefonnummer
telẹfonski ịmenik Telefonbuch

tẹlegrafska dọznaka telegrafische Überweisung
tẹle-objektịv Teleobjektiv
tẹletina Kalbfleisch
televịzor Fernseher
temperatụra Temperatur; Fieber
tẹnis Tennis
tẹnisice Turnschuhe
tẹniski rẹket Tennisschläger
terakọta Terrakotta
terạpija Therapie
terạsa Terrasse
terẹn Gelände
tẹrmalno kụpalište *nt* Thermalbad
termịn Termin
tẹrminal Terminal
tẹrmos-bọca, tẹrmosica Thermosflasche®
tẹško schwer
teškọće pri dịsanju Atembeschwerden
tẹtanus Tetanus
tẹžak schwierig
težịna Gewicht
ti du
tịfus Typhus
tih still; leise; ruhig
tịho vrijẹme Flaute
tijẹlo Körper
tịkvice *fpl* Zucchini
tịpičan typisch
tirkịz Türkis
tịrkizan türkis
tịsuća tausend
tišịna Stille; Ruhe
tjẹdan Woche
tjẹdni *(Adjektiv)* wöchentlich
tjẹdno *(Adverb)* wöchentlich
tjẹlesna nesposọbnost Körperbehinderung
Tjẹlovo Fronleichnam
tkạnina Stoff
tlak Blutdruck
tlo Boden
toalẹta Toilette
toalẹta za invalịde Behindertentoilette
toalẹtni papir toalẹtni pạpir
tọčak Rad
tọčan richtig *(Gegensatz zu falsch)* genau; pünktlich
tọčeno vom Fass
ton Ton
tonịrati *(umgangssprachlich)* tönen
tọpao warm
tọpla vọda warmes Wasser
tọplice Badeort
tọplomjer Fieberthermometer
tọranj Turm
tọrba za hlạđenje Kühltasche
tọrbica Handtasche
tost Toast
tọster *(umgangssprachlich)* Toaster
trạfika Tabakladen
tragẹdija Tragödie
trạjan haltbar
trạjati halten; dauern
trạjekt Fähre
trạjna ondulạcija Dauerwelle
trạmvaj Straßenbahn
trạperice Jeans
trạvanj April
trạvnjak Rasen
trạžilo Sucher
trạžiti/potrạžiti suchen
tṛbuh Bauch
tṛčati laufen; rennen
trẹbati brauchen; sollen
trẹća(-i, -e) dritte(r, -s)
trẹking bicịkl Trekkingrad
trenụtak Augenblick
trẹšnje Kirschen
tretmạn Behandlung
tṛgovac rịbom Fischhändler
trgovac umjetnịnama Kunsthändler
trrgọvina ạlkoholnih pịća Spirituosengeschäft
trgọvina elẹktričnom rọbom Elektrohandlung

trgọvina glạzbenom ọpremom Musikgeschäft
trgọvina ịgračaka Spielwarengeschäft
trgọvina kompjụtora *(umgangssprachlich)* Computerfachgeschäft
trgọvina kọžnom rọbom Lederwarengeschäft
trgọvina mọbilnih telẹfona Handygeschäft
trgọvina nạmirnicama Lebensmittelgeschäft
trgọvina ọbuće Schuhgeschäft
trgọvina slatkịša Süßwarengeschäft
trgọvina starịnama Antiquitätengeschäft
trgọvina suvenịra Souvenirladen
tri drei
trịdeset dreißig
trịdeset (i) dva zweiunddreißig
trịdeset (i) jẹdan einunddreißig
trijẹzan nüchtern *(ohne Alkohol)*
trịler Thriller
trịnaest dreizehn
trịngelt *(umgangssprachlich)* Trinkgeld
trịsto/trịsta dreihundert
trkaći bicịkl Rennrad
trọšiti/potrọšiti ausgeben
trọškovi *mpl* Unkosten
trụditi/potrụditi se sich bemühen
trudnọća Schwangerschaft
trụlo *(Obst)* faul; verdorben
tṛgovački cẹntar *m* Einkaufszentrum
tṛžnica Markt
tu *(örtlich)* da
tụčeno vṛhnje (slatko) Schlagsahne
tuđ ausländisch; fremd
tụmor Geschwulst
tụna Thunfisch
tunẹl Tunnel
tụra Tour
tụrist (-kinja) Tourist(in)
turịstička agẹncija Reisebüro
turịstičko naselje Ferienanlage
tuš Dusche
tuš za trẹpavice (mạskara) Wimperntusche
tụzemni let Inlandsflug
tụžan traurig
tvoj dein
tvọrnica Fabrik
tvrd hart
tvṛda stọlica Verstopfung
tvrḍiti behaupten
tvrđava Festung
tvṛtka Firma

U

u *(Akkusativ/Lokativ)* in, *(Akkusativ: Zeitangabe)* um, *(Richtung)* zu;
~ **nẹdjelju** am Sonntag;
~ **Hrvatsku** nach Kroatien
ụbrizgano gespritzt
ụbrus Serviette
ụčestvovati (u) *(Lokativ)* teilnehmen (an)
ụčitelj skịjanja (ụčiteljica skịjanja) Skilehrer(in)
ụčiti/naụčiti lernen
učvršćịvač za kosu Haarfestiger
ụći hereinkommen; einsteigen
ụdaljen weit; entfernt
udạljenost *f* Entfernung
ụdata *(Frau)* verheiratet
ụdati se *(Frau)* heiraten
ụdica Angel
ụdlaga *(Verletzung)* Schiene
ụdoban bequem
ụdobno gemütlich
udọvac Witwer
udọvica Witwe
ụgljen za roštịlj Grillkohle
ụganut verstaucht
ụgao *m* Ecke
uglạvnom *(Adverb)* hauptsächlich
ụgodan angenehm
ugovạrati/ugovọriti vereinbaren
ụgovor Vertrag

uhịtiti verhaften
ụho Ohr
ụjutro morgens
uključịti einschalten
ụkus Geschmack
ụkusno lecker
ụlaz Eintritt; Einfahrt;
~ **(autocesta)** Auffahrt
ụlaz (pjẹšački) Eingang
ụlazak u zẹmlju Einreise
ụlaznica Eintrittskarte
ulaznịna Eintrittspreis
ụlica Straße; Gasse
ụlje Öl
ụlje za sụnčanje Sonnenöl
ụljudan höflich
ulupljẹnje *nt* Delle
ụmak za salạtu Dressing
ụmak Soße
umịriti se sich beruhigen
umivaọnica Waschraum
umivaọnik Waschbecken
ụmjesto anstatt
ụmjeti können; gelernt haben
ụmjetnička rạdinost Kunstgewerbe
ụmjetnost Kunst
ụmnjak Weisheitszahn
ụmoran müde
ụnaprijed im Voraus
ụništen kaputt
univerzịtet Universität
ụnuk(-a) Enkel(in)
ụnutra innen; drin; drinnen
uobičạjen üblich; gebräuchlich
upakịrati einpacken
ụpala Entzündung
ụpala bụbrega Nierenentzündung
ụpala krạjnika Mandelentzündung
ụpala plụća Lungenentzündung
ụpala sịnusa Stirnhöhlenentzündung
ụpala slijẹpog crijẹva
Blinddarmentzündung
ụpala srẹdnjeg ụha
Mittelohrentzündung

upaljạč za roštịlj Grillanzünder
upotrebljạvati/upotrijẹbiti benutzen
upọznati kọga s(a) *(Instrumental)*
jemanden mit jemandem bekannt machen
upọzorni žmịgavac Warnblinkanlage
ụprava Direktion; Verwaltung
ụpravljati fahren; lenken
ụpravo *(zeitlich)* gerade
uračụnat inbegriffen
urạr Uhrmacher
ụred Büro; Amt; Dienststelle
ụred za promet i veze Verkehrsamt
ụređaj za ọdgovor Anrufbeantworter
USB Flash *m* Memorystick
usisavạč *m* Staubsauger
Ụskrs Ostern
Ụskrsni ponẹdjeljak Ostermontag
ụsna Lippe
ụspon Steigung
ụspravni formạt Hochformat
ụsprkos tọme trotzdem
uspụt nebenbei
ụsta Mund
ụstajati/ụstati aufstehen
ụšće Mündung
ụši *fpl* Läuse
ụtičnica Steckdose
utikạč Stecker
ụtorak Dienstag
uvijạči Lockenwickler
ụvijek immer
uvjerẹnje o osposọbljenosti za vọditelja brọdice
Bootsführerschein
ụvjet Bedingung
ụvojci Locken
ụvreda Beleidigung
ụzak eng; schmal
ụzeti sa sọbom mitnehmen
ụzimati/ụzeti nehmen
uznemịriti se sich beunruhigen
ụže Seil
ụže za vụču Abschleppseil

užịtak Spaß; Vergnügen

užịvati genießen

V

vạdičep Korkenzieher

vagọn bez ọdjeljaka Großraumwagen

vagọn prọhodan za invalịdska kolịca rollstuhlgängiger Wagen

vagọn-restọran Speisewagen

val vrućịne Hitzewelle

vạlovi *mpl* Seegang; Wellen

valụta Währung

vạljan gültig

vạma euch

vạni außen; draußen

vạnjska gụma Reifen

vạrati se sich täuschen

varijetẹ *m* Varietee

vas euch

vaš euer

vạta Watte

vạtra Feuer

vatrogạsci *mpl* Feuerwehr

vatrogạsna sprạva Feuerlöscher

vạtromet Feuerwerk

vạza Vase

vạžan wichtig

vạžeći gültig

vẹčer *f* Abend

vẹčera Abendessen

večẹras heute Abend

vẹčernja toalẹta Abendgarderobe

već bereits; schon

vegetarijạnski vegetarisch

veleposlạnstvo *(diplomatische Vertretung)* Botschaft

veličịna Größe

vẹlik groß

vẹlika rijẹka Fluss; Strom

Vẹliki pẹtak Karfreitag

vẹljača Februar

ventilạtor Ventilator

vẹoma sehr

vẹseo lustig

vẹslati paddeln; rudern

vẹslo Ruder

vẹstern Western

vẹza Anschluss *(Zug, Telefon)* Verbindung

vẹzati se anschnallen

vẹzica za cịpele Schnürsenkel

vẹzovi za skịje Skibindung

vi *(Personalpronomen)* ihr

vic Witz

vidịk Aussicht

vịdikovac Aussichtspunkt

vịdjeti sehen

vịjak Schraube

vijẹćnica Rathaus

vijẹk Jahrhundert

vijẹst *f* Nachricht

vịkati/vịknuti schreien

vịkend paušạla Wochenendpauschale

vịkendica Ferienhaus

vịkleri *(umgangssprachlich)* Lockenwickler

vịla Villa; Fee

vịlica Gabel; Kiefer

vinạrija Weinhandlung

vịno Wein

vịnograd Weinberg

vịrus Virus

visịna Höhe

vịsok hoch

vịsoki nạpon Hochspannung

vịše mehr

vịše nẹgo mehr als

vịtak schlank

vịza Visum

vjẹra Religion

vjẹrojatan wahrscheinlich

vjẹrovati glauben

vjẹšalica Kleiderbügel

vjẹtar Wind

vjẹtrobran Windschutzscheibe

vjẹtrovi Blähungen

vjẹtrovka Anorak

vjẹžbati üben
vlạda Regierung
vlak Zug
vlạsnik (-ca) Besitzer(in) Eigentümer(in)
vlast *f* Behörde
vlạstit eigen
vlạžan feucht
voćạrnica Obsthändler
vọće Obst
vọda Wasser
vọda za hlạđenje Kühlwasser
vọdene kọzice *fpl* Windpocken
vọdene skịje Wasserski
vodịč Fremdenführer; Reiseführer
vodịč za kạmpove Campingführer
vodịč za strạnce Fremdenführer(in)
vọditelj(-ica) Leiter(in)
vodokọtlić Wasserspülung
vodoọtporno wasserdicht
vọdopad Wasserfall
vọdoravni formạt Querformat
vọđenje Führung
volạn s rụčkom *(Auto)* Lenkraddrehknopf
vọljeti lieben; gern haben; mögen
vọngole Venusmuscheln
vozạč(-ica) Fahrer(in)
vọzačka dọzvola Führerschein
vọzačko oglẹdalo Rückspiegel
vọzilo vụčne slụžbe Abschleppwagen
vọziti fahren
vọziti ạuto Auto fahren
vọziti se bicịklom Rad fahren
vọziti se nạtrag zurückfahren
vọzna cijẹna Fahrpreis
vọzna kạrta Fahrkarte; Fahrschein
vọzna slụžba Fahrdienst
vọžnja Fahrt
vọžnja bicịklom Radtour
vrạćati zurückbringen
vrạćati/vrạtiti se wiederkommen; zurückkehren
vrat Hals
vrạta *ntpl* Tür; Tor
vratạr Portier; Torwart
vrạtiti zurückgeben
vrẹća za smẹće Abfallbeutel
vrẹća (große) Tüte
vrẹćica (kleine) Tüte
vrẹmensko ịzvješće Wetterbericht
vrẹti *(Wasser)* kochen
vrh Gipfel
vṛhnje Sahne
vrhụnac Höhepunkt
vrijẹdne stvari Wertsachen
vrijẹme Zeit
vrijẹme dọlaska Ankunftszeit
vrijẹme ọdlaska Abfahrtszeit
vrijẹme ordinịranja Sprechstunde
vrijẹme pọsjeta Besuchszeit
vrijẹme zạbrane rịbolova Schonzeiten
vrijẹme: u ovo ~ um diese Zeit
vṛlo sehr
vṛsta Sorte
vrt Garten
vrtọglavo schwindlig
vrtọglavica Schwindel
vruć heiß
vrućịna Hitze
vụčna slụžba Abschleppdienst
vụčnica Schlepplift
vụći abschleppen
vụći/povụći ziehen
vulkạn Vulkan
vụna Wolle

W

WLAN WLAN (bẹžični ịnternet)

Z

za *(Akkusativ)* für, *(Instrumental)* hinter
za tjẹdan dạna in einer Woche
za vrijẹme *(Präposition: Genitiv)* während
zạbat Giebel

zạbava Party; Unterhaltung; Vergnügen
zạbavljati/zạbaviti se sich amüsieren
zạbavni park Freizeitpark; Vergnügungspark
zạbluda Irrtum
zabọravljati/zabọraviti vergessen
zabrạnjeno verboten
zạčin Gewürz
začịniti würzen
zạčinske trạve Kräuter
zạdovoljan zufrieden
zadovọljstvo Vergnügen
zadržạvati/zadržati behalten
zạhod *(umgangssprachlich)* Toilette
zahvaljịvati/zahvạliti danken
zạista *(Adverb)* wirklich
zạjednički *(Adjektiv)* gemeinsam
zạjedno *(Adverb)* gemeinsam; zusammen
zakạsniti na *(Zug)* verpassen
zakašnjẹnje Verspätung
zaključạvati/zaključati verschließen; abschließen
zạkuska Imbiss *(Zwischenmahlzeit)*
zạleđe Hinterland
zạliha Vorrat
zạlog Pfand
zalụtati sich verirren
zạljev Bucht
zamijẹniti ersetzen
zạmjena Wechsel; Austausch
zamjenjịvati/zamijẹniti verwechseln; austauschen
zanịmanje Beruf
zanịmati se (za) *(Akkusativ)* sich interessieren (für)
zanịmljiv interessant
zạo böse
zạpadno od westlich von
zaplijẹniti beschlagnahmen
zạpravo eigentlich
zạpuh Böe; Verwehung
zaračụnati se sich verrechnen
zạrazno ansteckend
zạručnik (zạručnica) Verlobte/r
zạstoj Stau
zạštita od sụnca Sonnenschutz
zạštita prọtiv komạraca *f* Mückenschutz
zạštita spọmenika Denkmalschutz
zạštitni fạktor Lichtschutzfaktor
zạtim dann; danach
zạto deshalb
zạtvor Gefängnis; Verstopfung; Verschluss
zạtvoren geschlossen; zu
zaụstavljati/zaụstaviti anhalten
zạušnjaci *mpl* Mumps
zạuzet *(Platz)* besetzt
zạvoj Kurve; Verband
zbir Summe
zbog *(Genitiv)* wegen
zbog/rạdi mẹne meinetwegen
zbor Chor
zdẹnac Brunnen
zdjẹla Schüssel
zdrav gesund
zdrạvstvena knjịžica Krankenschein
zẹlena kạrta osigurạnja grüne Versicherungskarte
zẹlena pạprika grüne Paprika(schote)
zẹleno grün
zẹmlja Erde; Land
zẹmljak Landsmann
zẹmljište Gelände
zẹmljovid Landkarte
zẹpsti frieren
zglob Gelenk
zgọdan(-na, -no) hübsch
zgrạda Gebäude
zid Mauer; Wand
zịherica *(umgangssprachlich)* Sicherheitsnadel
zịma Winter
zịmske gụme *fpl* Winterreifen
zlatạr Juwelier
zlatạrstvo Goldschmiedekunst

zlątno goldfarben
zląto Gold
zlọčin Verbrechen
zmịja Schlange
znạčenje Sinn; Bedeutung
znak Zeichen
znạkovni jęzik gluhọnijemih Gebärdensprache
znamęnit berühmt
znamęnitosti Sehenswürdigkeiten
znạti wissen; kennen; können
znọjiti se schwitzen
zọbene pahụljice Haferflocken
zoọloški vrt Zoo
zrạčna lụka Flughafen
zrạčna pụmpa Luftpumpe
zrạčni mạdrac Luftmatratze
zrak Luft
zrạkoplovna kompanịja Fluggesellschaft
zręo reif
zub Zahn
zụbno męso Zahnfleisch
zubọbolja Zahnschmerzen
zụpčana žęljeznica Zahnradbahn
zvạti se heißen
zvijęzda Stern
zvọnce, zvọno Klingel
zvonịk Kirchturm
zvụčnik Lautsprecher
zvuk Ton

Ž

žạliti bedauern
žạliti se (na/zbog) *(Akkusativ/ Genitiv)* sich beklagen (über)
žạliti/pọžaliti se (na) *(Akkusativ)* sich beschweren (über)
žạlostan traurig
žạru: na ~ vom Grill
žạrulja Glühbirne
žęludac Magen
žęljeti wünschen; mögen
žęljeti/zažęljeti wünschen
žęljeznička pọstaja Bahnhof
žęmlja Brötchen
žęna Frau; Ehefrau
žęn(sk)e Damen
žgạravica Sodbrennen
žịca Draht
žịčara Seilbahn
žig Stempel
žịlav zäh
žileti *(umgangssprachlich)* Rasierklingen
žịvac Nerv
žịvahan lebhaft
žịvjeti leben
živọtinja Tier
žlịca Löffel
žlịčica za čaj Teelöffel
žmịgavac *(umgangssprachlich)* Blinker
žụčni mjehụr Gallenblase
žulj (Haut-)Blase
žụriti se es eilig haben
žụriti/požụriti se sich beeilen
žurka *(umgangssprachlich)* Party
žụto gelb
žvạkaća gụma, žvạka Kaugummi

Wörterbuch Deutsch - Kroatisch

A

Aal jęgulja
ab od *(Genitiv)*
Abblendlicht ǫboreno svjętlo
Abend vęčer *(f)*
Abendessen vęčera
Abendgarderobe večernja toalęta
abends nąvečer
aber ali
abfahren von otputǫvati
Abfahrt ǫdlazak; *(Autobahn)* izlaz (autoceste)
Abfahrtszeit vrijęme ǫdlaska
Abfall ǫtpad
Abfallbeutel vręća za smęće
Abflug ǫdlazak
Abführmittel lijęk za čįšćenje
abgeben predąvati; prędati
abgelaufen įstekao rok trąjanja *(m)*
abholen dǫlaziti/dǫći po
Abkürzung krątica; *(Weg)* pręčica
ablehnen odbįjati; ǫdbiti
abreisen (nach) otputǫvati (u) *(Akkusativ)*
Absatz pęta
Abschleppdienst vųčna slųžba
abschleppen vųći; ǫdvući
Abschleppseil ųže za vųču
Abschleppwagen vǫzilo vųčne slųžbe
abschließen zaključąvati; zaključati
abseits pǫstranice
Absender pošįljatelj
Abszess čir; ąpsces
Abtei opątija
Abteil ǫdjeljak; kupę *(umgangssprachlich)*
acht ǫsam
achtundzwanzig dvądeset (i) ǫsam
Achtung pąžnja *(f)*
achtzehn osąmnaest
achtzig osamdęset
Actionfilm ąkcijski film
Adapter adąpter
Adresse adręsa
Adria Jądran
Aerobic aerǫbik
Agentur agęncija
ähnlich slįčan
akklimatisieren: sich ~ aklimatizįrati se
Akku akumulątor *(m)*
Akt akt
Aktzeichnen cr̨tanje ąkta
Akupunktur akupunktųra
Alarmanlage ąlarmni ųređaj
alkoholfrei bęzalkoholan
alkoholfreies Bier bęzalkoholno pįvo
alle svi; sve; sva
allein sam/a/o
Allergie alęrgija
Allergiker alęrgičar
alles sve
als *(zeitlich)* kąd(a); *(bei Vergleich)* nęgo; od
also dąkle
alt star; *(aus früheren Zeiten)* starįnski
Altar ǫltar
Alter dob *(f)*; stąrost *(f)*
Altstadt stąri grad
Alufolie alumįnijska fǫlija
am: ~ Sonntag u nędjelju;
~ Vormittag prijepǫdne;
~ Wochenende pręko vįkenda
Ampel sęmafor
Amphitheater amfiteątar
Amt *(Dienststelle)* ųred
amüsieren: sich ~ząbavljati; ząbavitise
an na; pri *(Lokativ)*; **~ der Save** na Sąvi
Ananas ąnanas
andere: der/die/das ~ drųgi(-a, -o)
anders *(als Adverb)* drųkčije
anderswo drugdje
Anfang počętak

anfangen pọčinjati; pọčeti
Angabe podạtak
Angel ụdica
angeln pẹcati
Angelschein dọzvola za ribạrenje
angenehm ụgodan
Angina angịna
anhalten zaụstavljati; zaụstaviti
Anhänger *(Schmuck)* prịvjesak
ankommen dọći
Ankunft dọlazak
Ankunftszeit vrijẹme dọlaska
Anlasser pokrẹtač
anlässlich *(als Adverb)* prịgodom
anlegen in prịstati u
anmelden *(ankündigen)* najavljịvati; najạviti
Anmeldung prịjava
Anorak vjẹtrovka
Anreisetag dan dọlaska
Anruf pọziv
Anrufbeantworter ụređaj za ọdgovor; sekretạrica *(umgangssprachlich)*
anrufen telefonịrati; nạzvati
Anschluss vẹza
anschnallen vẹzati se
ansehen glẹdati; pọgledati
Ansichtskarte rạzglednica
anstatt ụmjesto
ansteckend zạrazno
anstrengend nạporno
Antibabypille anti-bebi pịlule
Antibiotikum antibiọtik
antik ạntički
Antiquitätengeschäft trgọvina starịnama
antworten odgovạrati; odgovọriti
Anzahlung akontạcija
anzeigen prijạviti
anziehen *(Kleidungsstück)* oblạčiti; ọbući; **sich ~** ọbući se
Anzug odijẹlo
anzünden pạliti; zapạliti
Apartment apạrtman
Äpfel jạbuke
Apfelsinen nạranče
Apotheke ljẹkarna
Apparat *(Fotoapparat)* foto-apạrat; *(Radioapparat)* rạdio-apạrat
Appetit tek; apẹtit
Aprikosen marẹlice
April trạvanj
Aquajogging vọdeno tṛčanje *(m)*
Aquarell akvạrel
Aquarellmalen slịkanje akvạrela
Arbeit rad; *(Anstellung)* pọsao *(m)*; namještẹnje
arbeiten rạditi
arbeitslos nezạposlen
Archäologie arheolọgija
Architekt arhịtekt
Architektur arhitektụra
Arena arẹna
ärgern: sich ~ über ljụtiti se zbog *(Genitiv)*; ljụtiti se na *(Akkusativ)*
Arm rụka
arm sirọmašan
Armband nạrukvica
Armbanduhr rụčni sat
Ärmel rukạvi
Aromabad aromạtična kụpelj *(f)*
Art nạčin
Artischocken artičọke
Aschenbecher pepẹljara
Aschermittwoch Pepẹlnica
Aspirin aspịrin
Asthma ạstma
Atembeschwerden teškọće pri dịsanju
atmen dịsati
Attest ạtest; pọtvrda
Auberginen patlidžạni
auch takọđer; **~ nicht** ne
Auffahrt ụlaz (autocesta)
auf na; *(offen)* ọtvoren
aufbewahren čụvati; sačụvati
aufbrechen provạliti
Aufenthalt bọravak
Aufenthaltsraum dnẹvni bọravak

Auffahrtrampe prịlaz za invalịdska kolịca
Aufführung prẹdstava
aufhalten: sich ~ bọraviti
aufhören prẹstajati; prẹstati
aufpassen auf (pri)pạziti na *(Akkusativ)*
Aufschnitt nạrezak
aufschreiben pịsati/n; napịsati
aufstehen ụstajati; ụstati
aufwachen bụditi; probụditi se
aufwärts nạviše
Aufzug dịzalo; lift
Augen ọči
Augenblick trenụtak
Augentropfen kạpljice za ọči
August kọlovoz
aus *(Herkunft)* iz *(Genitiv)* *(Material)* od *(Genitiv)* *(Grund)* zbog *(Genitiv)*
Ausbildung obrazovạnje
Ausdruck ịzraz
ausdrücklich ịzrazit
Ausfahrt ịzlaz
Ausflug ịzlet
ausfüllen ịspuniti
Ausgang ịzlaz
ausgeben trọšiti; potrọšiti
ausgehen *(Haus verlassen)* ịzlaziti; ịzaći; *(Licht)* gạsiti; ugạsiti se
ausgezeichnet ọdličan
Ausgrabungen ịskopine
Auskunft ọbavijest *(f)*; informạcija
Ausland inozẹmstvo
Ausländer(in) strạnac (-kinja)
ausländisch ịnozemni
Auslandsflug ịnozemni let
Auslandsgespräch ịnozemni rạzgovor
Auslöser okịdač
Auspuff ịspušnik; ạuspuh *(umgangssprachlich)*
Ausreise ịzlazak iz zẹmlje
Ausritt jạhanje
ausruhen: sich ~ odmạrati; odmọritise
Ausschlag ọsip
außen vạni
außer ọsim *(Genitiv)*
außerdem ọsim tọga
außergewöhnlich nẹobičan
außerhalb ịzvan
äußerlich ịzvanjski
Aussicht pogled; vidịk
Aussichtspunkt vịdikovac
aussprechen izgovạrati; izgovọriti
aussteigen ịzlaziti; ịzići
Ausstellung ịzložba
aussuchen izabịrati; izạbrati
austauschen razmjenjịvati; razmijẹniti
Austern ọstrige
Ausverkauf rạsprodaja
Auswahl ịzbor
auszahlen isplạtiti
Auto ạuto *(m)*; **~ fahren** vọziti ạuto
Autobahn autocẹsta
Autobahnausfahrt ịzlaz s autocẹste
Automat autọmat
Automatik(getriebe) autọmatski mjẹnjač
automatisch autọmatski; **~e Türöffnung** autọmatsko otvạranje vrạta
Autoradio ạuto-rạdio
Autoreisezug ạuto-vlak
Avocado avokạdo
Ayurveda ayurveda

B

Baby bẹba
Babyfon dojavljịvač za bẹbe
Batterie bạtẹrija
Bauch tṛbuh
Bauernhof sẹosko imạnje
Babysitter bẹbisiter
Bäckerei pẹkara
Backofen pẹćnica; rẹrna *(umgangssprachlich)*
Badeanzug kụpaći kostịm
Badehose kụpaće gạćice *(fpl)*
Bademantel kụpaći ogṛtač
Bademeister(in) čuvạr kụpališta

Badeort kụpalište; tọplice
Badeschuhe cịpele/šlạpice *(umgangssprachlich)* za vọdu
Badewanne kạda
Badezimmer kupaọnica
Badminton bạdminton
Bahnhof kọlodvor; žẹljeznička pọstaja
Bahnsteig kọlosijek
bald skọro; **so ~ wie möglich** što prije
Balkan Bạlkan
Balkon bạlkon
Ball lọpta; *(Fest)* ples
Ballett bạlet
Bananen banạne
Band bẹnd
Bänderriss pụcanje tetịva
Bank bạnka
bar zahlen plạćati plạtiti u gotovịni
Bar bar
Bargeld gotovịna
Barock bạrok
barrierefrei bez prẹpreka
Barsch gṛgeč
Bart brạda
Basilikum bọsiljak
Basketball kọšarka
Baum dṛvo
Baumwolle pạmuk
Baustelle grạdilište
Bauwerk grạđevina
beachten pạziti
Beachvolleyball ọdbojka na plạži
beantworten odgovạrati; odgovọriti
Bearbeitungsgebühr nạknada za ọbradu
bedauern žạliti
Bedeutung *(Sinn)* znạčenje
Bedienung pọsluga
Bedingung ụvjet
beeilen: sich ~ žụriti; požụriti se
beeindruckend dịvno
befinden: sich ~ žụriti, nạlaziti se
befreundet: ~ sein prijateljẹvati
befürchten bọjati se
begegnen srẹtati; srẹsti
begeistert (von) odụševljen
begleiten prạtiti; ịspratiti
Begleitperson prạtilac
begrüßen pọzdravljati; pọzdraviti
behalten zadržạvati; zadṛžati
Behälter pọsuda
behandeln *(Arzt)* liječiti
Behandlung tretmạn
behaupten tvṛditi
Behindertenausweis invalịdska ịskaznica
behindertengerecht prilagọđeno invalịdnim ọsobama
Behindertenparkplatz parkịralište za invalịde
Behindertentoilette toalẹta za invalịde
Behörde vlast *(f)*
bei *(nahe)* pọred
beide ọba; ọbje; ọboje
Beifall pljẹsak
beige bež
Bein nọga
Beispiel prịmjer; **zum ~** na prịmjer
beißen grịsti; ụgristi
bekannt pọznat; **jemanden mit jemandem ~ machen** upọznati koga s(a) *(Instrumental)*
Bekannte/r pọznanik (-ica)
Bekanntschaft poznạnstvo
beklagen: sich ~ über žạliti se na *(Akkusativ)*; žạliti zbog *(Genitiv)*
bekommen dobịjati; dọbiti
belästigen dosađịvati/dosạditi; nạpadati/nạpasti
belegtes Brötchen *(umgangsprachlich)* sẹndvič
Beleidigung ụvreda
Belichtungsmesser svjẹtlomjer
Belohnung nạgrada
bemerken primjẹćivati; primijẹtiti
bemühen: sich ~ trụditi/potrụditi se
benachrichtigen obavješćịvati; obavijẹstiti

benutzen upotrebljạvati; upotrijẹbiti
Benzinkanister kạnta za gọrivo
Benzinpumpe bẹnzinska pụmpa
bequem ụdoban
berechnen proračunạvati; proračụnati
beobachten promạtrati
bereits već
Berg brijẹg
Bergdorf plạninsko sẹlo
Bergstation gọrnja stạnica žịčare
Bergsteigen planinạrenje
Beruf zanịmanje
beruhigen: sich ~ umịriti se
Beruhigungsmittel srẹdstvo za umirịvanje
berühmt slạvan; znamẹnit
berühren dodirịvati; dodịrnuti
beschädigen oštećịvati; ọštetiti
bescheinigen potvrđịvati; potvrdịti
Bescheinigung pọtvrda
beschlagnahmen zaplijẹniti
beschließen odlučịvati; odlụčiti
beschreiben opisịvati; opịsati
beschweren: sich ~ über žạliti/pọžaliti se na *(akk)*
Besen mẹtla
besetzt *(Platz)* zạuzet; *(voll)* pọpunjen
besichtigen razgledạvati; rạzgledati
Besichtigung razglẹdanje
Besitzer(in) vlạsnik (-ca)
besonders nạročito; ọsobito
besorgen nạbavljati; nạbaviti
besser bọlji
bestätigen potvrđịvati; potvrdịti
beste(r, -s) najbolja(-i, -e)
Besteck prịbor za jẹlo
bestehen aus sạstojati se iz *(Genitiv)*
Bestellung nạrudžba
bestimmt *(als Adjektiv)* ọdređen
bestimmt *(als Adverb)* sịgurno
Besuch pọsjet
besuchen: jemanden ~ posjẹtiti kọga
Besuchszeit vrijẹme pọsjeta
beten mọliti se
Betrag ịznos
Betrug prẹvara
betrunken pịjan
Bett krẹvet; pọstelja; **zu ~ gehen** ịći spạvati
Bettdecke pokrịvač; dẹka
Bettwäsche posteljịna
beunruhigen: sich ~ uznemịriti se
bevor prịje nẹgo
bewölkt ọblačno
bewundern dịviti se
bewusstlos bẹsvjestan; u nẹsvijesti
bezahlen plạćati; plạtiti
bezaubernd čạroban
BH grụdnjak
Biene pčẹla
Bier pịvo
bieten nụditi; pọnuditi
Bikini bikịni *(m)*
Bild *(Foto, Abbildung, Gemälde)* slịka
Bildhauer kịpar
billig jẹftin
Bindehautentzündung konjunktivịtis *(m)*
Bindfaden kọnac
Bioladen prodavaọnica bịo hrạne
Birnen krụške
bis do; **~ jetzt** dọsad(a)
bisschen: ein ~ malo
Bitte mọlba
bitten: jemanden um etwas ~ mọliti kọga za što
bitter gọrak
Blähungen vjẹtrovi; nadịmanje
Blase *(Harnblase)* mjehụr; *(Hautblase)* žulj
Blatt list
blau plạvo
Blazer blẹjzer
bleiben ọstajati; ọstati
Blick pọgled
blind slijẹp
Blinddarmentzündung ụpala slijẹpog crijẹva

Blinde/r slijẹpac (slijẹpkinja)

Blindenhund pas za slijẹpce

Blinker pokazịvač smjẹra; žmịgavac *(umgangssprachlich)*

Blitz mụnja

Blitzgerät bljẹskalica; blic *(umgangssprachlich)*

Block blok

blöd glup (-a)

Blues bluz

Blume cvijẹt

Blumengeschäft cvjẹćarnica

Blumenkohl cvjẹtača; karfịol

Bluse blụza *(umgangssprachlich)*

Blut krv *(f)*

Blutdruck tlak

bluten krvạriti

Blutgruppe kṛvna grụpa

Blutung krvạrenje

Blutvergiftung otrovạnje kṛvi

Bö zạpuh

Boden tlo; *(Fußboden)* pod

Bodybuilding bọdibilding

Bogen svod; luk

Bohnen grah

Bonbons bombọni

Bootsführerschein uvjerẹnje o osposọbljenosti za vọditelja brọdice

Bordkarte kạrta za ụkrcaj; bọrding kạrta

Bordrollstuhl invalịdska kolịca u zrạkoplovu

Borreliose borelioza

böse zao; *(verärgert)* ljụtit; sṛdit

Bosnien und Herzegowina Bọsna i Hẹrcegovina

Botanischer Garten botạnički vrt

Botschaft *(diplomatische Vertretung)* veleposlạnstvo; ambasạda *(umgangssprachlich)*

Boulespiel bụćanje

Bowling kụglanje

Braille Brailovo pịsmo

Brandsalbe mast prọtiv ọpeklina

Bräter lọnac za pẹčenje *(m)*

brauchen trẹbati

braun smeđ; *(gebräunt)* pocrṇio

Brechreiz pọdražaj na pọvraćanje

breit šịrok

Breite širịna

Bremse kọčnica

Bremsflüssigkeit tekụćina za kọčnice

Bremslichter stop-svjẹtla

brennen gọri/gọrjeti

Brennspiritus špịrit

Brief pịsmo

Briefkasten pọštanski sạndučić

Briefmarke pọštanska marka

Briefpapier pạpir za pịsmo

Brieftasche lịsnica

Briefumschlag ọmotnica; kụverta *(umgangssprachlich)*

bringen *(herbringen)* dọnijeti; *(wegbringen)* ọdnijeti

Brombeeren kụpine *(fpl)*

Bronchien brọnhije

Bronchitis bronhịtis

Bronze brọnca

Brosche broš

Brot kruh

Brötchen žẹmlja

Bruch prijẹlom

Brücke most

Bruder brat

Brunnen zdẹnac; bunạr

Brust prsa *(ntpl)*

Buch knjiga

buchen *(Platz)* rezervịrati

Buchhandlung knjižara

buchstabieren slọvkati

Bucht zạljev

Buchung rezervạcija

bügeln glạčati; pẹglati *(umgangssprachlich)*

Bügeleisen glạčalo; pegla *(umgangssprachlich)*

Bungalow bụngalov *(umgangssprachlich)*

Bungeejumping bungeejumping

bunt šạren

Burg kụla

Büro ụred

Bürste čẹtka

Bus ạutobus

Busbahnhof ạutobusni kọlodvor

Bußgeld glọba

Butter mạslac; putar *(umgangssprachlich)*

Buttermilch mlạćenica

Bypass bypass (bạjpas)

byzantinisch bịzantski

C

Café kavạna

Camcorder kamkọrder

Camping kampịranje

Campingausweis ịskaznica za kamp

Campingführer vodịč za kạmpove

Campingplatz kạmp

Cent cent

Champagner šampạnjac

Chef šef

chemisch: ~ reinigen kẹmijski čịstiti

Chicorée cikọrija

Chipkarte chip kạrtica

Chirurg(in) kịrurg

Cholera kọlera

Chor zbor

Christentum kršćạnstvo

Christi Himmelfahrt Spạsovo

Clubhaus klub

Computerfachgeschäft trgọvina kompjụtora *(umgangssprachlich)*

Cousin (Cousine) brạtić (sẹstrična)

Creme krẹma

Curling curling

D

da *(Ort)* tu; ọvdje; *(Grund)* pọšto

Dach krov

dafür: ~ sein bịti za

dagegen: ~ sein biti protiv

daheim kọd kụće

damals onda

Damen žẹn(sk)e

Damenbinden hịgijenski ụlošci

Dampfer pạrobrod

danach zạtim

danken zahvaljịvati; zahvạliti

dann zạtim; ọnda

Darm crijẹvo

dass da

dasselbe ịsto

Datteln dạtule

Datum dạtum; nạdnevak

dauern trạjati

Dauerwelle trạjna ondulạcija

Deck pạluba

Decke strop

Defekt kvar

Deich nạsip

dein tvoj

Delle ulupljẹnje *(nt)*

denken an mịsliti na *(Akkusativ)*

Denkmal spọmenik

Denkmalschutz zạštita spọmenika

denn jer

Deo(dorant) dezodorạns

deshalb zạto

Desinfektionsmittel srẹdstvo za dezinfẹkciju

desinfizieren dezinficịrati

deutlich jạsan

deutsch njẹmački

Deutsche/r Nijẹmac (Njẹmica)

Deutschland Njẹmačka

Devisen devịze

Dezember prọsinac

Diabetes šẹćerna bọlest *(f)*; dijabẹtes

Diabetiker(in) dijabẹtičar (-ka)

Diagnose dijagnọza

Diät dijẹta

dich tẹbe

dick dẹbeo

Dieb krạdljivac; lọpov
Diebstahl krạđa
Dienstag ụtorak
diese(r, -s) ọva(-vo)
Digitalkamera dịgitalna kạmera
Ding stvar *(f)*
Diphtherie dịfterija
dir tẹbi
direkt ịzravan
Direktion ụprava
Dirigent(in) dirịgent (-ica)
Diskothek diskotẹka
doch ta; ịpak
Dokumentarfilm dọkumentarni film
Dom stọlna cṛkva; katedrạla
Donnerstag čẹtvrtak
Doppel ịgra pạrova; dụbler/dụblerica *(umgangssprachlich)*
doppelt dvọstruk
Dorf sẹlo
dort tạmo
Dose kụtija; lịmenka
Dosenöffner otvạrač za lịmenke
Drachenfliegen lẹtenje zmạjem
Draht žịca
Drama drạma
draußen vạni; nạpolju
drei tri
dreihundert trịsto; trịsta
Dreikönigstag Svẹta tri krạlja
dreißig trịdeset
dreiundzwanzig dvạdeset (i) tri
dreizehn trịnaest
Dressing ụmak za salạtu
drin(nen) ụnutra
dringend hịtan
dritte(r, -s) trẹća(-i, -e)
Drogerie drogẹrija
Drogerieartikel drọgerijski artikli
Drucker *(umgangssprachlich)* printer *(m)*
du ti
dumm glup(-a, -o)
dunkel tạman
dunkelblau tạmnoplavo
dunkelgrün tạmnozeleno
dünn tạnak
durch *(quer durch)* kroz *(Akkusativ)* *(mittels)* pọmoću *(Genitiv)*
Durchfall prọljev
durchgebraten dọbro pẹčen
Durchreise: auf der ~ na prọlasku; u prọlazu
durchschnittlich *(als Adjektiv)* prọsječan
durchschnittlich *(als Adverb)* prọsječno
dürfen smjẹti
durstig: ~ sein bịti žẹdan
Dusche tuš
Duschgel gel za tušịranje
Duschsitz sjẹdalo za tušịranje
Dynastie dinạstija

E

Ebbe ọseka
Ebene ravnịca
ebenerdig prịzemno
echt prạvi
Ecke ụgao *(m)*
Ehefrau žẹna; sụpruga
Ehemann muž; sụprug
Eier jạja *(ntpl)*
Eierbecher držạć za kụhana jạja *(m)*
eigen vlạstit
eigentlich zạpravo
Eigentümer(in) vlạsnik (-ca)
Eilbrief hịtno pịsmo
eilig hịtan; **es ~ haben** žụriti se
Eimer kạnta
ein(e) jẹdan(-na, -no)
einchecken čekịrati se
einfach jẹdnostavan
Einfahrt ụlaz
einfarbig jẹdnobojno
Eingang ụlaz
einheimisch dọmaći

einige nẹkoliko
einkaufen kupọvati; kụpiti
Einkaufszentrum tṛgovački cẹntar *(m)*
einladen pozịvati; pọzvati
einmal jedạnput
einpacken upakịrati
Einreise ụlazak u zẹmlju
eins jẹdan(-na, -no)
einsam ọsamljen
einschalten uključịti
Einschreibebrief prepọručeno pịsmo
einsteigen ụći
Eintritt ụlaz
Eintrittskarte ụlaznica
Eintrittspreis ulaznịna
einunddreißig trịdeset (i) jẹdan
einundzwanzig dvạdeset (i) jẹdan
Einwohner(in) stanovnịk
Einzel pojedịnačna ịgra; singl *(umgangssprachlich)*
einzig jẹdini
Eis led; *(Speiseeis)* slạdoled
Eisbahn klịzalište
Eishockey hokẹj na lẹdu
Eislauf klịzanje
Eiter gnoj
Elastikbinde elạstični zạvoj
elektrisch elẹktrični
Elektrohandlung trgovina elẹktričnom rọbom
Elektroherd elẹktrični štẹdnjak
Elektrolytlösung elektrọlitni rạstvor
Elektrorollstuhl ẹlektrična invalịdska kolịca
elf jedạnaest
Eltern rọditelji *(mpl)*
empfangen prịmati; prịmiti; dočekịvati; dọčekati
Empfänger prịmalac
Empfangshalle prẹdvorje; recẹpcija
empfehlen preporụčiti
Ende kraj; **am ~** na krạju
endgültig *(als Adjektiv)* kọnačan
endgültig *(als Adverb)* kọnačno
endlich nạpokon
Endreinigung čịšćenje pri ọdlasku
Endstation pọsljednja pọstaja
eng ụzak
englisch ẹngleski
Enkel(in) ụnuk (-a)
entdecken ọtkriti
Entfernung udạljenost *(f)*
entgegengesetzt sụprotan
entgiften pročišćạvanje (organịzma) *(nt)*
entscheiden odlučịvati; odlụčiti
entschlacken pročišćạvanje (organịzma) *(nt)*
entschuldigen: sich ~ isprịčati se
Entschuldigung ịsprika
enttäuscht razọčaran
entweder: ~ ... oder ili ... ili
entwerten ponịštiti
entwickeln razvịjati; rạzviti
entzückend dịvan
Entzündung ụpala
Epilepsie epilẹpsija; pạdavica
Epileptiker epilẹptičar
Epoche epọha
er on
Erbsen grạšak
Erdbeeren jạgode
Erde zẹmlja
Erdgeschoss prịzemlje
erfahren *(als Verb)* doznạvati; dọznati
erfahren *(als Adjektiv)* ịskusan(-na, -no)
erfreut über rạdostan zbog *(Genitiv)*
Erfrischung ọkrepa; osvježẹnje
Ereignis dọgađaj
Ergebnis rezụltat
erhalten prịmati; prịmiti
erholen: sich ~ opọravljati se; opọraviti se
erinnern: jemanden an etwas ~ pọdsjetiti kọga na *(Akkusativ)*; **sich ~** sjẹćati se
Erkältung prẹhlada
Ermäßigung pọpust

ernst ozbiljan
erreichen postizati; postići; dosezati; dosegnuti
Ersatz *(Schadenersatz)* odšteta
Ersatzrad rezervni kotač; točak
erschöpft iscrpljen
erschrecken plašiti; uplašiti
ersetzen zamijeniti; *(Schaden)* nadoknaditi
erst *(zuerst)* najprije; *(nicht früher als)* tek
erste(r, -s) prva(-o); **erster Gang** prva brzina
Erwachsene/r odrasli (-la)
erwarten očekivati
erzählen pričati; ispričati
essbar jestiv
Essen *(Nahrung)* jelo; *(Mahlzeit)* obrok
essen jesti
Essig ocat
Etage kat
Etagenbett krevet na kat
etwa otprilike
etwas nešto; *(ein wenig)* malo
EU-Bürger EU-građanin
euch vas; vama
euer vaš
Euro euro
Europa Europa
Europäer(in) Europljanin (-ka)
europäisch europski
Exponat izložak
Expressionismus ekspresionizam
extra posebno

F

Fabrik tvornica
Facharzt(-ärztin) liječnik (-ca) specijalist
Faden konac
Fahrdienst vozna služba
Fähre trajekt
fahren voziti; *(lenken)* upravljati
Fahrer(in) vozač (-ica)
Fahrgast putnik
Fahrkarte vozna karta
Fahrkartenautomat automat za vozne karte
Fahrkartenschalter šalter za prodaju karata
Fahrplan red vožnje
Fahrpreis vozna cijena
Fahrrad bicikl
Fahrradhelm kaciga
Fahrradweg staza za bicikle
Fahrschein vozna karta
Fahrscheinentwerter poništavač voznih karata
Fahrstuhl lift; dizalo
Fahrt vožnja
fair fer
fallen padati; pasti
falls ako
Fallschirmspringen padobranstvo
falsch pogrešan
Faltrollstuhl invalidska kolica na sklapanje
Familie obitelj *(f)*
Familienname prezime
fangen hvatati; uhvatiti
Fango fango
färben obojiti
farbig u boji
Farbstift olovka u boji
Fassade pročelje; fasada
fast skoro
Fasten post
Fastnachtsdienstag Pokladni utorak
faul lijen; *(Obst)* trulo
faulenzen lijenčariti
Fax(gerät) faks
Februar veljača
Federball loptica za badminton
fehlen nedostajati; faliti *(umgangssprachlich)*
Fehler *(den man macht)* pogreška; *(den man hat)* mana

Fehlgeburt spọntani pọbačaj
Feigen smọkve
fein *(dünn)* tạnak
Feinkostgeschäft delikatẹsna trgọvina
Feld pọlje
Fell kṛzno
Fels(wand) stijẹna
Fenchel kọpar
Fenster prọzor
Fensterplatz mjẹsto uz prọzor
Ferien (škọlski) prạznici
Ferienanlage turịstičko nạselje
Ferienhaus vịkendica
Ferngespräch međugradski rạzgovor
Fernlicht dụgo svjẹtlo
Fernseher televịzor
Fernsehraum salọn za televịziju
fertig *(bereit)* sprẹman
fest *(hart)* čvrst; *(dauernd)* stạlan
Festival festịval
Festland kọpno
Festung tvrđava
fett mạstan
fettarm nẹmasno *(nt)*;
~e Milch ọbrano mlijẹko
feucht vlạžan
Feuer vạtra; pọžar
feuergefährlich lạko zapạljiv
Feuerlöscher vatrogạsna sprạva
Feuermelder alạrm kod pọžara
Feuerwehr vatrogạsci *(mpl)*
Feuerwerk vạtromet
Fieber temperatụra
Fieberthermometer tọplomjer
Film film
Filmempfindlichkeit osjẹtljivost filma *(f)*
Filmschauspieler(in) fịlmski glụmac (fịlmska glụmica)
finden nạlaziti; nạći
Finger prst
Firma fịrma; tvṛtka
Fisch rịba
Fischerort rịbarsko mjẹsto
Fischgeschäft ribạrnica
Fischhändler tṛgovac rịbom
fit bọdar
Fitnesscenter fitness cẹntar
FKK-Strand nudịstička plạža
flach plịtak
Fläschchenwärmer grịjalica za bọčicu
Flasche bọca
Flaschenöffner otvạrač za bọce
Flaute tịho vrijẹme
Fleck mṛlja
Fleisch mẹso
Flickzeug prịbor za krpanje
fliegen lẹtjeti
Flipflops jạpanke *(fpl)*
Flohmarkt sạjam rạbljenih stvạri
Flug let
Flügel krịlo
Fluggesellschaft zrạkoplovna kompạnija
Flughafen zrạčna lụka
Flughafenbus ạutobus zrạčne lụke
Flughafengebühr prịstojba zrạčne lụke
Flugsteig gat
Fluss rijẹka
flüssig tẹkući
Flut plịma
Föhn sụšilica; fen *(umgangssprachlich)*
föhnen osụšiti kọsu (fenom)
Folklore fọlklor
Folkloreabend fọlklorna vẹčer
Form oblịk
Formular ọbrazac; formụlar
fort ọdsutan; ọtišao
Foto slịka (foto)
Fotoapparat fotoapạrat
Fotogeschäft fotọgrafska trgọvina
Fotografie fotogrạfija
fotografieren fotografịranje
Frage pịtanje
fragen (u)pịtati
frankieren frankịrati; plạtiti poštạrinu

Frau žẹna; *(Anrede)* gọspođa

Fräulein gọspođica

frei slọbodan

Freitag pẹtak

Freizeitpark zạbavni park

fremd *(ausländisch)* stran; tuđ; *(unbekannt)* nẹpoznat

Fremde/r strạnac (strạnkinja)

Fremdenführer(in) vodịč za strạnce

Fremdenverkehrsamt turịstička agẹncija

freuen: sich ~ auf/über rạdovati se *(dat)*

Freund(in) prijatelj (-ica)

freundlich ljụbazan

Friedhof grọblje

frieren zẹpsti

frisch svjež; *(Wäsche)* čist

Frischhaltefolie fọlija za odṛžanje svježịne

Friseur frịzer; brijač

frisieren počẹšljati; frizịrati *(umgangssprachlich)*

Frisur frizụra

froh rạdostan(-na, -no)

Fronleichnam Tjẹlovo

Frost mraz

Frostschutzmittel ạntifriz

früh rạno

früher rạnije

Frühling prọljeće

Frühstück dọručak

frühstücken dọručkovati

Frühstücksbüfett bịfe za dọručak

Frühstücksraum sạla za dọručak

fühlen ọsjećati; ọsjetiti

Führer *(Fremden~)* vodịč

Führerschein vọzačka dọzvola

Führung vọđenje

Fundbüro nạlazni ụred

Funde nạlazak

fünf pet

fünfundzwanzig dvạdeset (i) pet

fünfzehn pẹtnaest

fünfzig pedẹset

funktionieren rạditi; funkcionịrati

für za *(Akkusativ)*

fürchten: sich ~ vor bọjati se *(Genitiv)*

fürchterlich strạšno

Fuß stọpalo

Fußball nọgomet

Fußballplatz nọgometno ịgralište

Fußballspiel nọgometna ụtakmica

Fußgänger(in) pjẹšak(inja)

Fußgängerzone pjẹšačka zọna

Fußreflexzonenmassage masạža rẹfleksnih zọna stọpala *(f)*

G

Gabel vịlica

Galerie galẹrija

Gallenblase žụčni mjehụr

Gang brzịna; hod

ganz *(als Adjektiv)* čịtav; sav; sva; svo; *(Plural)* svi; sve; sva

ganz *(als Adverb)* sạsvim; *(vollständig)* potpuno

Ganzkörpermassage masạža cijẹlog tijẹla *(f)*

gar kụhano

Garage garạža

Garantie garạncija

Garderobe garderọba

Garnelen kọzice

Garten vrt

Gasflasche plịnska bọca

Gasherd plịnski štẹdnjak

Gaskartusche plin u lịmenci

Gaskocher kụhalo na plin

Gaspedal pạpučica; pedạla gạsa *(umgangssprachlich)*

Gasse ụlica

Gast gost

Gastfreundschaft gostoljụbivost *(f)*

Gastgeber(in) domạćin (-ica)

Gebäck pẹcivo

gebacken pẹčeno

Gebärdensprache znạkovni jẹzik gluhọnijemih
Gebäude zgrạda
geben dạti
Gebirge plạnina; gọra
geboren rọđen (a)
gebraten pẹčeno
gebräuchlich uobịčajeno
gebrochen slọmljeno
Gebühren prịstojbe *(fpl)*; tạkse *(fpl)*
Geburtsdatum dạtum rođẹnja
Geburtsname djẹvojačko prẹzime
Geburtsort mjẹsto rođẹnja
Geburtstag rọđendan
gedämpft kụhano na pạri
Gedeck prịbor za jẹlo
Gedenkstätte spọmen-mjẹsto
Geduld strpljẹnje
gedünstet pịrjan; dinstan *(umgangssprachlich)*
Gefahr opạsnost *(f)*
gefährlich ọpasno
gefallen svịđati; svịdjeti se
Gefängnis zạtvor
Gefühl ọsjećaj
gefüllt pụnjen
gegen *(wider)* prọtiv *(Genitiv)* *(zeitlich)* ọko *(Genitiv)*; **~ Mittag** ọko pọdne
Gegend kraj
Gegenstand *(Gesprächsgegenstand, Ding)* prẹdmet
Gegenteil suprọtnost *(f)*; **im ~** nạprotiv
gegenüber nạsuprot
Geheimzahl šịfra; tạjni brọj
gehen ịći; *(zu Fuß)* họdati
Gehirn mọzak
Gehirnerschütterung pọtres mọzga
Gehirnschlag mọždana kap *(f)*
Gehör sluh
gehören prịpadati
Gehörlose/r glụha ọsoba
gekocht kụhano; **~er Schinken** kụhana šụnka
Gelände zẹmljište; terẹn
gelb žụto
Geld nọvac
Geldanweisung nọvčana dọznaka
Geldautomat bankọmat
Geldbeutel lịsnica
Geldkarte plạtna kạrtica
Geldschein novčạnica
Geldwechsel mijẹnjanje nọvca
Gelenk zglob
Gemälde slịka
gemeinsam *(als Adjektiv)* zạjednički
gemeinsam *(als Adverb)* zạjedno
gemischt mijẹšano; mješọvito
Gemüse pọvrće
gemütlich ụdobno
genau točno; **~so ... wie** ịsto tạko ... kạo i
genauso: ~ ... wie ịsto tạko ... kạo
genießen užịvati
genug dọsta
geöffnet ọtvoreno
Gepäck prtljạga
Gepäckabfertigung ọtprema prtljạge
Gepäckaufbewahrung sprẹmište za prtljạgu
Gepäckausgabe izdạvanje prtljạge
Gepäckschalter šạlter za prtljạgu
Gepäckwagen kolịca za prtljạgu
gerade *(als Adjektiv)* rạvan(-na, -no); *(zeitlich)* ụpravo
geradeaus rạvno
geräuchert dịmljeno
Geräusch šum
Gericht *(Essen)* jẹlo; *(Justiz)* sud
gern rạdo; **nicht ~** nẹrado
geröstet pṛženo
Geruch mịris
Geschenk pọklon
Geschichte pọvijest *(f)*; hịstorija
Geschirr pọsuđe
Geschirrspülbecken sụdoper
Geschirrspülmaschine pẹrilica za; pọsuđe

Geschirrtuch kụhinjska kṛpa
geschlossen zạtvoreno
Geschmack ụkus; *(Essen)* ọkus
geschmort pịrjano
Geschwindigkeit brzịna
geschwollen otẹčeno
Geschwulst oteklịna; tụmor
Geschwür čir
Gesicht lịce
Gesichtsbehandlung tretmạn lịca *(m)*
Gespräch rạzgovor
gespritzt ụbrizgano
gestern jụčer
gesund zdravo
Getränk pịće
Getriebe mjẹnjač
Gewicht težịna
Gewinn dọbit *(f)*
gewinnen dọbiti; pobijẹditi
Gewitter nẹvrijeme
gewöhnlich *(üblich)* ọbično
gewohnt: ~ sein biti nạviknut
Gewölbe svod
Gewürz zạčin
gibt: es ~ ima
Giebel zạbat
Gift ọtrov
giftig ọtrovno
Gipfel vrh
Glas čạša
Glasmalerei slịkanje na stạklu
Glatteis pọledica
glauben vjẹrovati
gleich jẹdnako; *(sofort)* ọdmah
gleichzeitig ịstovremeno
Gleis kọlosijek
Gleitschirm parajẹdrilica
Glück srẹća
glücklich srẹtan
Glückwunsch čẹstitka
Glühbirne žạrulja
Gold zlạto
goldfarben zlạtno
Goldschmiedekunst zlatạrstvo
Golf golf
Golfclub golf klub
Golfschläger pạlica za golf
Gotik gọtik
Gott Bog
Grab grob
Grabmal nạdgrobni spọmenik
Grafik grạfika
Gramm gram
Grapefruit grejp
Gräte rịblja kost *(f)*
gratis bẹsplatno
gratulieren čestịtati
grau sịvo
Grenze grạnica
Grenzübergang grạnični prijẹlaz
griechisch gṛčki
Grill roštịlj
Grillanzünder upạljač za roštịlj
Grillkohle ụgljen za roštịlj
Grippe grịpa
groß vẹlik
Größe *(auch Kleidung, Schuhe)* veličịna; broj
Großmutter bạka
Großraumwagen vagọn bez ọdjeljaka
Großvater djed
Grotte spịlja
grün zẹleno
Grund rạzlog; *(Beweggrund)* pọbuda
grüne Bohnen mạhune
grüne Versicherungskarte zẹlena kạrta osigurạnja
Gruppe grụpa
grüßen pọzdravljati; pọzdraviti
gültig vạžeći; vạljan
Gummistiefel gụmene čịzme
Gurke krạstavac
Gürtel pọjas
gut *(als Adjektiv)* dọbar(-ra, -ro)
gut *(als Adverb)* dọbro
Gutschein bon
Gymnastik gimnạstika

H

Haar kọsa
Haarfestiger učvršćịvač za kọsu
Haargel gel za kọsu
Haargummi gụmica za kọsu
Haarklammern kọpče za kọsu *(fpl)*
haben ịmati
Hackfleisch mljẹveno mẹso
Hafen lụka
Hafenmeisterei lụčka kapetạnija
Haferflocken zọbene pahụljice *(fpl)*
Hähnchen pịle
Haken kụka
halb pọla
Halbpension pọlupansion
Hälfte polọvina
Hals vrat; *(Kehle)* grlo
Halsschmerzen grlọbolja
Halstabletten tablẹte za gṛlo
halt! stoj!
haltbar pọstojan; trạjan
Haltbarkeit rok trạjanja
Haltegriff dṛžač
halten *(festhalten)* dṛžati; *(dauern)* trạjati; *(stehen bleiben)* stạti
Haltestelle pọstaja
Hammelfleisch ọvčetina
Hammer čẹkić
Hand rụka
Handball rụkomet
Handbike bicịkl na rụčni pọgon
Handbremse rụčna kọčnica
Handcreme krẹma za rụke
Handgas *(Auto)* rụčni gas
handgemacht rụčno ịzrađen
Handschuhe rukạvice *(fpl)*
Handtasche tọrbica
Handtuch ručnịk
Handwaschbecken umivaọnik
Handy mọbilni telẹfon
Handygeschäft trgọvina mọbilnih telẹfona
hart tvrdo
hässlich rụžan(-na, -no)
häufig *(als Adverb)* čẹsto
Hauptbahnhof glạvni kọlodvor
Hauptpostamt glạvna pọšta
Hauptrolle glạvna ụloga
hauptsächlich *(als Adverb)* uglạvnom
Hauptsaison glạvna sezọna
Hauptspeise glạvno jẹlo
Hauptstadt glạvni grạd
Hauptstraße glạvna cẹsta
Haus kụća; dom
Hausbesitzer(in) kućẹvlasnik (-ica)
hausgemacht dọmaći
Haushaltswaren kụćne potrẹbštine
Hausnummer kụćni broj
Haustiere kụćni ljubịmci; dọmaće živọtinje
Haut kọža
Heide pustọpoljina
Heilbad ljekọvita kụpelj *(f)*
Heilfasten ljekọviti post *(m)*
heilig svet
Heiliger Abend Bạdnjak
Heimat zạvičaj; domọvina
Heimreise pọvratak kụći
heiraten *(Mann)* ožẹniti se; *(Frau)* ụdati se
heiser: ~ sein bịti prọmukao
heiß vruće
heißen zvạti se
Heißluftballon cepẹlin
Heizung grịjanje
helfen: jemandem ~ pomạgati; pọmoći kọmu
hellblau svijẹtloplavo
hellgrün svijẹtlozeleno
Hemd kọšulja
Herbst jẹsen *(f)*
Herd štẹdnjak
herein! nạprijed!
hereinkommen ụći
Hering *(Zelt)* klin za šạtor
Herpes hẹrpes
Herr gospọdin

Herren mụški
herrlich krạsan
Herz sṛce
Herzanfall srčani nạpadaj
Herzbeschwerden srčane tegọbe
Herzinfarkt srčani infạrkt
herzlich sṛdačno
Herzschrittmacher pạcemaker; pẹjsmejker
Heubad kụpelj od osụšenih trạva *(f)*
Heuschnupfen pẹludna hụnjavica
heute dạnas; ~ **Morgen** jụtros; ~ **Abend** večẹras
Hexenschuss krstọbolja
hier ọvdje
Hilfe pọmoć *(f)*; **erste ~** pṛva pọmoć *(f)*
Himmel nẹbo
hindern prijẹčiti; zaprijẹčiti
hinlegen: sich ~ lẹći
hinten strạga
hinter ịza *(Genitiv)*; za *(Instrumental)*
Hinterland zạleđe
hinterlegen pohrạniti; deponịrati
hinzufügen dodạvati; dọdati
Hirnhautentzündung ụpala mọzga
Hitze vrućịna
Hitzewelle val vrućịne
HIV-positiv HIV-pọzitivan
hoch vịsoko
Hochformat ụspravni format
Hochspannung vịsoki nạpon
höchstens nạjviše
Hochzeit *(Feier)* svạdba
Hof dvọrište
höflich ụljudan
Höhe visịna
Höhepunkt vrhụnac
Höhle pẹćina; spịlja
Holz dṛvo
Holzschnitt drvorez; dụborez
Honig med
hören čụti
Hörer slụšalica
hörgeschädigt ọsoba ọštećenog slụha *(Singular)*; ọsobe ọštećenog slụha *(Plural)*
Hose hlạče *(fpl)*
Hublift dịzalica; lift
hübsch zgọdan(-na, -no)
Hüfte kuk
Hügel brežụljak
Hund pas
hundert sto; stọtina
hunderteins sto (i) jẹdan
hungrig: ~ sein bịti glạdan
Hupe sirẹna
Husten kạšalj
Hustensaft sịrup prọtiv kạšlja
Hut šẹšir

I

ich ja
Idee idẹja
ihr *(Personalpronomen)* vi; *(Possessivpronomen: f, Singular)* njẹzin; njẹzina; njẹzino; *(Plural)* njihov
Illustrierte ilustrịrani čạsopis
Imbiss *(Zwischenmahlzeit)* zạkuska
immer ụvijek
Impfpass pọtvrda o cijẹpljenju
Impfung cijẹpljenje
Impressionismus impresionịzam
in u *(Akkusativ/Lokativ)*; ~ **einer Woche** za tjẹdan dạna
inbegriffen uračụnat
Infektion infẹkcija
informieren informịrati
Infusion infụzija
Inhalt sạdržaj
Inlandsflug tụzemni let
Inliner inlines
innen ụnutra
Innenhof ạtrij
Inschrift nạtpis
Insekt kụkac; ịnsekt

Insektenmittel srẹdstvo prọtiv ịnsekata
Insel ọtok
Inselrundfahrt plọvidba oko ọtoka
Insulin inzụlin
Inszenierung inscenạcija
interessant zanịmljivo
interessieren: sich ~ für zanịmati se za *(akk)*
international imeđunạrodno
Internetbuchung ịnternet rezervạcija
InterRail Interrail
iPod iPod® *(m)*
Irrtum zạbluda
Ischias ịšijas
Italien Itạlija
Italiener(in) Talijạn (-ka)
italienisch talịjanski

J

Jacke kapụtić; jạkna
Jahr gọdina
Jahreszeit gọdišnje dọba *(nt)*
Jahrhundert stọljeće; vijẹk
jährlich *(als Adjektiv)* gọdišnji
jährlich *(als Adverb)* gọdišnje
Jahrmarkt sạjam
Januar sijẹčanj
Jazz đez
Jeans trạperice; džins *(umgangssprachlich)*
jeden Tag svạkog dạna
jeder *(als Adjektiv/Pronomen)* svạki
jemand nẹtko
jene(r, -s) ona(-o)
jetzt sạd(a)
Jodtinktur jod-tinktụra
joggen tṛčanje; jogging *(umgangssprachlich)*
Jogginghose jogging hlạče; hlạče za tṛčanje
Joghurt jọgurt
jucken svṛbjeti
Jugendliche/r omladịnac (-ka)
Jugendstil secẹsija
Juli sṛpanj
jung mlad (a)
Junge djẹčak
Junggeselle nẹženja *(m)*
Juni lịpanj
Juwelier zlatạr

K

Kabarett kabarẹ *(m)*
Kabarettist(in) kabarẹtist (-ica)
Kabine kabịna
Kaffee kạva
Kaffeefilter fịlter za kạvu
Kaffeelöffel žlịčića za kạvu
Kaffeemaschine sprạva za kụhanje kạve
Kai prịstanište
Kaiser(in) car (-ica)
Kalbfleisch tẹletina
kalorienarm mạlo kalọrija *(fpl)*; *(als Adverb)* niskokalọrično
kalt hlạdno
kaltes Wasser hlạdna vọda
Kamillentee čaj od kamịlice
Kamm čẹšalj
Kämmen (po)čẹšljati se
Kanal kạnal
Kaninchen kụnić
Kanu kanụ
Kapelle kạpela
Kapitän kapẹtan
kaputt pọkvareno; ụništeno
Karaffe bọkal
Karfreitag Vẹliki pẹtak
Karneval karnẹval
Karotten mrkve *(fpl)*
Kartoffeln krumpịri *(mpl)*
Käse sir
Kasse blạgajna; kasa *(umgangssprachlich)*
Kathedrale katedrạla
Katze mạčka

kaufen kupọvati; kụpiti
Kaufhaus rọbna kụća
Kaugummi žvạkaća gụma; žvạka
kaum jẹdva
Kaution kạucija
Kehrschaufel lọpatica
kein nijẹdan
Kekse kẹksi *(mpl)*
Kellner(in) kọnobar (-ica)
kennen znạti; pọznati
Keramik kerạmika
Kerzen svijẹće *(fpl)*
Ketschup kẹčap
Kette lạnac
Keuchhusten hrịpavac
Kfz-Schein prọmetna dọzvola
Kichererbsen slanụtak
Kiefer vịlica
Kilogramm kịlogram
Kilometer kịlometar
Kilometerpreis cijẹna po kịlometru
Kind dijẹte
Kinderarzt(-ärztin) pedijạtar (pedijạtrica)
Kinderbecken bazẹn za djẹcu
Kinderbetreuung čụvanje djẹce
Kinderbett djẹčiji krẹvet
Kinderermäßigung pọpust za djẹcu
Kinderfahrkarte kạrta za djẹcu
Kinderkleidung djẹčija ọdjeća
Kinderkrankheit djẹčija bọlest
Kinderlähmung djẹčija paralịza
Kindersitz djẹčije sjẹdalo
Kindersitzkissen sjẹdalo za vẹću djẹcu
Kinderteller djẹčija pọrcija
Kino kịno
Kirche cṛkva
Kirchturm zvonịk
Kirmes proštẹnje
Kirschen trẹšnje *(fpl)*
Kiste sạnduk
kitschig kịčasto
Kiwi kịvi *(m)*
klar jạsno
Klasse rạzred
Klassik klạsika
Klassiker klạsičar
Klassizismus klasicịzam
Kleid hạljina
Kleiderbügel vjẹšalica
Kleidung ọdjeća
klein mạleno
Kleingeld sitnịš
Kleinkunstbühne mạla pozọrnica
Klima klịma
Klimaanlage klimatizạcija
Klingel zvọno; zvọnce
Kloster sạmostan
klug pạmetan(-na, -no)
Kneipe kavạna; kạfić
Kneippanwendung Kneipp-terạpija *(f)*
Knie kọljeno
Knoblauch čẹšnjak; bijẹli luk
Knöchel glẹžanj
Knochen kost *(f)*
Knochenbruch prijẹlom kọsti
Knopf gumb
Koch (Köchin) kụhar (-ica)
Kochbuch kụharica
kochen *(Essen zubereiten)* kụhati; *(Wasser)* vrẹti
Kocher kụhalo; rešọ *(umgangssprachlich)*
Kochnische nịša za kụhanje
Koffer kọvčeg; kọfer *(umgangssprachlich)*
Kofferraum prtljạžnik
Kohl kelj
Kokosnuss kọkos(ov ọrah)
Kolik kọlika
Kollege (Kollegin) kolẹga (-ica)
kommen dọći
Komödie kọmedija
Kompass kọmpas
Komponist(in) kompozịtor (-ica)
Konditorei slastičạrnica
Kondom prezervạtiv; kondọm

König(in) kralj (-ica)
können mọći; znạti; *(gelernt haben)* ụmjeti
Konserven konzẹrve *(fpl)*
Konsulat konzụlat
Kontakt dọdir
Konto rạčun
Kontrolleur(in) kontrọlor (-ka)
kontrollieren kontrolịrati
Konzert kọncert
Kopf glạva
Kopfhörer slụšalice *(fpl)*
Kopfkissen jạstuk
Kopfsalat salạta glavạtica
Kopfschmerzen glavọbolja
Kopfschmerztabletten tablẹte prọtiv glavọbolje *(fpl)*
Kopie kọpija
Korb kọšara
Korkenzieher vạdičep
Körper tijẹlo
Körperbehinderung tjẹlesna nesposọbnost
kosten stạjati; kọštati *(umgangssprachlich)*
kostenlos bẹsplatno
Kostüm kostịm
Kotelett kotlẹt
Koteletten zạlisci sa strạne
Krabben rạčići *(mpl)*
Krampf grč
krank bọlestan(-sno, -sno)
Krankenhaus bọlnica
Krankenkasse sọcijalno osigurạnje
Krankenpfleger mẹdicinski tẹhničar
Krankenschein zdrạvstvena knjižica
Krankenschwester mẹdicinska sẹstra
Krankenwagen bọlnička kọla
Krankheit bọlest *(f)*
Kräuter zạčinske trạve *(fpl)*
Kratzer ogrebọtina
Krawatte kravạta
kreativ krẹativno
Krebs *(Tier, Krankheit)* rak
Kreditkarte krẹditna kạrtica
Kreislaufmittel srẹdstvo za krṿotok
Kreislaufstörung pọremećaj krṿotoka
Kreuz križ
Kreuzfahrt krstạrenje
Kreuzgang krịžni put
Kreuzung krịžanje
Kristall kristạl
Kroate Hrṿat
Kroatien Hrṿatska
Kroatin Hrvạtica
kroatisch hrṿatski
Krone krụna
Krücke štạka
Kruzifix Ịsusovo raspẹće
Küche kụhinja
Küchensieb cjẹdilo; sịto
Kuchen kọlač
Kugelschreiber kẹmijska ọlovka
kühl hlạdno
Kühlelement elẹment za hlạđenje
Kühler hlạdnjak
Kühlschrank hlạdnjak; frižịder *(umgangssprachlich)*
Kühltasche tọrba za hlạđenje
Kühlwasser vọda za hlạđenje
Kultur kultụra
Kümmel kim
kümmern: sich ~ um brịnuti se za *(Akkusativ)*
Kunde (Kundin) muštẹrija (strạnka)
Kunst ụmjetnost
Kunstgewerbe ụmjetnička rạdinost *(f)*
Kunsthändler trgovac umjetnịnama
Kuppel kụpola
Kupplung kvạčilo
Kürbis bụndeva
Kurs tẹčaj
Kurtaxe bọravišna prịstojba *(f)*
Kurve zạvoj
kurz *(räumlich)* krạtko
Kurzfilm krạtki film
kurzfristig krạtkoročno
kürzlich nẹdavno

Kurzschluss krạtki spoj
Kuss pọljubac
küssen ljụbiti; pọljubiti
Küste ọbala

L

lachen smịjati se
lächerlich smijẹšan
Ladegerät punjạč
Ladekabel *(fürs Handy)* kạbel za (mọbitel)
Lage pọložaj
Lähmung paralịza
Lammfleisch jạnjetina
Lampe svjẹtiljka; lạmpa *(umgangssprachlich)*
Land zẹmlja; *(Gegensatz zu Wasser)* kọpno
Landausflug ịzlet na kọpno
Landgut imạnje
Landkarte geọgrafska kạrta; mạpa; zẹmljovid
Landschaft prẹdio; krajọlik
Landsmann zẹmljak
Landstraße spọredna cẹsta
Landung slijẹtanje
lang dụg(ačko)
Langlaufski skịje za skijạško tṛčanje
langsam *(als Adjektiv)* polạgan; spor; *(als Adverb)* pọlako
langweilig dọsadno
Laptop lạptop *(m)*
Lärm buka
lästig nẹsnosan
Lastwagen kamịon
Lauch luk
laufen trčạti
Läuse ụši *(fpl)*
laut glạsno
Lautsprecher zvụčnik
leben žịvjeti
Lebensmittelgeschäft trgọvina nạmirnicama
Lebensmittelvergiftung otrovạnje hrạnom
Leber jẹtra *(ntpl)*
Leberpastete jẹtrena paštẹta
lebhaft žịvahan
lecker ụkusno
Lederjacke kọžna jạkna
Lederwaren kọžna rọba
Lederwarengeschäft trgọvina kọžnom rọbom
ledig *(Mann)* neọženjen; *(Frau)* nẹudata
leer prạzno
Leerlauf prạzan hod
Leerung prạžnjenje
Leggins tajce
leicht *(einfach)* ọlako; *(Gewicht)* lạgano
Leichtathletik atlẹtika
leider nạžalost
leihen *(jemandem)* posuđịvati; posụditi (komu); *(von jemandem)* posụditi (od koga)
Leinen lạneno plạtno
leise tiho
Leistenbruch prijẹlom prẹpona
Leiter(in) vọditelj (-ica)
Lenkraddrehknopf *(Auto)* volạn sa rụčkom
lernen ụčiti; naụčiti
lesen čịtati; pročịtati
letzte(r, -s) pọsljednja(-nji, -nje)
letzten Montag prọšlog ponẹdjeljka
Leuchtturm svjetiọnik
Leute ljụdi *(mpl)*
Licht svjẹtlo
Lichtmaschine dịnamo *(m)*
Lichtschalter prekịdač
Lichtschutzfaktor zạštitni fạktor
lieb drago
Liebe ljụbav *(f)*
lieben vọljeti; ljụbiti
liebenswürdig jụbazno
lieblich *(Wein)* ljụpko
Liebling ljubịmac
Lied pjẹsma

liegen *(sich befinden)* nạlaziti se; *(ausgestreckt sein)* lẹžati
Liegewagenplatz mjẹsto u kušet-kọlima
Liegewiese trạvnjak za sụnčanje
lila ljụbičasto; lịla
Limonade limunạda
Linie crta
linke(r, -s) lijẹva(-vi, -vo)
links lijẹvo
Linse lẹća
Linsen lẹće
Lippe ụsna
Lippenstift ruž za ụsne
Liter lịtar; lịtra
Livemusik glạzba ụživo
Loch rụpa
Locken ụvojci
Lockenwickler uvijạči; vịkleri *(umgangssprachlich)*
Löffel žlịca
Loge lọža
Loipe stạza za skịjaško trčạnje
Lorbeer lọvor
Luft zrak
Luftkissenboot hịdrogliser; lẹbdjelica
Luftmatratze zrạčni mạdrac
Luftpumpe zrạčna pụmpa
Lunge plụća *(ntpl)*
Lungenentzündung ụpala plụća
lustig vẹselo
luxuriös lụksuzno; rạskošno
Lymphdrainage lịmfna drenạža *(f)*

M

machen *(herstellen)* prạviti; nạpraviti
Mädchen djẹvojka
Magen žẹludac
Magenschmerzen bọlovi u žẹlucu
mager mṛšav (a)
Mahlzeit ọbrok
Mai svịbanj
Mais kukụruz
Makedonien Makẹdonija
Makedonier(in) Makedọnac (-ka)
Makrele skụša
malen slịkati
Maler(in) slikar (-ica)
Malerei slikạrstvo
man se
manchmal pọnekad
Mandarinen mandarịne *(fpl)*
Mandelentzündung ụpala krạjnika
Mandeln *(Nüsse)* bạdemi; *(anatomisch)* krạjnici
Mango mạngo *(m)*
Mann muškạrac
Mannschaft *(Sport)* mọmčad *(f)* *(Schiff)* pọsada
Mantel ogṛtač; kạput
Margarine margạrin
Markt tṛžnica
Marmelade marmelạda
März ọžujak
Maschine stroj
Masern ọspice *(fpl)*
Massage masạža
Material materịjal
Matratze mạdrac
Mauer zid
Maut cestạrina
Mayonnaise majonẹza
Medikament lijẹk
Meditation meditạcija
Meer mọre
Mehl brạšno
mehr više; **~ als** vịše nẹgo
Mehrfahrtenkarte kạrta za vịše vọžnji
mein moj
meinen mịsliti
meinetwegen zbog/rạdi mẹne
Meinung mịšljenje
Melone *(Wassermelone)* lubẹnica; *(Honigmelone)* dịnja
Memorystick USB Flash *(m)*
Mensch čọvjek
Menstruation menstruạcija
Menü menị

merken pạziti; ọpaziti;
sich etwas ~ pạmtiti; zạpamtiti
Messe *(Kirche)* mịsa
Messer nož
Meter mẹtar
Metzgerei mẹsnica
mich mẹne; me
Miesmuscheln dạgnje *(fpl)*
Miete nạjam
mieten iznajmljịvati; iznạjmiti
Migräne migrẹna
Mikrowelle mịkrovalna
Milch mlijẹko
mild blago
Millimeter mịlimetar
Million milịjun
mindestens nạjmanje
Mineralwasser mịneralna vọda
Minibar mịni-bar
Minigolf mịni-golf
Minute minụta
mir mẹni; mi
Missverständnis nẹsporazum
mit Luftpost aviọnom
mit s; sạ *(Instrumental)*
mitbringen donọsiti; dọnijeti
Mitbringsel suvenịr
mitnehmen ụzeti sa sọbom
Mittag pọdne
Mittagessen rụčak
mittags u pọdne
Mitte sredịna
Mitteilung priopćẹnje
Mittel srẹdstvo; *(Heilmittel)* lijẹk
Mittelalter srẹdnji vijẹk
Mittelmeer Srẹdozemno mọre
Mittelohrentzündung ụpala srẹdnjeg ụha
Mittwoch srijẹda
Mixer mjẹšalica; *(umgangssprachlich)* mikser
Möbel nạmještaj
Mobilitätsbehinderte/r mọbilno hendikepịran
Mode mọda
Modell modẹl
modern *(neuzeitlich)* sụvremeno
Modeschmuck mọdni nạkit; bižutẹrija *(umgangssprachlich)*
mögen *(gern haben)* vọljeti; *(wünschen)* žẹljeti
möglich mọguće
Mole gat; mol
Monat mjẹsec
monatlich *(als Adjektiv)* mjẹsečni; *(als Adverb)* mjẹsečno
Mond mjẹsec
Montag ponẹdjeljak
Montenegriner(in) Crnọgorac; Crnọgorka
Montenegro Cṛna Gọra
morgen sụtra
Morgen jụtro
morgen Abend sụtra nạvečer
morgen früh sụtra ụjutro
morgens ụjutro
Mosaik mozạik
Motel mọtel
Motor mọtor
Motorboot mọtorni čạmac
Motorhaube pọklopac motọra
Mountainbike mountain bike (bṛdski bicịkl)
Möwe gạleb
MP3-Player MP3 Player *(m)*
Mücke komạrac
Mückenschutz zạštita prọtiv komạraca *(f)*
müde ụmoran(-na, -no)
Müll smẹće
Mullbinde gạza
Mülltonne kontẹjner za smẹće
Mülltrennung odvạjanje ọtpada *(nt)*
Mumps zạušnjaci *(mpl)*
Mund ụsta
Mündung ụšće
Münze nọvčić; kovạnica
Muschel škọljka

Museum muzẹj

Musical mjụzikl

Musik glazba; mụzika *(umgangssprachlich)*

Musik hören slụšati glạzbu

Musikgeschäft trgọvina glạzbenom ọpremom

musizieren svịrati

Muskatnuss mụškatni ọraščić

Muskel mišịć

Müsli mịsli-kạša

Mutter mạjka; mạti *(f)*; mạma

N

nach *(zeitlich)* pọslije; nạkon; ~ **Kroatien** u Hṛvatsku; ~ **Zagreb** u Zạgreb

Nachbar(in) sụsjed(-a)

Nachmittag poslijepọdne

nachmittags popọdne

Nachricht vijẹst *(f)*

Nachsaison posezọna

nachsenden proslijẹditi

nächste(r, -s) slijẹdeći(-ća, -će)

nächstes Jahr ịduće gọdine

Nacht noć *(f)*

Nachtisch desẹrt

Nachtklub nọćni klub

nachts nọću

Nachttisch nọćni ormạrić

Nachttischlampe nọćna svjẹtiljka; lạmpa *(umgangssprachlich)*

nackt gol

Nadel ịgla

Nagellack lak za nọkte

Nagellackentferner ạceton

Nagelschere škạrice za nọkte *(fpl)*

nah blịzu

nahe blịzak; ~ **bei** blịzu *(Genitiv)*

nähen šịvati

Nahverkehrszug mjẹsni vlak

Name ịme

Narbe ọžiljak

Narkose narkọza

Nase nos

Nasenbluten krvạrenje iz nosa

nass mọkro

Nationalitätskennzeichen ọznaka dṛžave

Nationalpark nạcionalni park

Natur prịroda; *(menschliche)* nạrav

natürlich *(als Adjektiv)* prịrodan; nạravan; *(als Adverb)* nạravno

Naturschutzgebiet prịrodni rezervạt

Navigationsgerät navigạcijskim uređajem

Nebel mạgla

neben pọkraj *(Genitiv)*

Nebenkosten dọdatni trọškovi

Nebenstraße spọredna ụlica

negativ nẹgativno

nehmen ụzimati; ụzeti

Neoprenanzug neoprẹnsko odjẹlo

Nerv žịvac; nerv *(umgangssprachlich)*

nervös nẹrvozan(-na, -no)

nett ljubazan(-na, -no); *(freundlich)* prijatan

Netz mrẹža

neu novo; *(ungebraucht)* nẹrabljeno

neugierig radọznao (-la) znatiželjan (-na)

Neujahr Nọva gọdina

neun dẹvet

neunundzwanzig dvạdeset (i) dẹvet

neunzehn devẹtnaest

neunzig devedẹset

nicht ne; **gar** ~ nịkako

Nichtraucher nẹpušač

Nichtraucherabteil ọdjeljak/kupẹ za nẹpušače

nichts nịšta

nie nịkad(a)

nieder nịsko

niedrig nịzak(-ska, -sko)

niemand nịtko

Niere bụbreg

Nierenentzündung ụpala bụbrega

Nierengurt pọjas za bụbrege

Nierenstein bụbrežni kamẹnac
niesen kịhati
nirgends nịgdje
noch još; ~ **nicht** još ne
Norden sjẹver
nördlich von sjẹverno od *(Genitiv)*
normal nọrmalan(-na, -no)
normalerweise nọrmalno
Notausgang ịzlaz za slụčaj nụžde
Notbremse pọmoćna kọčnica za slụčaj opạsnosti
Notebook rụčno račụnalo
Notfall hịtan slụčaj
Notrufsäule SoS telẹfon
notwendig pọtrebno
November stụdeni
nüchtern *(Medizin)* na tạšte; *(Alkohol)* trijẹzan(-na, -no)
Nudeln rẹzanci; tjestenịna
null nụla; nịštica
Nummer broj
Nummernschild registrạcija; tạblica *(umgangssprachlich)*
nur sạmo
Nüsse ọrasi *(mpl)*

O

ob da li
oben gọre
Ober kọnobar
Objektiv objektịv
Obst vọće
Obsthändler voćạrnica
obwohl prẹmda
oder ịli
offen ọtvoreno
öffentlich jạvno
offiziell slụžbeno
öffnen otvạrati; otvọriti
Öffnungszeiten rạdno vrijẹme
oft čẹsto
ohne bez *(Genitiv)*
Ohnmacht nẹsvijest *(f)*
Ohr ụho
Ohrentropfen kạpljice za ụši
Ohropax ohropax *(m)*
Ohrringe nạušnice *(fpl)*
Oktober lịstopad
Öl ụlje
Oliven mạsline *(fpl)*
Olivenöl mạslinovo ụlje
Ölmalerei slịkanje ụljem
Ölwechsel prọmjena ụlja
Oper ọpera
Operation operạcija
Operette operẹta
Optiker ọptičar
orange nạrančasto
Orangensaft sok od nạranče
Orchester ọrkestar
Orden *(Kirche)* red
Original origịnal
Originalfassung origịnalna vẹrzija
Ort(schaft) mjẹsto
Ortsgespräch mjẹsni rạzgovor
Osten istok
Ostermontag Ụskrsni ponẹdjeljak
Ostern Uskrs
Österreich Ạustrija
Österreicher(in) Austrijạnac (-ka)
östlich von ịstočno od

P

paar: ein ~ nẹkoliko
Paar par
Päckchen pakẹtić
Paddelboot kạjak
paddeln vẹslati
Paket pạket
Palast pạlača
Panne kvar
Pannendienst slụžba za pọmoć na cẹsti
Pannenhilfe pọmoć na cẹsti
Papier pạpir
Papiere ịsprave; dokumẹnti

Papiertaschentücher papịrnate mạramice *(fpl)*
Paprika(schote) zẹlena pạprika
Parfüm parfẹm
Parfümerie parfimẹrija
Park park
parken parkịrati
Parkett pạrket
Parkplatz parkịralište
Party žurka *(umgangssprachlich)*; zạbava; party
Pass putọvnica
Passagier pụtnik
passen *(Kleidung)* prịstajati; *(gelegen kommen)* odgovạrati
Passkontrolle kontrọla putọvnica
Pauschalpreis pạušalna cijẹna
Pause ọdmor; pạuza
Pension penzịon
Perle bịser
Person ọsoba
Personalausweis ọsobna ịskaznica
Personalien ọsobni podạci
persönlich ọsoban; lịčan
Perücke pẹrika
Petersilie pẹršin
Petroleum petrọlej
Pfand zạlog; *(Flaschen~)* pọvratna nạknada
Pfanne tạva
Pfannengericht jẹlo iz tạve
Pfeffer pạpar; bịber
Pfeffermühle mlin za pạpar
Pferd konj
Pfingsten Dụhovi *(mpl)*
Pfingstmontag Dụhovni ponẹdjeljak
Pfirsiche brẹskve *(fpl)*
Pflanze bịljka
Pflaster flạster
Pflaumen šljịve *(fpl)*
pflegebedürftig ọsoba kọjoj je pọtrebna njẹga
Pfund pọla kịlograma
Pille: ~ danach pịlula za dan poslije
Pilot(in) pilot (-kinja)
Pilz gljịva
Pilzinfektion infẹkcija gljịvicama
Pinzette pincẹta
Plakat plakạt
Plastik *(Material)* plạstika
Plastikbeutel plạstična vrẹćica
Platten pụkla gụma
Platz mjẹsto
Plombe plọmba
plötzlich ịznenada
Polizei polịcija
Polizeiwagen polịcijska kọla
Polizist(in) policạjac (-ka)
Pony *(Haare)* šịške
Portal pọrtal
Portier vratạr; pọrtir
Portion pọrcija
Porto poštạrina
Porträt portrẹt
Porzellan porculạn
Postamt pọšta
Postkarte dọpisnica
postlagernd post-restạnt
Postleitzahl pọštanski broj
praktisch prạktičan
Präservativ prezervạtiv; kọndom
Preis cijẹna
Prellung ọzljeda ịzazvana ụdarcem
Premiere premijẹra
Priester svẹćenik
privat prịvatno
Probe prọba
Problem prọblem
Produkt prọizvod
Programm(heft) prọgram
Promillegrenze dọzvoljena grạnica promịla
Prospekt prọspekt
Prothese protẹza
provisorisch prọvizorno
Prozent postọtak
Prozession procẹsija
Puder pụder

Pullover pulọver
Puls bịlo; puls
Pulverschnee pṛhki snijẹg
pünktlich tọčan
putzen čịstiti; ọčistiti
Putzmittel srẹdstvo za čịšćenje

Q

Quadratmeter čẹtvorni metar
Qualität kvalịtet
Quark svjẹži sir
Qualle medụza
Quelle ịzvor
quer durch pọprijeko
Querformat vọdoravni formạt
querschnittsgelähmt paralịziran; nẹpokretan
Quittung prịznanica

R

Rabatt rạbat; pọpust
Rad fahren vọziti se bicịklom
Rad kọtač; tọčak
Radarkontrolle rạdarska kontrọla
Radierung bạkropis
Radio rạdio
Radsport biciklịzam
Radtour vọžnja bicịklom
Rampe prịlaz
Rasen trạvnjak
Rasierapparat apạrat za brịjanje
Rasierklingen britvice; žilẹti *(umgangssprachlich)*
Rasierpinsel čẹtkica za brịjanje
Rasierschaum pjẹna za brịjanje
Rasierwasser losịon za brịjanje
Rastplatz ọdmorište
Raststätte restọran na ọdmorištu
Rathaus vijẹćnica
rauchen pụšiti; pọpušiti
Raucher pušạč
Raum prọstor; *(Zimmer)* sọba
Rechnung rạčun
rechte(r, -s) dẹsna(-ni, -no)
rechts dẹsno
Rechtsanwalt(-anwältin) ọdvjetnik (-ca)
rechtzeitig *(als Adverb)* prạvovremeno
reden govọriti
Reformhaus prodavaọnica zdrạve hrạne
regelmäßig *(als Adjektiv)* prạvilan; rẹdovan; *(als Adverb)* prạvilno; rẹdovno
Regen kiša
Regenmantel kịšni ogrṭač
Regenschauer pljụsak
Regie rẹžija
Regierung vlạda
Region ọblast
regnerisch kišọvito
Reibe rịbež *(nt)*
reich bọgat (a)
reif zrẹo(-la, -lo)
Reifen vạnjska gụma
reinigen čịstiti; pọčistiti
Reinigung kẹmijska čistiọnica
Reis rịža
Reise putovạnje
Reiseandenken suvenịri *(mpl)*
Reisebüro pụtnička agẹncija
Reiseführer vodịč
Reisegesellschaft sụputničko drụštvo
reisen putọvati
Reisepass putọvnica
Reisescheck pụtnički ček
Reisetasche pụtna tọrba
reiten jạhati
Reitschule škọla jạhanja
reklamieren prigovạrati; prigovọriti/ potražịvati
Religion vjẹra; rẹligija
Renaissance renesạnsa
Rennen trčạti
Rennrad trkạći bicịkl
reparieren pọpravljati; pọpraviti
reservieren rezervịrati

Reservierung rezervịranje
Restaurant restọran
Rettungsboot čạmac za spašạvanje
Rettungsring pọjas za spašạvanje
Rezept rẹcept
Rezeption recẹpcija
R-Gespräch r-rạzgovor
Rheuma rẹuma
Richter(in) sụdac; sụtkinja
richtig *(Gegensatz zu falsch)* ịspravan; tọčan; *(geeignet)* pọdesan
Richtung smjer
riechen mirịsati
Rindfleisch gọvedina
Ring pṛsten
Rock *(Kleidung)* sụknja; *(Musik)* rok glạzba
roh prijẹsan; sịrov
roher Schinken prijẹsna šụnka
Rohling prạzni CD *(m)*; prạzni DVD *(m)*
Roller romobịl
Rollschuh kotụraljka
Rollstuhl invalịdska kolịca
Rollstuhlfahrer(in) ọsoba u invalịdskim kolịcima
rollstuhlgängiger Wagen vagọn prọhodan za invalịdska kolịca
rollstuhlgerecht prilạgođeno invalịdskim kolịcima
Rollstuhlkabine *(Schiff)* kabịna za invalịdska kolịca
Roman romạn
röntgen obạviti rẹndgenski prẹgled/ snịmiti rẹndgenom
Röntgenaufnahme rẹndgenski snimak
rosa rụžičasto
Rosé *(Wein)* rozẹ
Rosmarin rụžmarin
rot cṛveno
Röteln rubeọla
Rotwein cṛno vịno
Route maršrụta
Rücken lẹđa *(ntpl)*
Rückenschmerzen bọlovi u lẹđimạ
Rückfahrkarte pọvratna kạrta
Rückfahrt pọvratak
Rückholservice pọvratni trạnsport
Rücklicht strạžnje svjẹtlo
Rucksack nạprtnjača; rụksak *(umgangssprachlich)*
Rückspiegel vọzačko oglẹdalo; retrovịzor
rückwärts nạtrag
Rückwärtsgang brzịna za vọžnju ụnatrag; rịkverc *(umgangssprachlich)*
Ruder vẹslo
Ruderboot čạmac na vẹsla
rudern vẹslati
Ruhe ọdmor; *(Stille)* tišịna; mir
ruhig mịrno; tiho
Rührlöffel kuhạča
Ruine rušẹvina
rund okrụglo
Rundfahrt krụžno putovạnje

S

Saal dvorạna
Sache *(Ding)* stvar *(f)* *(Angelegenheit)* pọsao *(m)*
Safe sef
Safran šạfran
saftig sọčno
sagen rẹći; kạzati
Sahne vṛhnje
Saison sezọna
Salami salạma
Salat salạta
Salatbüfett bịfe sa salạtama
Salbe mast *(f)*
Salbei kạdulja
Salmonellen salmonẹle *(fpl)*
Salmonellenvergiftung salmonelọza
Salz sol *(f)*
Salzstreuer sọljenka
sammeln skụpljati; skụpiti

Samstag sụbota
Sandalen sandạle *(fpl)*
Sandburg kụla od pijẹska
Sandkasten pijẹsak
Sänger(in) pjevạč (-ica)
satt sit
Satz rečẹnica
sauber čist
sauer kịselo
Sauerstoffgerät bọce za kisịk
Sauger dụda za bọčicu
Saugflasche bọčica
Säugling dọjenče
Säule stup
Sauna sạuna
saure Sahne kịselo vṛhnje
S-Bahn gradska žẹljeznica
schade! štẹta!
Schaden štẹta
Schaffner(in) kondụkter (-ka)
Schafskäse ọvčji sir
Schal šal
scharf ljut
Schatten sjẹna
schauen glẹdati
Schaufenster ịzlog
Schauspieler(in) glụmac; glụmica
Scheibe krịška
Scheibenwischer brisạč vjẹtrobrana *(m)*
Scheinwerfer rẹflektor; far
Scheitel rạzdjeljak
schenken pọklanjati; poklọniti
Schere škạre; škạrice *(fpl)*
schicken slạti; pọslati
Schiebedach pọkretni krov
Schienbein cjevạnica
Schiene *(Verletzung)* ụdlaga
Schild *(Hinweisschild)* nạtpis
Schinken šụnka
Schirm kịšobran
Schlafcouch kạuč za spạvanje
schlafen spạvati
Schlaflosigkeit bẹsanica
Schlaftabletten tablẹte za spạvanje
Schlafwagen spạvaća kọla
Schlafzimmer spạvaća sọba
Schlaganfall kap *(f)*
Schläger rẹket
Schlagsahne tụčeno vṛhnje (slatko)
Schlange zmịja; ~ **stehen** stạjati u rẹdu
schlank vịtak(-ka, -ko)
Schlauch šlạuh *(umgangssprachlich)* *(Fahrrad~)* ạnima
Schlauchboot gụmeni čamac
schlecht *(als Adjektiv)* loš; *(als Adverb)* lọše
Schlepplift vụčnica
Schließfach prẹtinac s kljụčem
Schlitten sạonice *(fpl)*
Schlittschuhe klịzaljke *(fpl)*
Schloss *(Gebäude)* dvọrac; *(Tür)* brạva
Schlucht klạnac
Schlüssel ključ
Schlüsselbein kljụčna kost *(f)*
Schlüsselübergabe prẹdaja kljụčeva
schmal ụsko
schmecken prịjati
Schmerzen bọljeti
Schmerztabletten tablẹte prọtiv bọlova *(fpl)*
Schmuck nạkit
Schmuggel krijumčạrenje; šverc *(umgangssprachlich)*
schmutzig pṛljavo
schnarchen hrḳati
Schnee snijẹg
Schneebesen mjẹšalica
Schneidebrett dạščica
Schneider(in) krọjač (-ica)
schnell *(als Adjektiv)* brz; *(als Adverb)* bṛzo
Schnellstraße bṛza cẹsta
Schnittkäse rẹzani sir
Schnittwunde pọsjeklina
Schnitzerei rezbạrija
Schnorchel dịhalica
schnorcheln rọniti s mạskom
Schnuller dụda vạralica

Schnupfen hụnjavica
Schnürsenkel vẹzica za cịpele
Schokolade čokolạda
Schokoriegel rẹbro čokolạde
schön lijẹpo
schon već
Schonkost dijẹtna hrạna
Schöpfkelle kutlača; šefla *(umgangssprachlich)*
Schonzeiten vrijẹme zạbrane rịbolova
Schrank ọrmar
Schraube vijak
schrecklich *(als Adjektiv)* strạšan; *(als Adverb)* strạšno
schreiben pịsati; napịsati
Schreibwaren prịbor za pịsanje
Schreibwarengeschäft pạpirnica
schreien vịkati; vịknuti
Schrift *(Handschrift)* rụkopis
schriftlich pịsmeno
schüchtern stịdljiv(-a, -o)
Schuh cịpela
Schuhbürste čẹtka za cịpele
Schuhcreme krẹma za cịpele
Schuhgeschäft trgọvina ọbuće
Schuhmacher ọbućar; pọstolar
Schuld krivịca; *(Geld)* dug
Schule škọla
Schulkinder školạrci
Schulter rạme *(nt)*
Schuppen pẹrut
Schüssel zdjẹla *(f)*
Schüttelfrost drḥtavica; grọznica
Schutzhütte kọliba
schwach slabo
Schwager šụrjak
Schwägerin šurjạkinja
Schwangerschaft trudnọća
schwarz cṛno
Schwarzbrot cṛni kruh
Schweinefleisch svịnjetina
Schweiz Švịcarska
Schweizer Franken švịcarski frạnak
Schweizer(in) Švicạrac (-rka)
Schwellung oteklịna
schwer tẹško
Schwerbehinderte/r invalịdna/e ọsoba/e
Schwertfisch sạbljarka
Schwester sẹstra
schwierig tẹško
schwimmen plịvati
Schwimmer(in) plivač (-ica)
Schwimmflossen perạje *(fpl)*
Schwimmflügel mišịći za plịvanje *(mpl)*
Schwimmkurs tẹčaj plịvanja
Schwimmring kọlut za plịvanje
Schwimmweste pṛsluk za spašạvanje
Schwindel vrtọglavica
schwindlig vrtọglavo
schwitzen znọjiti se
schwül spạrno
sechs šest
sechsundzwanzig dvạdeset (i) šest
sechzehn šẹsnaest
sechzig šezdẹset
See *(Binnengewässer)* jẹzero
Seegang vạlovi *(mpl)*
seekrank sein bọlestan od mọrske bọlesti
Seezunge list
Segelboot jẹdrilica
Segelfliegen jedriličạrstvo
segeln jẹdriti
Segeltörn jẹdrenje
sehbehindert slạbovidan(-na, -no)
Sehbehinderte/r ọsoba/e ọštećenog vịda
sehen vịdjeti; glẹdati
Sehenswürdigkeiten znamẹnitosti
sehr vrlo; vẹoma
Seide svịla
Seidenmalerei slịkanje na svịli
Seife sạpun
Seil ụže
Seilbahn žịčara
sein *(als Verb)* bịti; *(als Possessivpronomen)* njẹgov

seit *(als Präposition)* od *(Genitiv)*
Seite strąna
Sekunde sekųnda
selbst sąm(a/o)
Selbstauslöser samookįdač
Selbstbedienung samoposlužįvanje
Sellerie cęler
selten *(als Adjektiv)* rijędak; *(als Adverb)* rijętko
Senf gǫrušica; senf *(umgangssprachlich)*
September rujan
Serbe Sṛbin
Serbien Sṛbija
Serbin Sṛpkinja
servieren poslųžiti; servįrati *(umgangssprachlich)*
Serviette ųbrus; salvęta *(umgangssprachlich)*
Sessel naslǫnjać; fotęlja
Sessellift lift sa sjędalima
sexuelle Belästigung sęksualno napastǫvanje
Shampoo šampǫn
Shorts kratke hląče
Show šou *(umgangssprachlich)*
sicher *(als Adjektiv)* sįguran; *(als Adverb)* sįgurno
Sicherheitsgebühr tąksa na sigųrnost lęta
Sicherheitsgurt sigųrnosni pǫjas
Sicherheitskontrolle kontrǫla sigųrnosti
Sicherheitsnadel zįherica *(umgangssprachlich)*
Sicherung *(Elektrizität)* osigųrač
Sie vi
sie ona
sieben sędam
siebenundzwanzig dvądeset (i) sędam
siebzehn sedąmnaest
siebzig sedamdęset
Silber srębro
silberfarben srębreno
Silvesterabend Silvęstrovo
Sinfoniekonzert simfǫnijski kǫncert
singen (za)pjęvati
Sitz sjędalo
sitzen sjęditi
Skateboard skętbord *(umgangssprachlich)*
Ski laufen skįjanje
Ski skįje
Skibindung vęzovi za skįje
Skibrille skįjaške nąočale *(f)*
Skihose hląče za skįjanje *(f)*
Skikurs skįjaški tęčaj
Skilehrer(in) ųčitelj skįjanja (-ica skįjanja)
Skistiefel čįzme za skįje
Skistöcke skįjaški štąpovi
Skorpion škorpiǫn
Skulptur kip; skulptųra
Slip slip; gąćice
Slipeinlagen mąli hįgijenski ųlošci *(mpl)*
Slowene Slovęnac
Slowenien Slovęnija
Slowenin Slǫvenka
Smartphone pąmetan telęfon
Socken kratke čąrape; sǫkne *(umgangssprachlich)*
Sodbrennen žgąravica
sofort ǫdmah
Sofortbildkamera polarǫidna kąmera
Sohle potplat; đon *(umgangssprachlich)*
Sohn sin
Solarium sǫlarium
Solist(in) sǫlist (-ica)
sollen trębati; mǫrati
Sommer ljęto
Sondermarke prįgodna pǫštanska mąrkica
Sonne sųnce
Sonnenbrand ǫpekline; od sųnca *(fpl)*
Sonnencreme kręma za sųnčanje
Sonnenhut šęšir za sųnce

Sonnenöl ụlje za sụnčanje
Sonnenschutz zạštita od sụnca
Sonnenstich sunčạnica
sonnig sụnčano
Sonntag nẹdjelja
sorgen: sich ~ um brịnuti se
Sorte vṛsta
Soße ụmak; sos *(umgangssprachlich)*
Souvenirladen trgovina suvenịra
Sozialstation pọstaja sọcijalne slụžbe
Spargel špạroga
Spaß *(Scherz)* šạla; *(Vergnügen)* užịtak
spät kạsno
später kạsnije
spazieren gehen šẹtati; prošẹtati
Spaziergang šẹtnja
Speicherkarte mẹmorycard *(m)*
Speisekarte jẹlovnik
Speiseröhre jẹdnjak
Speisesaal blagovaọnica
Speisewagen vagọn-restọran
Spezialität specijalịtet
speziell spẹcijalan
Spiegel oglẹdalo
Spiel ịgra
Spielkamerad drug u ịgri
Spielkasino kọckarnica
Spielplan prọgram
Spielplatz ịgralište za djẹcu
Spielsachen ịgračke
Spielwarengeschäft trgọvina ịgračaka
Spinat špinạt
Spirituosengeschäft trgọvina ạlkoholnih pịća
Sport špọrt
Sportartikel špọrtski prịbor
Sportplatz špọrtsko ịgralište
Sprache jẹzik
Sprachkurs tẹčaj strạnog jẹzika
sprechen govọriti
Sprechstunde vrijẹme ordinịranja
Spritze injẹkcija
Spülbürste čẹtkica za prạnje pọsuđa
Spülmittel srẹdstvo za prạnje pọsuđa (detẹrdžent)
Spültuch kṛpa za prạnje
Staat držạva
Staatsangehörigkeit državljạnstvo
Stadion stạdion
Stadt grad
Stadtbus grạdski ạutobus
Stadtmauer grạdske zịdine
Stadtplan plạn grạda
Stadtrundfahrt obịlazak grạda
Stadtteil dio grạda
Stadtzentrum cẹntar grạda
stammen aus potjẹcati iz
Standlicht pozịcijsko svjẹtlo
stark jako
Starthilfekabel pọmoćni kạbel za start
Station ọdjel (u bọlnici)
Stativ stativ
stattfinden održạvati/održạti se
Statue kip
Stau zạstoj
Staub prạšina
Staubsauger usisavạč
stechen bọsti; ụbosti
Steckdose ụtičnica
Stecker utịkač
Steg stạza; mọstić
stehen stạjati
Stehklosett čụčavac
stehlen krạsti; ụkrasti
Steigung ụspon
steil strm
Stein kạmen
steinig kạmeni
Stempel žig
Stern zvijẹzda
Stiefel čịzma
Stil stil
still tiho; mịrno
Stillleben mṛtva prịroda
Stimme glas
stinken smrḍjeti
Stirnhöhlenentzündung ụpala sịnusa

Stock štap
Stockwerk kat
Stoff tkạnina; štof *(umgangssprachlich)*
stören smẹtati
stornieren *(Zimmer)* otkạzati; *(Fahr-/Fahrkarten)* stornịrati
Stoßstange ọdbojnik; branik
Strafe kạzna; *(Geldstrafe)* glọba
Strähnchen prạmenovi *(mpl)*
Strand plạža
Strandschuhe natikạče *(fpl)*
Straße ụlica; *(Landstraße)* cẹsta
Straßenbahn trạmvaj
Straßenkarte ạuto-kạrta
Strauß bukẹt
Streichholz šịbica
Strickjacke plẹtena vẹsta
Strohhalm slạmka
Strom *(Fluss)* vẹlika rijẹka; *(Elektrizität)* strụja
Stromanschluss prịključak za strụju
Strompauschale pạušal za strụju
Stromspannung napon strụje
Strumpfhose čạrape s gaćicama; štrample *(umgangssprachlich)*; hụla-hụpke
Stück kọmad; **ein ~ Brot** kọmad krụha
studieren studịrati
Studio stụdio *(m)*
Stufe stepẹnica
stufenloser Zugang prịlaz bez stepẹnica
Stuhl stọlica; stọlac
Stuhlgang stọlica
stumm nijẹm
Stunde sat; *(Unterrichtsstunde)* nạstavni sat; **eine halbe ~** pol(a) sata
stündlich svạkog sạta
Sturm olụja
stürzen *(fallen)* pạdati; pạsti
Sturzhelm kạciga
suchen trạžiti; potrạžiti
Sucher trạžilo
Süden jug
südlich von jụžno od *(gen)*
Summe zbir
Sumpf mọčvara
Supermarkt sụpermarket
Suppe jụha
Suppenteller tanjụr za jụhu
Surfbrett daska za jẹdrenje
surfen jẹdrenje na dạsci
süß slạtko
Süßigkeiten slatkịš
Süßstoff sahạrin
Süßwarengeschäft trgọvina slatkịša
Swimmingpool bạzen
sympathisch simpạtično

T

Tabak duhạn
Tabakladen trạfika
Tablette tablẹta
Tachometer tahomẹtar; brzịnomjer
Tag dan
Tagesausflug cjẹlodnevni ịzlet
Tagesgericht jẹlo dạna
Tageskarte dnẹvna kạrta
Tagestour dnẹvna tụra
täglich dnẹvno
tagsüber po dạnu
Tal dolịna
Tampons tampọni *(mpl)*
Tank rezervọar; sprẹmnik
tanken pụniti gọrivo
tanzen plẹsati
Tänzer(in) plesạč (-ica)
Tanzkapelle plẹsni ọrkestar
Tanztheater plẹsno kạzalište
Tasche *(Hosen-/Jacken~)* džep; *(Handtasche)* tọrbica
Taschenbuch džẹpna knjịga
Taschendieb džẹpar
Taschenmesser džẹpni nọžić
Tasse šạlica

Taststock štap za slijẹpce
taub gluh
taubstumm gluhọnijem
Taubstumme/r gluhọnijema ọsoba
tauchen rọniti
Taucherausrüstung rọnilačka ọprema
Taucherbrille rọnilačke nạočale *(fpl)*
täuschen: sich ~ vạrati se
tausend tịsuća
Taxifahrer(in) tạksist (-a)
Taxistand tạksi-stạjalište
Tee čaj
Teebeutel čaj u filter-vrẹćici
Teelöffel žlịčica za čaj
Teil dio *(m)*
Teilkasko djẹlomični kạsko
teilnehmen an učestvọvati (u) *(Lokativ)*
Telefon telẹfon
Telefonbuch telẹfonski ịmenik
telefonieren telefonịrati
Telefonkarte telẹfonska kạrtica
Telefonnummer telẹfonski broj
Telefonzelle telẹfonska kabịna
telegrafische Überweisung telẹgrafska dọznaka
Teleobjektiv tẹle-objektịv
Teller tanjụr
Tempel hram
Temperatur temperatụra
Tennis tẹnis
Tennisschläger tẹniski rẹket
Termin termịn
Terminal tẹrminal
Terrakotta terakọta
Terrasse terạsa
Tetanus tẹtanus
teuer skup
Theater kạzalište
Theatergruppe kạzališna grụpa
Theaterstück kạzališna prẹdstava
Therapie terạpija
Thermalbad tẹrmalno kụpalište *(nt)*
Thermosflasche tẹrmos-bọca; tẹrmosica
Thriller trịler
Thunfisch tụna
Thymian mạjčina dụšica
tief dụboko
Tier živọtinja
Tintenfisch sịpa; họbotnica
Tipp sạvjet
Tisch stol
Tischtennis stọlni tẹnis; ping-pong
Tischtuch stọlnjak
Toast tost
Toaster toster *(umgangssprachlich)*
Tochter kćer(ka)
Toilette toalẹta; WC (VC); zahod *(umgangssprachlich)*
Toilettenpapier toalẹtni pạpir
Tomaten rạjčice
Ton ton; zvuk; *(Farbe)* nijạnsa
tönen načịniti prẹljev u bọji; tonịrati *(umgangssprachlich)*
Topf lọnac
Töpferei lončạrija
Töpferwaren kerạmika
Tor vrạta *(ntpl)*
Torwart vratạr; gọlman *(umgangssprachlich)*
Tour ịzlet; tụra
Tourist(in) tụrist (-kinja)
Tracht nọšnja
tragbarer CD-Spieler nọsiv cd player
tragen nọsiti
Tragflügelboot hịdrogliser
Tragödie tragẹdija
trampen putọvati auto-stọpom
Transferbus ạutobus za trạnsfer
Traubenzucker grọžđani šẹćer
Traum san
traurig žạlostan; tụžan
treffen srẹtati; srẹsti
Trekkingrad trẹking bicịkl
Trekkingschuhe planịnarske cịpele *(fpl)*
Treppe stepẹnice *(fpl)*
Tretboot čạmac pọkretan pedạlama
trinken pịti; pọpiti

Trinkflasche bọčica

Trinkgeld nạpojnica; trịngelt *(umgangssprachlich)*; bạkšiš

Trinkwasser pịtka vọda

trocken suh

trockenes Haar sụha kọsa

trocknen sụšiti; osụšiti

Trockner sụšilica

Trödler staretịnar

Trommelfell bụbnjić

Tropfen kạpljice *(fpl)*

Tropfsteinhöhle sịgasta spịlja

trotzdem ụsprkos tọme; pa ịpak

T-Shirt mạjica

Tuch sụkno; *(Kopftuch)* mạrama

tun čịniti; učịniti; rạditi; urạditi

Tunnel tunẹl

Tür vrạta *(ntpl)*

Türcode kodịrani ključ

Türkis tirkịz

türkis tirkịzan

Turm tọranj

Turnschuhe tẹnisice

Türschwelle prag

Tüte vrẹćica; *(größere Tüte)* vrẹća

Typhus tịfus

typisch tịpičan

U

U-Bahn pọdzemna žẹljeznica

Übelkeit mučnịna

üben vjẹžbati

über ịznad *(Genitiv)*

überall svụda

überbacken prẹprženo

Überfall nạpadaj

Übergang prijẹlaz

überholen prẹstignuti

Überlandbus mẹđugradski ạutobus

übermorgen prẹkosutra

übernachten prenọćiti

Übernachtung nọćenje

Überreste ostạci

übersetzen prevọditi; prẹvesti

Überweisung dọznaka

üblich uobịčajeno

übrig bleiben preọstajati; preọstati

Ufer ọbala

Uhrmacher urạr

um *(herum)* ọkolo *(Genitiv)*; *(Zeitangabe)* u *(Akkusativ)*; *(gegen)* oko *(Genitiv)*

um diese Zeit u ọvo vrijẹme

umbuchen promijẹniti rezervạciju

Umgebung okolịna

umgekehrt ọbratno

Umhängetasche tọrbica prẹko rạmena

umkehren ọkretati; okrẹnuti

Umleitung obịlaznica

umtauschen razmijẹniti

Umweg obịlazni put

Umwelt ọkoliš

umziehen: sich ~ presvlạčiti; prẹsvući se

Umzug pọvorka

unangenehm nẹugodno

unbedingt *(als Adverb)* svạkako

und i; a

unentschieden nẹriješeno

unerträglich nesnọšljivo

Unfall nẹzgoda; nẹsreća

ungeeignet neprịkladno

ungefähr otprịlike

ungewöhnlich nẹobično

unglaublich nevjerojạtno

Unglück nẹsreća

Universität sveụčilište; univerzịtet

Unkosten trọškovi *(mpl)*

unmöglich nẹmoguće

uns nạma; nas

unser(e) naš(e, -a)

unten dọlje

unter ịspod *(Genitiv)*; pod *(Akkusativ/ Instrumental) (zwischen)* ịzmeđu *(Genitiv)*; mẹđu *(Instrumental)*

unterbrechen prekịdati/prẹkinuti

Unterführung pọdvožnjak

unterhalb ịspod
unterhalten: sich ~ razgovạrati
Unterhaltung *(Gespräch)* rạzgovor; *(Vergnügen)* zạbava
Unterkunft smjẹštaj
Unterleib dọnji dịo trṛbuha
unterrichten *(informieren)* obavještạvati; obavijẹstiti; *(Schule)* poučạvati
unterschreiben potpisịvati; potpịsati
Unterschrift pọtpis
Untersuchung prẹgled
Untersuchungshaft ịstražni zạtvor
Untertasse tanjụrić
Untertitel pọdnaslov
Unterwäsche dọnje rụblje
Unterwasserkamera pọdvodna kạera
unterwegs ụsput
unverbindlich nẹobavezno
unverschämt sein bịti bezọbrazan
unwahrscheinlich nevjerọjatno
unwichtig nẹvažno
Urin mọkraća
Urlaub dọpust; gọdišnji ọdmor

V

Varietee varijetẹ *(m)*
Vase vạza
Vater ọtac
vegetarisch vegetarijạnski
Ventilator ventilạtor
Venusmuscheln vọngole
Verabredung dọgovor
verabschieden: sich ~ oprạštati se; oprọstiti se
Veranstaltung prịredba
verantwortlich ọdgovorno
Verband zạvoj
Verbandskasten kụtija za pṛvu pọmoć *(f)*
verbinden prẹviti
Verbindung *(Zug, Telefon)* vẹza
verboten zabrạnjeno
Verbrechen zlọčin
Verbrennung ọpeklina
Verdauung prọbava
Verdauungsstörung prọbavne smẹtnje *(fpl)*
verdorben pọkvareno; *(faul)* trụlo; *(sittlich)* pọročno
vereinbaren ugovạrati; ugovọriti
Vergangenheit prọšlost *(f)*
vergessen zaborạvljati; zabọraviti
Vergewaltigung sịlovanje
Vergiftung otrovạnje
Vergnügen zadovọljstvo
Vergnügungspark zạbavni park
verhaften ụhititi
verheiratet *(Mann)* ọženjen; *(Frau)* ụdata
Verhütungsmittel srẹdstvo za kontracẹpciju
verirren: sich ~ zalụtati
verkaufen prodạvati; prọdati
Verkehr prọmet
Verkehrsamt ụred za prọmet i vẹze
verlängern produžịvati; prodụžiti
Verlängerungsschnur prọdužni kạbel
Verlängerungswoche dọdatni tjẹdan
verlassen napụštati; napụstiti
verletzen ozlijẹditi
Verletzte/r ozljeđẹni (-a)
Verletzung ọzljeda
verlieren gụbiti; izgụbiti
Verlobte/r zạručnik (-nica)
vermieten iznajmljịvati; iznạjmiti
Verpackung ọmot
verpassen *(Zug)* zạkasniti na
Verpflegung ịshrana
verrechnen: sich ~ zaračụnati se
verreisen putọvati; otputọvati
verrostet hṛđav
verrückt lud
verschieben *(zeitlich)* odgạđati; odgọditi
verschließen zaključạvati; zaključati
verschreiben prepịsati (lijek)

Versicherung osiguranje
Verspätung zakašnjenje
verstaucht uganut
verstehen razumjeti
Verstopfung zatvor; tvrda stolica
versuchen pokušavati; pokušati; *(Speisen)* kušati; probati *(umgangssprachlich)*
Vertrag ugovor
Vertrauen povjerenje
verunglücken stradati; nastradati
verursachen prouzročivati; prouzročiti
Verwaltung uprava
verwandt srodan
verwechseln zamjenjivati; zamijeniti
verwitwet *(Mann)* udovac; *(Frau)* udovica
viel mnogo
vielleicht možda
vier četiri
Viertelstunde: eine ~ četvrt sata
vierundzwanzig dvadeset (i) četiri
vierzehn četrnaest
vierzig četrdeset
Villa vila
violett ljubičasto
Virus virus
Visum viza
Vogel ptica
Vogelschutzgebiet oblast ptica pod zaštitom
Volk narod
Völkerkundemuseum etnološki muzej
Volksmusik narodna glazba
Volksstück pučki komad
voll pun; *(voll besetzt)* popunjen; *(ganz)* potpun
Volleyball odbojka
Vollkasko puni kasko
Vollkornbrot integralni kruh
Vollpension puni pansion
vom Fass točeno
vom Grill na žaru
von Zeit zu Zeit ponekad
von od *(Genitiv)*
vor *(räumlich)* ispred *(Genitiv)*; pred *(Akkusativ/Instrumental)* *(zeitlich)* prije *(Genitiv)*
vor zehn Minuten prije deset minuta
Voranmeldung najava
Voraus: im ~ unaprijed
vorbereiten pripremati; pripremiti
Vordruck obrazac; formular
vorgestern prekjučer
vorher prije
vorletzte(r, -s) pretposljednja(-ji, -je)
Vormittag dopodne
vormittags dopodne
vorn sprijeda; naprijed
Vorname ime
vornehm otmjen(-a, -o)
Vorort predgrađe
Vorrat zaliha
Vorsaison predsezona
Vorschlag prijedlog
Vorschrift propis
Vorsicht! oprez!
vorsichtig oprezan
Vorspeise predjelo
Vorstellung predstavljanje; *(Theater)* predstava
Vorteil prednost *(f)*; korist *(f)*
vorüber mimo
Vorverkauf pretprodaja
Vorwahlnummer pozivni broj
vorwärts naprijed
Vulkan vulkan

W

wach budan
Wachablösung smjena straže
Wagenheber dizalica za kola
Wagennummer broj vagona
wählen *(Telefon)* birati; *(Politik)* glasati
wahr istinit
während *(als Präposition)* za vrijeme *(Genitiv)* *(als Konjunktion)* dok

wahrscheinlich vjẹrojatno
Währung valụta
Wahrzeichen ọbilježje; sịmbol
Wald šụma
Wallfahrtskirche svẹtište
Wallfahrtsort proštẹnište
Wand zid
Wanderkarte zẹmljopisna kạrta za pješạke
wandern họdati; pješạčiti
Wanderschuhe plạninarske cịpele *(fpl)*
Wanderweg stạza za pješạčenje
warm tọpao
warmes Wasser tọpla vọda
Warnblinkanlage upọzorni žmịgavac
Warndreieck sịgnalni trọkut
warten čẹkati
Wartesaal čekaọnica
Wartezimmer čekaọnica
was što; **~ für ein(e) ...?** kạkav(-vo, -va) ...?
Waschbecken umivaọnik
Wäsche rụblje
Wäscheklammern kvạčice za rublje; štịpaljke *(umgangssprachlich)*
Wäscheleine kọnopac za rụblje
waschen prạti
Wäscherei praọnica rụblja
Wäschetrockner sụšilica za rụblje
Waschlappen kṛpa za prạnje
Waschmaschine pẹrilica
Waschmittel srẹdstvo za prạnje
Waschraum umivaọnica
Waschsalon sẹrvis-praọnica
Wasser vọda
wasserdicht vodoọtporno
Wasserfall vọdopad
Wasserglas čạša za vọdu
Wasserhahn slạvina
Wasserkanister kạnta za vọdu
Wasserkocher kụhalo *(nt)*
Wasserski vọdene skịje *(fpl)*
Wasserspülung vodokọtlić
Wasserverbrauch potrọšak vọde
Watte vạta
Wattestäbchen hịgijenski štạpići *(mpl)*
Wechsel *(Veränderung)* prọmjena; *(Austausch)* zạmjena
Wechselgeld sitnịš
wechselhaft promjẹnljivo
Wechselkurs dẹvizni tẹčaj
Wechselstube mjenjạčnica
wecken bụditi; probụditi
Weg put
weg *(als Adverb)* dạlje!
wegen zbọg *(Genitiv)*; rạdi *(Genitiv)*
weggehen ọdlaziti; ọtići
Wegweiser pụtokaz
wehtun bọljeti
weich mek(an)
Weichkäse mẹkani sir
Weihnachten Bọžić
weil jer
Wein vịno
Weinberg vịnograd
weinen plạkati; zạplakati
Weinglas čạša za vịno
Weinhandlung vinạrija
Weintrauben grọžđe
Weisheitszahn ụmnjak
weiß bijẹlo
Weißbrot bijẹli kruh
Weißwein bijẹlo vịno
weit *(Gegenteil von eng)* šịroko; *(Weg)* dạleko; *(entfernt)* ụdaljeno
Wellenbad bạzen s vạlovima *(m)*
Welt svijẹt
wenig mạlo; **ein ~ (von)** mạlo (od)
wenigstens bạrem
wenn *(Bedingung)* ạko; *(zeitlich)* kạd(a)
werden pọstajati; pọstati
Werkstatt radiọnica
Werktag rạdni dan
Werkzeug alạt
Wertangabe ọznaka vrijẹdnosti
wertlos bẹzvrijedno

Wertsachen vrijędne stvąri
Wespe ǫsa
Weste pṛsluk
Western vęstern
westlich von ząpadno od
Wetterbericht vręmensko įzvješće
Wettervorhersage prognǫza vręmena
Wettkampf nątjecanje
wichtig vąžno
Wickeltisch stąlak za prevįjanje
wie *(Frage)* kąko; *(Vergleich)* kąo
wieder pǫnovo; ǫpet
wiederholen ponąvljati; ponǫviti
wiederkommen vrąćati; vrątiti se
Wiese lįvada
wild dįvlje
Wildpark park s dįvljači
willkommen! dobrodǫšli!
Wimperntusche tuš za trępavice; mąskara
Wind vjętar
Windeln pęlene *(fpl)*
Windpocken vǫdene kǫzice *(fpl)*
Windrichtung prąvac vjętra
Windschutzscheibe vjętrobran
Windstärke jačįna vjętra
windsurfen jędriti na vjętru
Winter zįma
Winterreifen zįmske gųme *(fpl)*
wir mi
Wirbelsäule kįčma; kręlježnica
wirklich *(als Adverb)* ząista
Wischmopp mętla za mǫkro prąnje
wissen znąti
Witz vic
WLAN WLAN (bęžični įnternet)
Woche tjędan
Wochenendpauschale vįkend paušąla
Wochenkarte kąrta za tjędan dąna
wochentags rądnim dąnom
wöchentlich *(als Adjektiv)* tjędni; *(als Adverb)* tjędno
wohnen stanǫvati
Wohnmobil auto-karąvan
Wohnort prebįvalište
Wohnung stan
Wohnwagen kamp-kųćica; karąvan
Wohnzimmer dnęvna sǫba
Wolke ǫblak
Wolldecke dęka
Wolle vųna
Wort rijęč *(f)*
Wunde rąna
wunderbar prędivno
wundern: sich ~ (über) čųditi se *(dat)*
wünschen žęljeti; zažęljeti
Wurm crv
Wurst kobąsica
Würstchen hręnovke *(fpl)*
würzen začįniti
wütend bijęsan(-na, -no)

Y

Yoga jǫga

Z

zäh žįlavo
Zahl broj
zählen brǫjiti
zahlen pląćati; plątiti
Zahlung pląćanje
Zahn zub
Zahnbürste čętkica za zųbe
Zahnfleisch zųbno męso; dęsni
Zahnpasta pąsta za zųbe
Zahnradbahn zųpčana žęljeznica
Zahnschmerzen zubǫbolja
Zahnstocher čąčkalica
Zäpfchen čępići *(mpl)*
zart mękano
zärtlich njęžno
Zecke kṛpelj *(m)*
Zehe nǫžni pṛst
zehn dęset
Zeichen znak; *(Vorzeichen)* prędznak
Zeichentrickfilm cṛtani film

zeichnen crtati
Zeichnung crtež
zeigen pokazivati; pokazati
Zeit vrijeme
Zeitschrift časopis
Zeitung novine *(fpl)*
Zeitungshändler prodavač novina
Zelt šator
zelten kampirati
Zeltschnur šatorski konop
Zeltstange šatorska motka
Zentimeter centimetar
zentral centralno
Zentralheizung centralno grijanje
Zentrum centar; središte
Zerrung rastegnut mišić
Zeuge (Zeugin) svjedok
Ziegenkäse kozji sir
ziehen vući; povući
Ziel cilj
ziemlich prilično
Zigarette cigareta
Zigarillo cigarilo
Zigarre cigara
Zimmer soba
Zimmermädchen sobarica
Zimmertelefon sobni telefon
Zirkus cirkus
Zitronen limuni *(mpl)*
Zoll carina
Zollerklärung carinska deklaracija
zollfrei oslobođeno carine
zollfreier Laden bescarinska trgovina; djuti fri šop *(umgangssprachlich)*
Zollgebühren carinske pristojbe *(fpl)*
zollpflichtig obvezna carina
Zoo zoološki vrt
zu *(Richtung)* k(a) *(dat)*; u *(Akkusativ)* *(geschlossen)* zatvoren; *(mit Adjektiv)* pre-; ~ **sehr** više; ~ **viel** više
zubereiten pripremati; pripremiti
Zucchini tikvice *(fpl)*
Zucker šećer
zuerst najprije
zufällig *(als Adverb)* slučajno
zufrieden zadovoljan(-na, -no)
Zug vlak
zugänglich prohodno
zuhören: jemandem ~ slušati koga
Zukunft budućnost *(f)*
zukünftig budući
zulässig dopušteno
zuletzt najzad
Zündkerze svjećica
Zündschlüssel ključ za paljenje
Zündung paljenje
Zunge jezik
zurück natrag
zurückbringen vraćati
zurückfahren voziti se natrag
zurückgeben vratiti
zurückkehren vraćati; vratiti se
zusagen *(Einladung)* prihvatiti
zusammen zajedno
zusammenschlagen razbiti
Zusammenstoß sudar
zusätzlich dodatno
zuschauen gledati
Zuschauer(in) gledatelj (-ica)
Zuschlag nadoplata
zuständig nadležan(-na, -no)
zwanzig dvadeset
zwei dva; dvije *(f)*
zweihundert dvjesto (dvjesta)
zweite druga(-i, -o)
zweitens drugo
zweiunddreißig trideset (i) dva
zweiundzwanzig dvadeset (i) dva
Zwiebeln luk
zwischen među *(Instrumental)*; između *(Genitiv)*
Zwischenfall događaj; incident
Zwischenlandung međuslijetanje
Zwischenstecker adapter
zwölf dvanaest
Zyste cista

Bildquellen

Umschlagfoto: Thinkstock/Jason Vosper; Thinkstock/Fuse
12/13: fotolia/© kyrien; **22/23:** fotolia/© jo; **28/29:** shutterstock/MarKord; **37:** shutterstock/Renato Pejkovic; **48-49;** fotolia/© fisfra; **50:** thinkstock/xbrchx; **54:** shutterstock/xbrchx; **56:** © ronnybas/Fotolia.com; **58:** shutterstock/xbrchx; **62:** fotolia.com/makoto-garage.com; **64:** fotolia.com/Bombaert Partick; **78-79:** fotolia.de/Fırat; **80:** shutterstock/Philip Lange; **91:** shutterstock/mina; **94-95:** shutterstock/villorejo; **97:** shutterstock/Pawel Strykowski; **101:** shutterstock/Agnieszka Jankowska; **115:** Fotolia/ExQuisine; **120-121:** shutterstock/magicinfoto; 124: shutterstock/Deymos Photo; **126:** © laufer - Fotolia.com; **131:** shutterstock/anshar; **140-141:** © fisfra - Fotolia.com; **142:** shutterstock/Alexandra Lande; **146:** © babetka - Fotolia.com; **152:** thinkstock (mrak_hr); **156-157:** shutterstock/ Wojtek Chmielewski; **158:** © mariocigic - Fotolia.com; **174:** shutterstock/Ivica Drusany; **178:** © bnorbert3 - Fotolia.com; **182-183:** shutterstock/ paul prescott

Zeigebilder (v. l. n. r.):
116: fotolia/Giuseppe Lancia; Fotolia/Jiri Hera ; Fotolia/roobcio; fotolia/Andrey Starostin; fotolia/Rémy MASSEGLIA; Dreamstime/Wksp; Fotolia/Andrei Nekrassov ; thinkstock (Elena Schweitzer); fotolia/Dani Vincek; fotolia/HelleM; Thinkstock/Hemera ; fotolia/BSANI; fotolia/felinda; fotolia/Dionisvera; iStockphoto LP/malerapaso; fotolia/pedrolieb; fotolia/o.meerson; fotolia/Dalmatin.o; fotolia/Picture Partners; fotolia/SGV; Dreamstime/Wksp; Fotolia/lunamarina; thinkstock (indigolotos); Dreamstime.com/Witoldkr1;
117: Dreamstime/Givaga; fotolia/yamix; fotolia/sspice; fotolia/Sergejs Rahunoks; fotolia/Andreas F.; fotolia/Sergii Moscaliuk; fotolia/Corinna Gissemann; fotolia/Viktor; fotolia/Picture Partners; fotolia/IrisArt; fotolia/BeTa-Artworks; fotolia/Marius Graf; fotolia/Peredniankina; © Boris Ryzhkov/fotolia.com; fotolia/Viktor; fotolia/ExQuisine; fotolia/Piovanello; Shutterstock Inc./Aleksandr Sulga; fotolia/gtranquillity; Dreamstime/Travelling-light
118: Fotolia/by-studio; Fotolia/valeriy555; Fotolia/Anna Kucherova; Fotolia/Tomboy2290; Fotolia/Irochka; iStockphoto LP./Libby Chapman; 7-11: Fotolia/valeriy555; Fotolia/Marc Dietrich; Fotolia/salade; Fotolia/Malyshchyts Viktar; iStockphoto LP./coloroftime; 16-19: Fotolia/valeriy555; Creativ Collection; 21; 22: Fotolia/margo555; iStockphoto LP./Sandra Caldwell; Fotolia/valeriy555
119: Fotolia/Oleksiy Ilyashenko; 2-5: Fotolia/valeriy555; Fotolia/Popova Olga; Fotolia/valeriy555; Fotolia/Malyshchyts Viktar; Fotolia/valeriy555; Fotolia/Popova Olga; 10-12: Fotolia/valeriy555; Fotolia/Popova Olga; Fotolia/valeriy555; MDB; Fotolia/marilyn barbone; 17; 18: Fotolia/valeriy555; Fotolia/Malyshchyts Viktar; 19; 20: Fotolia/valeriy555; 23; 24: Fotolia/valeriy555
181: fotolia/cristi180884; fotolia/by-studio; fotolia/Tharakorn; fotolia/NilsZ; fotolia/byggarn.se; fotolia/picsfive; fotolia/Nazzu; fotolia/picsfive; fotolia/DOC RABE Media; fotolia/picsfive; fotolia/ksena32; fotolia/picsfive; fotolia/bpstocks; fotolia/Jiri Hera; fotolia/Foto-Ruhrgebiet; fotolia/NilsZ; fotolia/jlcst; fotolia/Gresei; Ingram Publ.; fotolia/wiedzma